D1917808

DON BOSCO
VERLAG

Irmgard Haas

Andere Kinder dürfen alles

Praktische Ratschläge für die Erziehung von 3 bis 11

Don Bosco Verlag

3. Auflage 1991 / ISBN 3-7698-0627-1

Umschlaggestaltung: Felix Weinold, Schwabmünchen
Satz: Salesianer-Druckerei, Ensdorf/Opf.
Druck und Bindearbeiten:
Echter Würzburg, Fränkische Gesellschaftsdruckerei und Verlag GmbH

Inhalt

Einführung

*„Absolute Freiheit gibt es nicht. Wer einem Kind immer seinen Willen läßt, befindet sich auf einem gefährlichen Weg. Kein Mensch ist ganz frei, denn er muß die Rechte anderer achten. Jeder aber sollte persönliche Freiheit genießen." A.S. Neill**

Als ich 1952 nach einem Studienaufenthalt in den USA mit meiner Praxis als Kinderpsychotherapeutin begann, gab es in Deutschland nur eine verschwindend kleine Zahl von „modern" denkenden Erziehern und Eltern.

Bilder halbnackter Schönheiten, die heute an jedem Zeitungskiosk frei herumhängen, wurden damals heimlich unter der Schulbank weitergereicht – und wehe, wenn man erwischt wurde! Selbstbefriedigung galt damals noch als schwere Sünde. Die Antibabypille kam erst Ende der sechziger Jahre in die Apotheken. Auch kann ich mich noch gut daran erinnern, daß es zu Anfang der sechziger Jahre Internate gab, in denen die Blue Jeans verboten wurden und ebenso die Rollkragenpullover. Erstere galten als verlottert und letztere als unhygienisch. Die Musik der Beatles, die 1962 aufkam, führte nach Meinung der Erwachsenen die Jugend in einen Abgrund von Triebhaftigkeit. Um längere Haare gab es Familiendramen; einige Jugendliche drohten sogar mit Selbstmord, wenn sie die Haare nicht wachsen lassen durften.

Dann aber kam es Ende der sechziger Jahre zu einem Erdrutsch in der Landschaft der Erziehung: die alte Festung der traditionellen Autorität wurde gestürmt! Maßstäbe und alte Ideale, nach denen jahrhundertelang Kinder erzogen wurden, änderten sich – teilweise um 180 Grad. Seitdem aber herrscht bei vielen Eltern und Erziehern große Unsicherheit, denn allgemeingültige Maßstäbe gibt es nicht mehr. In der Erziehungsberatung kann man immer wieder erleben, wie unsicher Eltern heute sind, weil sie ihre Kinder nicht mehr so erziehen

---

* Theorie und Praxis der antiautoritären Erziehung, rororo TB 6707.
Vgl. hier S. 18 f.

können und wollen, wie sie selbst erzogen wurden. Man muß sich einmal klarmachen, daß Eltern, die heute 35 Jahre alt sind, zur Zeit der Studentenrevolten der sechziger Jahre selbst noch in der Pubertät waren. Sie wurden aber damals noch streng autoritär erzogen. Diese Erziehung sitzt ihnen – teilweise schmerzlich – in den Knochen. Zumal viele von ihnen selbst noch eine autoritätshörige, kindliche Bindung an ihre eigenen Eltern haben! Folgende Fragen kommen daher in der Erziehungsberatung häufig vor:
„Was sollen wir eigentlich noch verbieten?"
„Müssen wir denn alles erlauben?"
„Man traut sich gar nichts mehr zu sagen!"
„Wann soll man noch streng sein?"
„Kann man nicht doch einmal zuschlagen, wenn es zu schlimm wird?"
„Wann dürfen wir verwöhnen?"
„Muß man denn immer nachgeben?"
„Haben Eltern denn gar keine Rechte mehr?"
„Wie ist es mit dem Strafen?"
Diese Probleme werden deutlich im Ausspruch einer Mutter, die sicherlich für viele spricht: „Mein Mann verbietet immer, wenn ich etwas gerade erlaubt habe – und ich verbiete, was mein Mann erlaubt. Das gibt dann ein großes Durcheinander, vor allem, wenn wir uns vor den Kindern streiten. Die werden dann nervös und ungezogen und spielen uns sogar gegeneinander aus."
Sehr viele Eltern aber bekommen Schuldgefühle, wenn sie ihren Kindern irgend etwas verbieten, weil die moderne Erziehung den Eltern, vor allem aber der Mutter, die Schuld gibt, wenn das Kind irgendwelche Störungen hat. Diese Behauptung läßt sich jedoch wissenschaftlich nicht beweisen, denn man kann kein Leben wie einen Film zurückspulen, um festzustellen, ob tatsächlich die Eltern in der Erziehung etwas Wesentliches falsch gemacht haben. Fehler machen alle Eltern, aber sie sind deshalb noch nicht die Ursache einer ernsthaften Störung. Es gibt auch eine angeborene Konstitution, die eine wesentliche Rolle spielt. Allerneueste Untersuchungen in Amerika haben bewiesen, daß man sehr wohl ein seelisch gesunder Erwachsener werden kann, obwohl man in der Kindheit starken Belastungen ausgesetzt war (Zeitschrift für Entwicklungspsychologie und Pädagogische Psychologie 2/88, Michaela Ulich).
Inzwischen aber hat man die Erfahrung gemacht, daß eine Erziehung ohne jede Führung dem Kind zuwenig Halt gibt. Wenn in vergangenen Zeiten bei der autoritären Erziehung das strenge Verbot den jungen Menschen zu sehr einengte und ihn in seiner persönlichen freien Entfaltung bremste, so läßt eine zu freie Erziehung das Kind im Chaos

seiner noch unreifen Gefühle und Triebe ertrinken. Man soll nämlich ein Kind nicht nur verstehen, wie die moderne, freie Erziehung meint, man muß es auch führen!

Es ist die Aufgabe der jetzigen Generation von Eltern und Erziehern, eine gesunde Mitte zu finden. Dabei werden aber viele feststellen müssen, daß es sehr viel leichter ist, entweder alles zu verbieten (autoritäre Erziehung) oder alles zu erlauben (antiautoritäre Erziehung), als von Fall zu Fall und von Charakter zu Charakter für jedes einzelne Kind jeweils die richtige Erziehungsmethode zu finden.

In diesem Buch versuche ich aufgrund meiner 35jährigen Berufserfahrung als Kinder- und Jugendpsychotherapeutin, die Eltern zu diesem gesunden Mittelweg anzuregen. Es handelt sich aber nicht um fertige Rezepte für die Erziehung, denn jedes Kind ist ein neuer Mensch, weswegen man sich in jedes einzelne immer wieder neu einfühlen muß.

Ich möchte es nicht versäumen, all den Müttern und Vätern zu danken, die mir mit ihrem Rat geholfen haben, nicht einseitig zu werden. Bei den angegebenen Beispielen wurden jedesmal aus Diskretionsgründen die Namen geändert.

I. Grundsätzliche Probleme der Erziehung heute

Aus dem Alltag der Kindererziehung

Vier Beispiele verschiedener heutiger Erziehungsmethoden

„Ihr könnt euren Dreck alleine essen!" schreit Petra (5) wütend und haut mit ihrem Löffel in den Apfelstrudel, der über den ganzen Tisch spritzt. Die Mutter ist total verunsichert und weiß gar nicht, was sie von Petras Verhalten denken soll, denn den ganzen Tag lang hatte sich das Kind auf den Apfelstrudel gefreut und noch kurz vor dem Abendessen gefragt, ob es heute auch wirklich Apfelstrudel geben würde. Der Vater ist gerade von der Arbeit gekommen und möchte ungestört sein Abendbrot essen. Den völlig unbegründeten Zornesausbruch von Petra empfindet er als einen Angriff auf seine berechtigten Ansprüche auf Ruhe und Erholung nach einem anstrengenden Tag, deswegen holt er aus und „schmiert" ihr eine. Petra schreit, als wolle der Vater sie ermorden, woraufhin die Mutter sie mit den Worten hinausschickt: „Heul dich draußen aus und komm erst danach wieder rein!" Nach kaum fünf Minuten kommt Petra wieder ins Zimmer und ißt in Ruhe mit Appetit einen neuen Apfelstrudel.

Irmi (3) hat vor einem halben Jahr ein Schwesterchen bekommen, das sie sehr liebt. Sie darf beim Trockenlegen und Stillen dabei sein und kommt sich vor, als sei sie selbst eine Mutti, denn sie nimmt ihre neue Babypuppe auch an die Brust. Aber eines Tages, als die Mutter das Baby gerade stillt, schlägt sie plötzlich mit beiden Fäusten auf das Kleine ein, so heftig, daß die Mutter das Baby gar nicht schützen kann. Der Vater zieht Irmi fort, sagt aber gleichzeitig zu seiner Frau: „Wir dürfen sie nicht strafen, denn sie leidet!"

Thomas (8) hat einen Dackel, „Sissy“, den er sehr gern mag. Er ist für ihn eine Art Ersatz für Geschwister; er schmust und tobt mit ihm herum, aber manchmal quält er ihn brutal, dann zerrt, würgt und tritt er ihn. Er ist dann offensichtlich schlechter Laune und läßt sie an dem Tier aus. Manchmal geht er auch auf den Vater los und schlägt ihn, was der Vater sich wehrlos gefallen läßt.

Ingo (11) ist nach der Schule nicht nach Hause gekommen und bleibt zwei Tage und Nächte aus. Die Eltern lassen ihn nach Erstattung einer Vermißtenanzeige durchs Radio suchen. Abends um acht Uhr findet ihn der Vater endlich in der Nähe des Zirkus. Der Polizist, bei dem die Anzeige erstattet wurde, rät dem Vater, den Jungen zu verprügeln, denn es ist schon das zweite Mal, daß Ingo fortgelaufen ist. Deshalb nimmt der Vater zu Hause seinen Gürtel und haut den Jungen damit kräftig mehrmals auf den bloßen Po, was er bisher noch nie getan hatte.

An diesen vier Beispielen kann man erkennen, wie verschieden die Eltern heute erziehen. Die Mütter waren jeweils einverstanden mit dem Verhalten der Väter.

Die „gute alte Zeit“ und ihre Grundsätze

Die autoritäre Erziehung an praktischen Beispielen

In der „guten alten Zeit“ hatte man für die Erziehung der Kinder *feste Grundsätze,* nach denen alle Kinder gleich erzogen wurden, ob Arbeiterkind oder Prinz. Diese vier Kinder, von denen wir erzählt haben, wären damals autoritär etwa folgendermaßen erzogen worden:

Petra hätte nicht nur eine Ohrfeige bekommen, sondern wäre auch ohne Abendbrot ins Bett geschickt worden. Denn sie hatte nicht nur respektlos die wohlverdiente Ruhe des Vaters gestört, sondern sich auch am Essen versündigt.

Irmi wäre nicht nur vom Vater zurückgerissen worden, sondern man hätte sie auch geschlagen und in die Ecke gestellt (eine damals sehr häufige Erziehungsmaßnahme).

Thomas hätte selbstverständlich eine Tracht Prügel bekommen. Kein junger Mensch wagte damals, Vater oder Mutter zu schlagen.

Ingo hätte damals auch Schläge bekommen und wäre in den Keller gesperrt worden, wo er dann hundertmal hätte schreiben müssen: „Ich darf nicht fortlaufen!"

Die Grundsätze, nach denen damals erzogen wurde, waren folgende:

„Eltern und Erzieher haben immer recht und verdienen Respekt!"

Kinder haben blind zu gehorchen und dürfen nicht widersprechen. Sie dürfen keinen eigenen Willen haben.
Strenge ist bei der Erziehung notwendig, um einen anständigen Menschen aus dem Kind zu machen. Der Wille muß gebrochen werden. Schläge sind daher unerläßlich.

Aus der Arbeit der Erziehungsberatung wissen wir, daß auch heute noch viele Eltern in der oben beschriebenen Form erziehen und vielleicht jetzt beim Lesen verärgert sind, daß diese Erziehung nicht gut geheißen wird. Sie wurden selbst durch diese Erziehung „tüchtige" Menschen! Aber genügt das?

Die moderne, weiche Erziehung

Die antiautoritäre Erziehung an praktischen Beispielen

Seit Ende der sechziger Jahre gibt es eine neue Erziehung, die man unter dem Wort *„antiautoritär"* allgemein kennt und die im Gegensatz zu der eben erwähnten Methode eine *weiche* Erziehung ist. Nach ihr erziehen heute viele Eltern, *weil es bequem ist, alles laufen zu lassen.* In einem Lexikon aus dem Jahre 1970 steht folgende Erklärung: „Es handelt sich um eine Erziehung, die jede Bevormundung und jeden Herrschafts- oder Gehorsamsanspruch ablehnt."

Das Kind darf tun, was es will...

Nach der antiautoritären Erziehung werden unsere vier Kinder heute folgendermaßen erzogen:

> Petra bekommt keine Ohrfeige und wird auch nicht vom Tisch fortgeschickt. Die Mutter räumt lachend den verschmierten Apfelstrudel weg, und das Kind wird gefragt: „Was möchtest du denn heute abend essen?"
>
> Irmis Vater verhielt sich mit seiner liebevollen Art modern antiautoritär, weil er verständnisvoll darauf hinwies, daß Irmi leidet. Die Mutter wird sie in Zukunft häufiger in den Arm nehmen, damit sie nicht eifersüchtig zu sein braucht.
>
> Thomas darf den Vater schlagen, denn der Vater findet es lustig, der Kumpel seines Sohnes zu sein. Er will keine Autorität sein und läßt sich mit Vornamen anreden und nicht mit „Vater". Der Hund aber wird fortgegeben, wenn er den Jungen beißt.
>
> Ingo wird liebevoll in den Arm genommen, wenn er wieder auftaucht, denn die Eltern sind froh, daß sie ihr Kind wieder haben.

Oma und Opa erziehen mit

Was sollen aber Kinder denken, die nach der antiautoritären Erziehung aufwachsen, wenn sie *in den Ferien bei Oma und Opa* sind, die noch altmodisch streng mit ihnen umgehen?
Das kann sogar gut gehen, denn Großeltern sind nicht nur altmodisch streng, sondern auch liebevoll und warmherzig und drücken gern ein Auge zu, wenn es auch gegen ihre alten Erziehungsprinzipien geht. Sie schütteln dann nur den Kopf.

> Olaf (5 1/2) hat zum Geburtstag einen Handwerkskasten bekommen. Nun schlägt er mit dem Hammer überall drauf, was er auch darf, weil seine Eltern ihn antiautoritär erziehen. Aber auch bei den Großeltern tut er das mit Wonne. Diese haben aber wertvolle antike Möbel. Die alte Standuhr, die 200 Jahre alt ist, hat schon einen Riß bekommen. Obwohl die Großeltern darum bitten, daß Olaf seinen Hammer zu Hause lassen möchte, meinen die Eltern, der Junge müsse sich frei entfalten. Die Großeltern umwickeln daraufhin die wertvollen Möbel mit Wolldecken, wenn der Enkel zu Besuch kommt.

Ich besuche nach den Weihnachtstagen ein Großelternpaar (76 und 78), das vier Enkelkinder (3 – 14) zu Besuch hatte. Sie können mit der weichen Erziehung nicht viel anfangen, haben aber die Weihnachtstage über geschwiegen. Opa meint nun: „Man konnte gar nicht in die Zimmer gehen, ohne auf irgendein Kleidungsstück zu treten!“ Und Oma sagt: „Nicht einmal das Licht auf dem Klo konnten sie ausmachen!“

Unerträglich aber für ein Kind ist es, *wenn die Mutter nach der weichen Welle erzieht und der Vater noch nach der strengen Methode.* „Es geschieht immer noch das, was ich will!“, sagte ein 40jähriger Vater in der vergangenen Woche zu seinem Sohn. Es kann aber auch heute noch umgekehrt der Fall sein, daß eine junge Mutter altmodisch streng ist, weil sie selbst hart erzogen wurde und nun meint, sie müsse auch alles mit Härte von den Kindern erzwingen.

Wie kam es zur antiautoritären Erziehung?

Gestörte Menschen durch zu harte Erziehung

Während die strenge Erziehung schon seit Jahrhunderten angewandt wurde, ist die weiche Erziehung eine Folge des gesamten Umbruchs unserer technischen Zeit.
Die Psychoanalytiker fanden heraus, daß Menschen in ihrem Selbstvertrauen, Lebensgefühl und ihrer Gesundheit schwer gestört werden können, wenn man sie als Kinder zu hart erzieht. Man macht sie dann zu „gehemmten“ Menschen, denn *man hat sie durch Strenge zu sehr in ihrem persönlichen Lebensschwung gebremst.* Unzählige Menschen, die zu streng erzogen wurden und nun Eltern sind, kamen daher zu dem Schluß, daß sie keinesfalls ihre eigenen Kinder so erziehen wollen, wie man sie selbst erzogen hatte.

„Mein Vater war immer so hart zu mir. Es war so schwer für mich, Kind zu sein!“
„Meine Mutter war immer nervös und schlug viel, das möchte ich mit meinen Kindern nicht ebenso machen.“
„Ich habe nur schlechte Erinnerungen an meine Kinderzeit, meine Kinder sollen nur gute haben.“
„Ich wurde sexuell total verklemmt erzogen. Immer zog mir meine

Mutter die Hände auf die Bettdecke, damit ich ja nicht an meine Geschlechtsteile fasse. Das werde ich bei meinen Kindern nicht tun."
„Ich bekam bei schlechten Noten immer Schläge, da konnte ich aus Angst gar nicht mehr denken."
„Ich wurde zur Strafe in den dunklen Keller gesperrt. Ich glaube, meine Ängstlichkeit kommt daher."
„Ich bekam Schläge, als ich mit sechs Jahren noch bettnäßte. Dabei konnte ich doch gar nichts dafür. Mit meinem Sohn gehe ich zum Arzt."

Glückliche Kinder durch weiche Erziehung?

Haben die Eltern immer die Schuld?

Diese Liste könnte man sicherlich um Hunderte ähnlicher Sätze verlängern. Aus dieser Kritik an der strengen alten Erziehung entstand eine neue Form, die die Strenge in ihr Gegenteil umkehren wollte: *nämlich dem Kind jede Freiheit zu lassen, damit es sich frei entwickeln kann und dadurch glücklicher wird als man selbst.* Man glaubte nun auf einmal, daß das Kind von Natur her gut sei und nur durch eine zu harte Erziehung verdorben würde. Früher machten die Kinder alles falsch und hatten immer unrecht, *jetzt sind es die Eltern, die an allem schuld sind,* was natürlich auch nicht stimmt. Das wäre zu einfach, denn Erziehen ist sehr schwer! Es muß auch einmal erwähnt werden, daß die meisten von uns trotz harter Erziehung ihre Eltern liebten, wenn deren Strenge mit Herzenswärme und Güte gepaart war! Wir fühlten uns in der Selbstsicherheit unserer Eltern geborgen und geschützt, was bei den heutigen Jugendlichen selten der Fall ist.

Die antiautoritäre Erziehung in der Praxis

A.S. Neill, der Vater der antiautoritären Erziehung – seine Erkenntnisse über die Selbstbestimmung des Kindes und die Grenzen

Der Vater dieser neuen Erziehung ist der Engländer Alexander Sutherland Neill (1883 – 1972), der selbst einen harten und lieblosen Vater hatte, der Lehrer war. Er setzte die Erkenntnisse der Psychoanalytiker in die Praxis um und gründete 1921 die private Heimschule Summerhill in England. *In dieser Schule „durfte jeder tun, was er wollte, wenn er die Freiheit des anderen nicht beeinträchtigte".* 1959 erschien sein Buch „Theorie und Praxis der antiautoritären Erziehung" zuerst in Englisch, 1965 dann in deutscher Übersetzung. Es wirkte wie ein starkes Reinigungsmittel auf die allgemeine Kindererziehung! Neill hatte damals schon eine 38jährige Erfahrung mit dieser Erziehung und betont in seinem Buch ausdrücklich, *„daß Selbstbestimmung (des Kindes) den Eltern mehr abverlangt als ein Kodex feststehender Regeln". Also – nicht nur alles erlauben!* Hier liegt das zentrale Problem der antiautoritären Erziehung: Früher gab es für alles feststehende Regeln, deren Grundsätze wir vorher aufgelistet haben. Von diesen harten Regeln wollen die modernen Eltern ihre Kinder befreien, müssen aber bald einsehen, daß es ganz ohne Regeln nicht geht; vor allem, wenn es um die Gesundheit des Kindes geht.

> Es war in den fünfziger Jahren, als moderne Eltern und Erzieher begeistert die antiautoritäre Erziehung praktizierten und ich die dreijährige Dörte hüten mußte. Die Familie wohnte im vierten Stock, und unten im Hof spielte ein Leierkastenmann. Das Fenster war offen, und Dörte stieg auf das Fensterbrett, um den Leierkastenmann zu sehen. Als ich ins Zimmer kam, hing sie halb aus dem Fenster, ich riß sie zurück und gab ihr im Schreck spontan einen festen Schlag auf den Po. Meine antiautoritäre Theorie war zusammengebrochen!

Auch Neill gibt in seinem Buch *feste Regeln für die Gesundheit der Kinder* an: Die Kinder müssen abends pünktlich im Bett sein – Die Jugendlichen dürfen keinen Alkohol trinken – Bestimmte Filme werden verboten – Das Labor wird geschlossen. *Bei Übertretung dieser Verbote gibt es Strafen,* die von der Schülerselbstverwaltung, also von den Kindern selbst, verhängt werden.

Zum Problem der absoluten Freiheit des Kindes sagt Neill:

> „Absolute Freiheit gibt es nicht. Wer einem Kind immer seinen Willen läßt, befindet sich auf einem gefährlichen Weg. Kein Mensch ist ganz frei, denn er muß die Rechte anderer achten. Jeder aber sollte persönliche Freiheit genießen!"

Was meint Neill mit „den Rechten anderer"? Er erzählt in seinem Buch, daß er zurückschlägt, wenn ein Kind ihn schlägt oder beißt. Stiehlt ihm ein Kind die selbstgepflanzten Kartoffeln, dann schnauzt er es kräftig an. Weil das Werkzeug immer geklaut wird, wird die Werkstatt abgeschlossen. Aus demselben Grund sind Kühlschrank und Kasse verschlossen. Es gibt also *Grenzen für die hemmungslose Frei-*

heit der Kinder. Erstaunlicherweise darf auch kein Kind mit schmutzigen Schuhen Neills Wohnzimmer betreten. Welche moderne Mutter horcht da nicht auf? Sogar die Betten müssen von den Kindern morgens selbst gemacht werden. Der Erwachsene hat also auch seine Rechte, die das Kind beachten muß, und man darf und soll sich vom Kind nicht alles gefallen lassen, da es sonst zu einem ekelhaften Egoisten erzogen wird!
Es ist eigentlich kaum zu verstehen, daß die Eltern und Erzieher, die die antiautoritäre Erziehung als erste praktizierten, selten darauf achteten, *daß Kinder auch Pflichten gegenüber den Erwachsenen haben,* sondern immer nur darauf bedacht waren, den Kindern jedwede Freiheit zu lassen, in Erinnerung an den Druck in ihrer eigenen Kindheit. Diese Einseitigkeit aber ist der antiautoritären Erziehung bis zum heutigen Tage geblieben, weswegen sich viele Mütter und Väter von ihren Kindern geradezu tyrannisieren lassen und nicht spüren, daß Grenzen notwendig sind. Es fehlt vielen liebevollen Eltern Mut, Forderungen zu stellen, und sie bekommen Schuldgefühle, wenn sie einmal „aus Versehen" hart werden.

Die Schuld der Eltern – die Rechte des Kindes

Das Kind hat dieselben Rechte auf persönliche Freiheit wie die Eltern

Wenn Neill fordert, daß das Kind die Rechte des anderen achten soll, *so stellt er gleichwertig die Forderung auf, daß das Kind dasselbe Recht auf persönliche Freiheit hat wie der Erwachsene* und nicht nach den egoistischen Wünschen seiner Eltern erzogen werden darf. Weil aber im allgemeinen die Eltern nicht auf die Kinder eingehen können, sondern sie nach ihren eigenen Wunschvorstellungen erziehen, sind für Neill die Eltern „fast" immer schuld, wenn die Kinder Probleme haben.

Einseitige Schuldzuweisung an die Eltern ist zu billig

Zweifellos gibt es auch eine Veranlagung, eine Vererbung und einen angeborenen Charakter. Das kann man immer wieder feststellen, wenn man im Laufe der Jahre Hunderte von Kindern psychotherapeutisch behandelt hat.

Die Eltern können nur fördernd oder hemmend auf die Charakteranlage ihrer Kinder eingehen – *kein Mensch kommt mit einer leeren Seele auf die Welt!* Daher ist eine totale Schuldzuweisung an die Eltern immer fraglich. Auch die Sätze „Ich habe als Kind nicht genug Liebe bekommen!“ oder „Dieses Kind kriegt eben nicht genug Liebe!“ sind eine zu simple Erklärung, denn *jedes Kind braucht entsprechend seinem Charakter eine andere Liebe.* Man kann ein Kind auch zu sehr lieben, d.h. mit seiner intensiven Liebe und Leidenschaft „auffressen“. Ein Fünfjähriger mochte auf seinen Zeichnungen die Sonne nicht, weil sie „zu heiß“ war. Wir fanden zuerst den Grund dafür nicht, aber er hatte eine zu intensive Mutter! Ähnliches erlebte ich kürzlich bei einem Adoptivkind (7), das vorher keine Liebe und Wärme bekommen hatte und sich daher vor dem plötzlichen Gefühlsstrom seiner Eltern fürchtete und sich trotzig dagegen wehrte. *Elternliebe ist ein sehr schillernder und dehnbarer Begriff!*

Man muß bedenken, daß es *trotz falscher Erziehung doch eine Vielzahl lebensstarker Menschen* gibt, die daher auch nicht zum Psychotherapeuten kommen. Man darf annehmen, daß das immer noch die Mehrheit ist! Es gibt Kräfte in der Seele des Menschen, die trotz einer falschen Erziehung zur gesunden Entfaltung führen können. Das Stärken dieser Kräfte ist das Ziel der Psychotherapie! Neill selbst ist hierfür ein treffendes Beispiel, denn er hatte einen harten Vater, der keine Kinder mochte und ihn viel schlug und kniff, und auch seine Mutter schlug ihn („Kindheiten“, dtv 1459). Trotzdem wurde er ein warmherziger Mensch und sogar Vorbild für Generationen von Eltern und Erziehern.

Für das persönliche Selbstwertgefühl scheint es aber befriedigender zu sein, wenn man später als Erwachsener den Eltern die Schuld am eigenen Versagen zuweist, was heute allgemein Mode ist. Ich habe sogar beobachten können, daß Eltern Erziehungsfehler von Patienten zudiktiert wurden, die sie gar nicht begangen hatten! Es gibt nicht wenige Menschen, die für ihre mißglückte Ehe, ihr berufliches Versagen und ihre sonstigen Probleme nur ihre Eltern verantwortlich machen und damit jeder Selbsterkenntnis und Reifung aus dem Wege gehen. *Es gibt eigene Fehler und Veranlagungen, die schuld an unserem Versagen sind,* und diese Selbsterkenntnis könnte viel eher zu einer Besserung unserer Probleme führen als ewiges Jammern über die Erziehungsfehler der Eltern, wobei man selbst nur Kind bleibt.

Hitler ist hierfür ein besonders krasses Beispiel:
In „Mein Kampf" stellt er sein Schulversagen auf der Realschule als Protest gegen seinen Vater dar, der ihn zum Beamten machen wollte. Aber auch als der Vater plötzlich stirbt, werden die Schulleistungen des 14jährigen nicht besser. Er verrät sich selbst, wenn er schreibt: „Was mich freute, lernte ich..., was mir bedeutungslos erschien oder mich auch sonst nicht anzog, sabotierte ich vollkommen!" (Gerhard Prause, „Genies in der Schule", rororo 1934).
Ich kann mich noch gut daran erinnern, daß man vor ca. 15 Jahren bei der *Legasthenie* (Leserechtschreibschwäche) der Mutter die Schuld gab, da es sich um die „Muttersprache" handelte. Man versuchte es daher mit Psychotherapie. Auch bei extrem unruhigen Kindern ist nicht immer eine nervöse Mutter (Vater) die Ursache, sondern häufig eine minimale Dysfunktion des zentralen Nervensystems.
Kommen wir aber nun zu den eigentlichen Rechten des Kindes.

Grundlagen einer kindgerechten Erziehung sind nach Neill: Vertrauen – Anerkennung – Verstehen

Das klingt recht einfach, doch es ist im alltäglichen Leben sehr schwer und kostet viel Nervenkraft.

Kindererziehung ist nicht immer eine „reine Freude"

Von weitem sind Kinder sehr „süß", wenn man aber stundenlang, jahrelang mit ihnen zusammenleben muß, dann kosten sie Opferfähigkeit, die nicht jede Mutter, jeder Vater in gleichem Maß besitzt. Man denke nur an die zahllosen Nächte, in denen eine Mutter mehrmals aus ihrem warmen Bett muß, wenn die Kinder krank sind, weinen oder schlecht geträumt haben; dies gilt seltener für den Vater. Es gibt nicht wenige Mütter, die immer wieder das Gefühl haben, daß die Kinder ihre Lebens- und Nervenkraft auffressen. Dann wünschen sie die Kinder zum Teufel, ja, könnten sie in Gedanken umbringen; aber diese Gedanken verursachen schwere Schuldgefühle! Manche Mutter muß dann über sich selbst weinen. Kürzlich sagte mir eine Mutter, die im vierten Monat schwanger war: „Ich traue mir gar kein drittes Kind mehr zu, nachdem ich mit meinem zweiten Kind nicht zurechtkomme!" Trotzdem lieben die meisten Eltern ihre Kinder, können sich ein Leben ohne sie nicht mehr vorstellen und begreifen vom Herzen her das Psalm-Wort (Ps 127,3): „Kinder sind eine Gabe des Herrn, die Frucht des Leibes ist sein Geschenk!"

Mutterliebe ist nicht immer angeboren

Es muß aber auch einmal gesagt werden, daß *nicht bei jeder Mutter die Fähigkeit, ein Kind spontan zu lieben und zu erziehen, angeboren ist,* selbstverständlich auch nicht beim Vater. Meistens entwickelt sich dieses Talent erst im Laufe der ersten Jahre, weswegen auch viele Mütter sagen: „Bei meinem ersten Kind wußte ich das noch nicht. Heute, beim zweiten, bin ich viel sicherer!" Es scheint doch wohl so zu sein, daß kleine Kinder den Instinkt der Mutter, sie zu lieben und zu verstehen, erst wecken. Man braucht sich daher als junge Mutter nicht zu schämen, wenn das Herz beim Anblick des Säuglings nicht gleich in Liebe für das kleine Wesen dahinschmilzt und man stattdessen Fremdheitsgefühle hat, die einen ängstigen können. Heute gibt es aber auch junge Väter, die einen guten Instinkt für ihre Kinder entwickelt haben, weil sie sich von Geburt an mit dem Kind beschäftigen.
Nach neuesten Untersuchungen (Elisabeth Badinter, „Die Mutterliebe", dtv 10240) gaben im 17. und 18. Jh. die Mütter aus gehobenen sozialen Schichten in Frankreich ihre Kinder sofort nach der Geburt zu Ammen, bei denen sie vier Jahre blieben. *Um den Tod ihrer Kinder machten sich die meisten Mütter damals kein Kopfzerbrechen.* Aber auch die armen Frauen kümmerten sich wenig um ihre Kinder, weil sie arbeiten mußten. Ein liebevolles, persönliches Eingehen auf die Kinder, wie wir es heute erwarten, gab es damals in Frankreich nicht. Es entwickelte sich erst im Laufe des vorigen Jahrhunderts.

Was versteht man unter „Vertrauen" zum Kind?

Kinder können nicht zu Wunschbildern erzogen werden

Kürzlich wurde ein junger Mann (27) zum ersten Mal Vater. Der Computerfachmann und erklärte Atheist war bei der 18stündigen Entbindung dabei gewesen. Als er sich über sein Kind beugte und wahrnahm, was alles an so einem kleinen Wesen fertig ist, überkam ihn ein Staunen, und er sagte: „Ich muß jetzt fast an Wunder glauben!" Aus dem Nichts war sein Kind gekommen! Denn *wir „machen" unsere Kinder nicht* wie ein Auto oder einen Computer, sondern es wird uns „gegeben" mit seinen körperlichen, geistigen und seelischen Anlagen. Darum „gehört" es uns auch nicht, denn schon in 14 Jahren wird es sich wieder

von uns fort in sein eigenes Leben hinein entwickeln. Es ist uns von Gott oder vom Schicksal nur geliehen und anvertraut. Darum gilt: Kinder können nicht zu Wunschbildern erzogen werden. Sonst würden wir ihre Einmaligkeit übersehen.
Es gibt viele Eltern, die *schon vor der Geburt die Kinder mit Wünschen und Ängsten belasten.* Diese Kinder klagen dann später als Erwachsene:

„Mein Vater wollte einen Sohn, und ich wurde eine Tochter. Das hat mir mein Vater nie verziehen."
„Nach drei Söhnen wollte Mutter nun endlich eine Tochter. Meine Mutter zog mich immer wie ein Mädchen an. Sicherlich wurde ich darum sexuell so verklemmt."
„Meine Mutter wollte noch gar kein Kind. Ich kam zu früh und hinderte sie an ihrer Selbstfindung."

Oder die Mütter klagen selber später:

„Mein Kind sieht meiner ekelhaften Schwiegermutter so ähnlich!"
„Der Junge ist mir zu dunkelhaarig. Ich wollte ein blondes Kind!"

Es gibt Tausende von Eltern, die ähnlich fühlen oder denken und mit diesem Vorurteil ihr unbefangenes Gefühl zu ihrem Baby vergiften, und damit im Keim auch das Selbstwertgefühl des Kindes. *Gottlob aber halten im allgemeinen die meisten Eltern ihr Baby für das schönste!* Und das ist gut so und gar nicht albern, wie viele meinen, denn diese Bestätigung braucht der neugeborene Mensch, das ist der Anfang des Vertrauens. Sicherlich ist es menschlich verständlich, daß man bestimmte Hoffnungen, Erwartungen und auch Ängste bei der Geburt seines Kindes hat. Diese Gefühle soll man sich bewußtmachen, um sich von ihnen befreien zu können. Auch eine Kinderpsychologin kennt Sympathie und Antipathie und muß sich von diesen Gefühlen befreien, um unvoreingenommen Vertrauen in den Wert ihres kleinen Patienten zu haben.

Vorurteile, Wünsche und Ängste zerstören das Vertrauen

„Wenn Peter (8) am Abendbrottisch so ekelhaft quengelt, erinnert er mich an meinen Vater, dann kann ich nicht mehr zu ihm ans Bett gehen und ihm einen Gute-Nacht-Kuß geben!" Diese Mutter hat es jahrelang so gemacht, und der Junge wurde ein mürrischer, aggressiver Bursche, der überall aneckte und durch seinen verbissenen Gesichtsausdruck auffiel.

„Ossy (11) ist genauso faul wie mein geschiedener Mann, sein Vater. Aus dem wird nichts!"
„Du bist doch nicht genauso ein Schlappschwanz wie dein Vater?" sagte die Mutter zum dreijährigen Ernst, als dieser Angst vor dem heißen Ofen hatte.
„Die wird genauso ordinär wie ihre Mutter!" sagt der Vater von der zehnjährigen Inge.

Wenn man die Kinder durch eine falsche Brille sieht und voller Mißtrauen ist, kann man sie natürlich auch nicht lieben. Für das Verhalten dieser vier Kinder spielten aber ganz andere Gründe eine Rolle:

Peters Eltern stritten sich beim Abendessen fast immer. Eine Scheidung lag deutlich in der Luft und ängstigte den Jungen, der seiner Angst in nervöser Unart Luft machte, um beachtet zu werden. Gerade da hätte ein liebevolles Wort der Mutter ihm die Angst nehmen können, weil er sich geborgen gefühlt hätte. Aber die Mutter erstickte in ihren eigenen Problemen.
Ossys Mutter war geschieden und hatte sich in den Jahren nach der Scheidung gar nicht um seine Hausaufgaben gekümmert, sondern ihn in eine unzuverlässige Hausaufgabenüberwachung gegeben, wo der Junge sich über Jahre hindurch mit Nichtstun durchgemogelt hatte. Als die Mutter sich dann seiner Hausaufgaben annahm, fing er allmählich an zu arbeiten, aber nur wenn die Mutter energisch hinter ihm her war; das aber langweilte sie.
Daß ein dreijähriger Angst vor einem heißen Ofen hat, deutet doch wohl noch nicht darauf hin, daß er einmal ein „Schlappschwanz" werden könnte!
Inge verhielt sich zu der Zeit so kokett, weil sie eine ältere Freundin hatte, der sie das nur nachmachte. Sie glaubte nämlich, sie sei sehr häßlich.

Sieht man also Fehler an den Kindern, dann muß man die Gründe für das Fehlverhalten nicht in vererbten Ähnlichkeiten suchen, sondern in den persönlichen Problemen des Kindes. Andernfalls verbietet man falsch und weckt Trotz oder Abwehr.

Ernsthafte Unarten (Stehlen, Lügen u.ä.)

Aber nicht nur die oben beschriebenen Vorurteile vergiften die Luft zwischen Eltern und Kindern und nehmen den Eltern das Vertrauen in den Wert ihrer Kinder. Es sind auch folgende *Unarten, die die Eltern ernsthaft mißtrauisch machen:* Stehlen – Fälschen von Unterschriften

– Schule-Schwänzen und Streunen – brutales Zusammenschlagen anderer Kinder – Zündeln – Schulversagen – Lügen. Gerade dann, wenn unsere Kinder ernsthaft versagen, sind wir als Eltern und Erzieher aufgerufen, an das Gute im Kind zu glauben. Denn heute wissen wir aus der umfangreichen, langjährigen Erfahrung der Kinderpsychotherapie in der westlichen Welt, daß hinter diesen ernsthaften Fehlern der Kinder meistens irgendeine innere Not steckt, die wir ergründen müssen. Diese *Unarten sind wie das Fieber einer Krankheit,* die man anfangs auch nicht erkennt.

Falsches Strafen und Verbieten machen bockig

Erkennen wir die Hintergründe des Fehlverhaltens nicht, dann strafen und verbieten wir falsch:

Ein Kind mit dem Kochlöffel schlagen, wenn es gestohlen hat –
Dem Kind das Heft mit der gefälschten Unterschrift um die Ohren schlagen –
Den Streuner einsperren mit Strafarbeiten –
Dem Schläger das Fußballtraining verbieten –
Dem Kind, das mit Feuer spielt, die Hand ins Feuer halten –
Den Schulversager mit endlosen Extra-Aufgaben belasten und ihm totales Fernsehverbot geben –
Dem lügenden Kind das Taschengeld entziehen.

Das alles nützt nicht viel und macht das Kind nur bockig und lustlos; es bleibt uns nichts anderes übrig, als nach den Ursachen zu suchen. Damit soll aber nicht gesagt sein, daß Eltern in einem solchen Fall nicht mit Schimpfen oder auch mal mit einer spontanen Ohrfeige ihrem Herzen Luft machen dürfen. Kinder haben einen Instinkt dafür, daß in einem solchen Fall die Ohrfeige angebracht war, wie sie mir immer wieder grinsend eingestanden haben. Das Kind muß lernen, daß es *eine allgemein gültige Ordnung* gibt, der alle Menschen gleichermaßen verpflichtet sind.

Es gibt eine allgemein gültige Ordnung - auch für die Erwachsenen

Auch der Erwachsene darf im Supermarkt nicht stehlen –
Er darf keine Unterschriften unter Dokumenten fälschen –
Er muß täglich zur Arbeit gehen –
Er darf niemanden zusammenschlagen, der ihm nicht paßt –

Er muß mit seinem Feuerzeug vorsichtig umgehen –
Er muß an seinem Arbeitsplatz korrekt arbeiten, sonst wird er arbeitslos –
Er darf seinen Ehepartner nicht anlügen.

Das Kind muß deutlich spüren, daß diese Ordnung verletzt und damit auch der Kontakt zu den Eltern gestört wurde. *Kleine Strafen* wie kein Eis, keine Süßigkeiten, keinc neuen Kleider, kein Kinobesuch, kein Fernsehen, müssen außer kräftigem Schimpfen das Kind darauf hinweisen, daß es diese allgemeine Ordnung verletzt hat. Etwa in der Art: „Nein, ein Kinobesuch ist heute nicht drin, das siehst du wohl selbst ein?“ Oder: „Nein, neue Kleider kommen im Augenblick nicht in Frage. Das ist doch wohl klar!“ Gleichzeitig aber muß man versuchen, die Hintergründe des betreffenden Fehlers zu ergründen, um dann richtig gezielt zu helfen und zu verbieten. Keinesfalls darf man aber in Anlehnung an die antiautoritäre Erziehung meinen, diese Verletzung einer allgemeinen Ordnung dürfe bagatellisiert werden. Wir werden später noch auf diese *zweiseitige Erziehung: „Verstehen und Strafen“* zurückkommen.
Kommen wir aber zurück zu unserer Frage nach dem Vertrauen in den Wert des Kindes, so können wir dieses Vertrauen am besten geben, wenn wir als Eltern und Erzieher niemals meinen, im Recht zu sein, nur weil wir Erwachsene sind und daher „alles besser wissen“, wie das früher geglaubt wurde.

Was versteht man unter „Anerkennung“ des Kindes?

Es ist leichter, Fehler zu sehen, als das Gute im Kind

Die Zimmer der Psychotherapeuten sind angefüllt mit Menschen, die zu viel kritisiert wurden und denen daher das Selbstvertrauen fehlt. Immer wieder kann ich in meiner Praxis der Erziehungsberatung folgende Worte von Müttern und Vätern hören: „Was soll ich nur an dem Kind loben? Da ist doch gar nichts zu loben!“
Nörgeln ist vor allem ein Zeichen eigener Nervosität und Unzufriedenheit, wodurch man dem Kind gegenüber ungerecht wird. Nun ist es aber normal, daß wir Erwachsene Probleme haben (Überarbeitung,

Eheprobleme, Krankheit, finanzielle Sorgen, familiäre Probleme), die uns unzufrieden und nervös machen, wobei uns die Kinder dann noch zusätzlich nerven. Ganz davon abgesehen, daß die Menschen nervlich verschieden belastbar sind und manche deshalb leichter „ausflippen".

Das Gespräch als Erziehungshilfe

Aber man spürt letztlich doch seine Ungerechtigkeit und sollte am Abend am Bett des Kindes *in einem liebevollen Gespräch seine eigenen Fehler zugeben:* „Du, Birgit, ich war heute sehr mieser Stimmung und darum ungerecht. Ich weiß, du hattest dir mit dem Aufräumen Mühe gegeben!" Erstaunlicherweise mindert ein solches Zugeständnis nicht die Achtung, die die Kinder vor den Eltern haben – im Gegenteil! Es kann dann sogar vorkommen, daß Birgit antwortet: „Es war heute auch ein schlimmer Tag für dich!" und die Mutter oder den Vater umarmt.

Nörgeln ist kein Erziehen!

„Die Kinder hören gar nicht mehr hin und schalten einfach ab", klagen die Mütter.

> „Das nennst du aufräumen? Du hast ja nur die Hälfte aufgeräumt!"
> „Wie siehst du wieder schlampig aus!"
> „Eine Drei im Diktat? Das hätte auch besser sein können!"
> „Wenn ich schon deine ungeschickten Hände sehe, dann weiß ich, daß du den Kessel fallen läßt, du Trampel!"
> „Rede nicht so laut – rede nicht so viel – rede nicht so 'nen Quatsch!"
> „Die Topflappen, die du mir zu Weihnachten gehäkelt hast, sind viel zu dünn!"
> „Mein Gott! Bist du blöd!"

Jedes Kind braucht Anerkennung und Lob

Das spornt an, auch uns Erwachsene. Anerkennung ist besonders dann notwendig, wenn das Kind bei einer Arbeit mitgeholfen hat. Der Satz: „Laß das mal sein, ich mach es lieber selbst, du bist doch zu ungeschickt!" ist für das Selbstvertrauen des Kindes Gift und fördert nur die Faulheit. „Deinen Koffer packe ich lieber selbst, du vergißt ja doch die Hälfte", sagen Mütter und Väter noch zu ihren 18jährigen Kindern!

Dann ist es kein Wunder, wenn diese Jugendlichen unselbständig sind und sich für unfähig halten, etwas ohne Hilfe der Eltern zu tun. Das gilt ganz besonders für die Hausaufgaben bei den Erstkläßlern: „Wenn ich als Mutter nicht daneben sitze, dann kann sie nichts!" Kein Wunder, daß das Kind sich dann für dumm hält!

Ein unselbständiges Kind ist lebensschwach

Philipp (11) wird noch jeden Morgen von der Mutter angezogen: „Ach, er zieht doch nur das falsche Zeug an!" sagt die Mutter. Philipp hält sich für zu „blöd", was sich auf seine Schulleistungen auswirkt. Er fällt trotz guter Intelligenz durch die Aufnahmeprüfung für das Gymnasium. Erst als die Mutter ihn bewußt mehr anerkennt, werden seine Schulleistungen wesentlich besser, zumal er auch Anerkennung bei seinen Lehrern findet.
Hansi (10) besteht die Probezeit auf dem Gymnasium nicht. Er hat eine überragende Intelligenz, wie der Test zeigt. Aber der Opa hat ihm jahrelang bei den Mathe-Hausaufgaben geholfen, weil „der Junge das doch nicht alleine kann".

Spornt man dagegen ein Kind an: „Das kannst du doch selbst! Probier es nur einmal!", dann macht man ihm Mut zu sich selbst.

Nina (5) kann sich die Pelzstiefel noch nicht allein anziehen. Immer bückt sich die Mutter, um ihr in die Schuhe hineinzuhelfen. Nina gibt sich auch gar keine Mühe. Aber als wir ihr dann energisch sagen: „Du wirst jetzt ein Schulkind, das kannst du jetzt selbst!" und fortgehen, ruft sie nach fünf Minuten mit glücklicher Stimme: „Ich kann es!"

So muß man immer wieder *die Kinder anspornen, um ihnen Mut zu sich selbst* und zum eigenen Leben zu machen. Diese Anerkennung braucht ein Kind vor allem, wenn es etwas selbst produziert hat: bei selbstgemalten Bildern, gebastelten Geschenken, Handarbeiten für die Schule, mit Lego-Steinen gebauten Burgen, Flugzeugen und Schiffen. Alles, was ein Kind von sich aus schafft, bedarf der Anerkennung durch den Erwachsenen. Die Produkte müssen an die Wand geklebt oder aufgestellt werden. *Es gibt Eltern, die meinen, Lob und Anerkennung verderbe den Charakter,* und aus diesem Grund an den Produkten ihrer Kinder herummäkeln. Sie verderben aber damit den Kindern die Freude an der eigenen Arbeit. Dasselbe gilt auch für jede sportliche Leistung. Wenn wir den Kindern ein genügendes Maß an Anerkennung entgegengebracht haben, dann kommen wir mit einer berechtigten Kritik, die es selbstverständlich bei jedem Kind gibt, wesentlich besser an, denn das Kind ist dann im Gleichgewicht seines Selbstvertrauens.

> Klaus (12) ist ein sehr schlechter Schüler. Er blieb auf der Hauptschule sitzen. Da er in Rechtschreibung miserabel ist, muß er für die Therapiestunden bei mir jede Woche zwei Seiten aus einem interessanten Buch abschreiben. Natürlich versucht er, sich davor zu drücken: er schreibt die Zeilen nicht zu Ende. Aber er ist sehr darauf aus, daß ich ihm mit roter Tinte eine gute Note unter seine Arbeit schreibe. Mehrmals habe ich ihm sagen müssen, daß die Seiten noch einmal zu schreiben sind, wenn er schmiert. Letzte Woche kam er wieder einmal in letzter Minute mit einer hingeschmierten Arbeit an. Ich strich ihm die zwei Seiten durch. Er schrie zwar Zeter und Mordio, aber zu Hause bei der Mutter nahm er die Sache dann gelassen hin, denn er hatte bei mir in der Spieltherapiestunde laufend gewonnen und sich überlegen gefühlt, was sein Selbstvertrauen aufbaute.

Am schwersten ist es, dem Kind Anerkennung zu geben, wenn es bei den Jahreszeugnissen tatsächlich schlechte Leistungen bringt. Ich selbst ertappe mich immer wieder, daß ich zuerst auf die Fünf in Mathematik oder Deutsch sehe und erst dann auf die Eins in Werken, Sport oder Musik. Ich muß mich immer wieder neu beherrschen, daß ich das Kind nicht mit meinen kritischen Bemerkungen überschütte und es dadurch noch unsicherer mache, als es durch die schlechten Noten ohnehin schon ist. Ich nehme mich dann zusammen und reagiere meistens folgendermaßen: „Die Eins im Werken (Turnen, Musik) ist ja prima! Na, und Fünf in Mathematik (Deutsch) ist natürlich Mist, das weißt du ja selbst, da mußt du mehr tun!"
Daraufhin kommt meist ein Grinsen als Antwort. *Das Kind muß durch eine Anerkennung aufgebaut werden,* um dann die Kritik auf sich nehmen zu können. Früher, mit autoritärer Erziehung, machte man den Menschen „zur Sau", d.h. fix und fertig, durch eine vernichtende Kritik; heute weiß man, daß das nur verunsichert.

Was heißt „Verstehen" des Kindes?
Kinder haben ein anderes Gefühlsleben als Erwachsene

Vertrauen und Anerkennung allein genügen nicht, um dem Kind gerecht zu werden. Wenn wir unsere Kinder nicht verstehen, bevor wir etwas verbieten, dürfen wir uns nicht wundern, wenn wir mit unseren Verboten nicht ankommen. Ich denke vor allem an die vielen Mütter und Väter, die immer meinen, das Kind wolle sie bewußt ärgern. Diesen Satz kann man von Eltern schon über ihren Säugling hören!

> Tina (9 Monate) wirft laufend den Schnuller aus ihrem Wagen, während wir Erwachsenen uns unterhalten. Der junge Vater sagt: *„Das tut sie nur, um uns zu ärgern!"*

Unwillkürlich fragt man sich, woher das Baby schon weiß, womit es die Erwachsenen ärgern kann, wenn es sonst noch nichts weiß! Ein kleines Kind lebt noch ganz in seine eigenen Gefühle eingesponnen, nur als angenehm oder unangenehm unterschieden. Tina hatte Freude daran gehabt, den Schnuller herunterzuwerfen und dadurch gleichzeitig Kontakt zum Vater zu bekommen. Der Vater hatte aufgrund seines Ärgers das Verhalten des Kindes falsch gedeutet. Als dann aber der Vater dem Baby etwas anderes zum Spielen gab, das ihm mehr Spaß machte, warf es den Schnuller nicht mehr auf den Boden.

> „Michael (4) will nicht einschlafen; das tut er nur, weil er weiß, daß ich heute abend fortgehen will."
> „Klaus (8) trödelt vor der Schule immer nur, um mich schon am Morgen zu ärgern!"
> „Immer mußt du (Sigi, 3) mich beim Telefonieren stören; das tust du nur, um mich zu ärgern."
> „Das kleine Biest (2½) weiß doch genau, womit sie mich ärgern kann."

Wenn man in der Erziehungsberatung derartige Bemerkungen hört, merkt man deutlich, wie einseitig Eltern von ihrem Standpunkt aus das Verhalten ihrer Kinder deuten und denken, das Kind würde gegen sie kämpfen!
Ein solcher Machtkampf aber führt nur zu weiteren Kämpfen, weil man das Kind nicht versteht.

Verbieten ohne Verstehen des Kindes nützt nichts

Michael fürchtet sich davor, daß die Mutter am Abend fortgehen will, und aus Angst vor dem Alleinsein kann er nicht einschlafen.
Viele Kinder trödeln morgens vor der Schule, weil sie einen niedrigen Blutdruck haben und darum nicht recht munter werden können. Gegen diesen niedrigen Blutdruck hilft kein Schimpfen, sondern nur Sport und viel Bewegung.
Wenn die dreijährige Sigi die Mutter immer beim Telefonieren stört, so tut sie das aus Eifersucht, weil sie hört, daß die Mutter sich mit einem anderen Menschen beschäftigt.
Und auch das kleine „Biest", das „genau weiß", womit es die Mutter ärgern kann, hat einen tieferen Grund, den die Mutter herausfinden muß, um sich nicht mehr zu ärgern.

Kinder sind viel zu sehr Gefangene ihrer eigenen Angst und Unlustgefühle; dagegen kämpfen sie an, nicht gegen die Erwachsenen. Darum können sie auch selten einmal etwas „der Mutter zuliebe" tun.

„Schlaf bitte mir zuliebe jetzt ein, damit ich auch mal abends weggehen kann!"
„Stör mich doch mir zuliebe einmal nicht beim Telefonieren!"

Nein, das können die Kinder wirklich nicht! Und es ist ein falscher Schluß, wenn man meint, die Kinder hätten einen gar nicht lieb. Wir haben sie nicht verstanden, und darum können sie unseren Wünschen und Ermahnungen nicht folgen.

Immer, wenn Didi (1½) eine frische Windel bekommen soll, schreit und tobt sie und will die schmutzige Windel nicht hergeben. Die Mutter hält das für Trotz. Wir denken lange darüber nach und kommen zu dem Schluß, daß die frische Windel zu kalt ist, während die verschmutzte schön warm ist. Als die Mutter das versteht, fühlt sie sich nicht mehr so unsicher und wird geduldiger.

Das Verstehen im Trotzalter

Die starken „Nein-Sager" – die schwächlichen „Ja-Sager"

Am deutlichsten treten diese Probleme im „Trotzalter" zutage, die man als Eltern gar nicht meistern kann, wenn man die Kinder nicht versteht. Kinder ab zwei bis drei Jahren spüren plötzlich, daß sie auch „nein" zu etwas sagen können:

> „Nein, keinen Mantel anziehen!" (Das Kind hatte Husten.)
> „Nein, keine Hose an!" – „Keine Windel!"
> „Nein, ich mag keine Limo!"
> „Nein, ich komme nicht mit zur Oma!" und vieles mehr – häufig nur im wortlosen Protest.

Sicherlich ist dieses *Nein-Sagen und Trotzen für die Eltern lästig.* Viele fühlen sich blamiert, wenn das Kind im Supermarkt und auf der Straße zu toben anfängt, sich auf den Boden wirft und strampelt. Andere Eltern dagegen bekommen Schuldgefühle, weil sie denken, daß sie etwas falsch gemacht haben. Aber das Kind will um jeden Preis „nein" sagen, nur um das "Nein" zu üben. Das ist der tiefere Grund. Nun weiß man aber inzwischen aus der Praxis der Psychotherapeuten, daß Menschen, die diese Fähigkeit zum Nein-Sagen nie entwickelt haben, *schwächliche Ja-Sager* werden, die im späteren Leben von stärkeren Menschen überfahren werden. Trotzdem sind Eltern recht zufrieden, wenn die Kinder wenig oder nie trotzen, weil das viel bequemer ist. Viele Eltern versuchen auch heute noch mit Schlägen (Kochlöffel!) und Strenge den aufkommenden eigenen Willen des Kindes zu brechen. Man zerbricht aber damit die Lebenskraft des Kindes!

> Die dreijährige Beate war den ganzen Tag trotzig gewesen; laufend gab es um jede Kleinigkeit einen Machtkampf zwischen Mutter und Kind. Die Mutter war am Ende ihrer Nervenkraft. Aber gegen Abend kommt die Dreijährige plötzlich ganz lieb auf die Mutter zu und möchte mit ihr schmusen. „Nein!", sagt da die Mutter, „du warst den ganzen Tag nur böse, jetzt mag ich auch nicht mit dir schmusen!"

Das Kind mußte sich zurückgestoßen und völlig unverstanden fühlen. Es war ja nicht böse gewesen, weil es böse sein wollte, sondern eine fremde Kraft war in dem kleinen Mädchen am Arbeiten gewesen, die es zum Nein-Sagen trieb. Die Mutter hätte das Kind liebevoll in den Arm nehmen sollen, denn es war jetzt wieder lieb. *Ein Kind muß seinen Trotz ausleben können, ohne Angst zu haben,* die Liebe der Eltern zu verlieren, denn es soll eine neue Kraft entwickeln.

Eine Mutter sagte mir einmal am Telefon, sie sei in Sorge, ihr kleiner Junge könne später bei ernsthaften Dingen auch nicht folgen, wenn sie ihm jetzt im kleinen nachgeben würde. Das ist ein Irrtum vieler Eltern! Aus der Kindertherapie weiß man, daß es umgekehrt ist: Hat man in unwichtigen Kleinigkeiten dem Kind seinen Willen gelassen und es in seiner Willensübung ernst genommen und dadurch in seiner Selbstsicherheit gestärkt, dann ist es viel eher bereit nachzugeben, wenn man als Eltern und Erzieher später etwas Wesentliches energisch fordern muß. Nur bei schweren, gefährlichen Unarten (z.B. auf die Fahrbahn laufen) sollte man bremsen, aber sonst so viel wie möglich nachgeben, damit das Kind beim Nein-Sagen Erfolge erlebt.

> „Na gut! Wenn du keinen Mantel anziehen willst, dann vielleicht die Jacke?"
> „Wenn du keine Milch magst, dann Kaba?"
> „Wenn du keine trockenen Strümpfe anziehen willst, dann vielleicht Hausschuhe?"

Man muß dem Kind Erfolgsmöglichkeiten für seine Willensübung anbieten und deutlich nachgeben! Dann ist im allgemeinen diese wichtige Entwicklungsstufe in vier bis sechs Wochen vorbei. Wollen aber die Eltern in dieser Zeit immer wieder ihren eigenen Willen dem Kind gegenüber durchsetzen, aus dem Gefühl heraus, als Eltern müsse man schließlich mit so einem kleinen „Biest" fertig werden, und verhauen ihm den Popo, dann geht die Erziehung sicherlich daneben, denn ein starkes Kind verbeißt sich in seinen Trotz, während *ein schwaches aus Angst aufgibt.* Drei Beispiele für eine geglückte List sind folgende Erlebnisse aus meiner Praxis:

> Peter (3½) wollte in der Trotzphase nie aufs Klo gehen, um zu pieseln, bevor er mit der Mutter fortging. Er wehrte sich gegen ihren energischen Befehl. Dasselbe war auch bei mir in der Praxis der Fall. Er mochte aber sehr gerne trinken. Als ich ihm nun erklärte, daß er leider nicht mehr trinken könne (ich hielt ein Glas Limo in der Hand), da das Wasser nicht herauslaufen könne, ging er prompt aufs Klo. Es war jetzt sein eigener Wille, daß er aufs Klo ging, und er mußte nicht gegen den Willen der Mutter trotzen.

> Bettina (3¾) machte tagsüber noch „groß" in die Hose, weil sie nicht aufs Klo gehen wollte, wenn die Mutter sie dazu trieb. Die Mutter hatte dem Kind noch gut zugeredet und ihr gesagt, daß sie krank würde und dann zum Doktor müsse; sie solle doch ein vernünftiges kleines Mädchen sein! Alles nützte nichts. Ich riet der Mutter dann zu folgender List: Sie solle dem Kind sagen, daß sich das „Drücki" in

ihrem dunklen Bauch fürchten würde, wenn es nicht heraus dürfe. Daraufhin ging Bettina aufs Klo! Sie hörte aber damit wieder auf, als die Mutter versuchte, ihren eigenen Willen mit Druck gegen das Kind durchzusetzen.

Wölfchen (4,10) räumte zu Hause nicht gerne auf. Als die Spieltherapie bei mir zu Ende war, warf er im Wartezimmer die Spielsachen einfach in die Gegend und war nicht zu bewegen, die Sachen aufzuheben und ins Spielzimmer zu tragen. Die Mutter stand daneben und wartete, was die Kinderpsychologin nun machen würde. Ich machte eine bedauernde Handbewegung und sagte ihm: „Das ist aber schade, wenn du die Spielsachen hier liegen läßt, denn gleich kommt die Putzfrau, und die wirft alles in die Mülltonne, was nicht hier ins Zimmer gehört!" Wölfchen warf sich auf die Couch, strampelte mit den Beinen und rief zur Mutter hin: „Mutti, hilf mir!" Die Mutter hilft ihm zuhause immer beim Aufräumen, wenn er keine Lust hat. Jetzt aber tat sie es nicht. Wir zwei Erwachsenen warteten; nach kurzer Zeit stand Wölfchen auf und brachte die Sachen ins Kinderzimmer zurück. Die Mutter sagte mir später, die Geschichte mit der Putzfrau habe ihn sehr beeindruckt.

Vernunftgründe kommen noch nicht an

In der Trotzphase wehrt sich das Kind gegen den fremden Willen, gegen Druck von außen. Diesen Druck kann man durch eine List umgehen, die der naiven, kindlichen Vorstellungswelt entspricht und das kleine Kind zu eigenen Entscheidungen hinführt. Auf vernünftige Argumente, die logisch klar sind, reagiert das Kind nicht, weil sie seinem Gefühlsleben nicht entsprechen und weil es sie noch nicht versteht! *Das logische, vernünftige Denken entwickelt sich erst ab sechs Jahren,* und zwar sehr langsam, so daß man erst ab ca. neun bis zehn Jahren anfangen kann, sich an die Vernunft des Kindes zu wenden. Gewiß gibt es Eltern, die die drei obigen Erlebnisse gelesen haben und es für großen Unsinn halten, mit kleinen Kindern so albern zu reden, zumal es den Anschein hat, als würde man die Kinder anlügen. Es ist sehr merkwürdig, je gebildeter die Mütter und Väter sind, desto schwerer fällt es ihnen, sich in das kindliche Gefühlsleben hineinzudenken. Sie behandeln ihre Kinder wie gleichwertige Partner und bekommen dann Erziehungsprobleme. Der Erwachsene vergißt in späteren Jahren, wie ihm in seiner Kindheit zumute war.

Nico (17) erzählt mir, daß er als kleines Kind Angst vor dem Herunterschlucken des Essens gehabt habe und daher nicht schlucken konnte. Um ihm zu helfen, zeigte ihm die Mutter in einem medizinischen Buch Bilder von der Speiseröhre. Lachend sagt er heute dazu: „Das habe ich natürlich damals nicht verstanden!" Die Mutter war aber eine sehr kluge Frau und hatte studiert. Seine Eßlust wurde durch die medizinischen Bilder auch nicht besser.

Kinder denken in lebendigen Bildern (Bibel, Märchen)

Es war gar nicht so schwer gewesen, einen Weg zu der Vorstellungskraft und Gefühlswelt der drei Kinder zu finden, denn *Kinder denken in Bildern.* Als Peter etwas bei mir trinken wollte, sagte die Mutter zu mir: „Er will kein Wasser lassen, und dann trinkt er immer so viel. Das kann doch nicht gesund sein!" Peter konnte sich unter dem Begriff „Nicht-gesund-Sein" gar nichts vorstellen. Aber von seiner Sandkiste her wußte er, daß Wasser abfließt. Ich erinnerte ihn mit meiner Bemerkung an eine Erfahrung, die er schon gemacht hatte, weshalb ihm meine Erklärung einleuchtete. Bei Bettina war es ähnlich: alle kleinen Kinder fürchten sich vor der Dunkelheit. Das Kind sollte den Kot herauspressen, also mußte der Kot Angst haben. Bei Wölfchen war es am einfachsten gewesen, denn er mochte das Spielzeug sehr gerne, so daß er natürlich nicht wollte, daß es in die Mülltonne geworfen würde.
Kinder in diesem Alter (bis zum Schulbeginn) personifizieren gern tote Gegenstände. Sie sagen z.B. „Du böser Stuhl", wenn sie sich gestoßen haben, und zum Auto, das in die Garage fährt: „Das geht jetzt schlafen!", zum Ball: „Warum läufst du mir immer weg?" Nicky (5) sagt zum Fahrrad: „Du bist ein gutes Pferd, du wirst mich das Radfahren schon lehren!" – Benny (11) klopft auf das Dach meines Autos und sagt: „Du bist mein guter Freund!"

Gestern erlebte ich folgendes: Tommy (5) hatte Geburtstag gehabt. Er bekam deshalb von mir eine große Tüte dicker Gummibärchen. Er ist aber gewohnt, nach jeder Stunde eine Gummischlange zu bekommen, die er auch heute energisch fordert. Ich bin aber der Meinung, daß ein Kind nicht zu gierig sein soll und die große Tüte Gummibärchen genug ist. Ich sage ihm das ganz klar, da fängt er an zu schreien und verlangt die Gummischlange. Daraufhin sage ich zu ihm: „Die Schlange fürchtet sich aber in deinem Bauch, unter all den dicken Gummibären." Das leuchtet ihm ein, und er wird ruhig! In der nächsten Stunde bekommt er nach dem Toben auf dem Spielplatz von mir ein Eis. Auch dieses Mal erinnert er mich beim Abschied daran, daß ich „noch etwas vergessen habe". Ich tue erstaunt, obgleich ich natürlich weiß, daß er wieder auf die Gummischlange anspielt. Tatsächlich fordert er grinsend die Gummischlange. Ich bin aber aus dem letzten

Mal klug geworden und sage daher: „Das Eis im Bauch ist für die Schlange viel zu kalt." Auch das leuchtet ihm offensichtlich ein, und ich hatte ihm auf kindliche Art und Weise beibringen können, daß es so etwas wie ein „Maßhalten" gibt.

Marcel (5,4) soll vor dem Nachhausegehen noch einmal aufs Klo, denn der Weg dauert fast eine Stunde. Er stampft wütend mit dem Fuß auf und erklärt, daß er nicht will. Daraufhin sage ich zu ihm: „Wenn das Wasser aus dir nicht herauskommt, platzt du!" Das glaubt er mir nicht und bleibt stur vor der Klotür stehen. Als ich dann aber sage: „Du wirst so dick wie die dicken alten Männer auf der Straße!", geht er sofort und uriniert kräftig. Sicherlich kann man einwenden, daß meine Behauptung medizinisch nicht korrekt war, aber der kleine Junge hätte doch nie verstanden, wenn ich gesagt hätte: „Du bekommst ein Blasenleiden!"

Vor einigen Tagen wurde ich von Maxi (6 ½) in der Bildersprache belehrt. Er hatte im Fernsehen einen Vulkanausbruch gesehen und erklärte mir nun beim Spielen in der Sandkiste: „Die Lava ist die Suppe vom Vulkan!" ... Nun wußte ich es ganz genau.

Eltern und Erzieher, die nicht einsehen können, warum man denn so „naiv" mit Kindern reden soll, möchte ich an *die Sprache der Bibel* erinnern, die sehr häufig in Bildern spricht. Wieso sollen wir z.B. „unsere Augen aufheben zu den Bergen, von denen uns Hilfe naht?" Und wieso ist Israel „die Braut Gottes"?
Deshalb sind auch Märchen notwendig; sie müssen aber vorgelesen und nicht kaltherzig auf Cassetten vorgespielt werden, denn bei einer Cassette kann man sich nicht ankuscheln!

Kindern mit starkem Charakter Grenzen setzen

Nun gibt es aber auch Kinder, die schon vor dem eigentlichen Beginn des Trotzalters einen *„starken und sturen Willen"* haben. „Wenn Nico „nein" sagt, dann bleibt es dabei, und fertig!", sagte eine Mutter zu mir am Telefon. Es handelt sich in diesem Fall um einen ausgeglichenen, nicht besonders schwierigen Jungen (5), der schon weiß, was er will. Das ist nicht Trotzalter, sondern Charaktersache! Dieser Wille bleibt auch über das Trotzalter hinaus. Einerseits ist Stärke für das spätere Leben sicherlich eine Hilfe, andererseits kann der Wille aber auch zu stur sein. *Solche Kinder müssen lernen, daß es im Leben Grenzen gibt.* Es ist daher falsch, wenn man ihnen laufend ihren Willen läßt, vor allem, wenn es um ihre Gesundheit geht. Willensstarke Kinder wollen sich z.B. häufig keine Medizin geben lassen, was bei einer ernsthaften Krankheit nicht zu umgehen ist. In der vergangenen Woche bewältigte eine Mutter bei einer schweren Mittelohrentzündung ihres Kindes dieses Problem dadurch, daß sie den kleinen Menschen zwischen ihre Beine klemmte und ihm dann die Medizin einflößte. Seit dieser Gewaltmaßnahme nahm der Junge jede Medizin ohne Probleme.

Bine (5) läßt sich bei der Ärztin nicht abhorchen. Sie hat Bronchitis. Sie findet, das Abhorchen sei so kalt! Energisch wird sie von der Mutter und der Ärztin gepackt und abgehorcht, woraufhin sie lacht! Es war für sie ein Spiel und nicht etwa eine „Vergewaltigung".

Christa (5 ½)ist weit über ihr Alter hinaus intelligent, aber bei dem Spiel „Fang den Hut" will sie nicht begreifen, daß man nur die Hütchen fangen darf, auf deren Platz man durch seine Würfelzahl kommt. Sie kennt diese Spielregel von „Mensch, ärgere dich nicht". Sie fängt aber alle Hütchen, die sie auf ihrem Weg antrifft. Obgleich ich ihr immer wieder sage, daß das Spiel anders gespielt wird, will sie das nicht begreifen. Darum höre ich nach einer Weile auf und sage zu ihr: „Wenn du das Spiel nicht richtig spielen willst, dann mag ich auch nicht weiterspielen!" Ohne weiteres hört sie auf und spielt bei bester Laune mit dem Puppenhaus. Es muß allerdings hinzugefügt werden, daß nur intelligente Kinder ab fünf Jahren Spielregeln einhalten können; ein bißchen Mogeln ist normal, auch noch bei älteren Kindern! Christas Verhalten war aber nicht Mogeln, sondern Sturheit. Als ich zwei Monate später mit ihr wieder dasselbe Spiel spielte, gab es keine Probleme mehr.

Machtkämpfe mit Schlägen und Schimpfen

Falsch wäre es aber in jedem Fall, aus dem sturen Verhalten der Kinder einen großen Machtkampf zu machen mit Schimpfen und sogar Schlägen. *Ein Machtkampf ist immer ungerecht,* weil unser eigener Ärger dabei eine zu schwerwiegende Rolle spielt, weswegen wir die Kinder nicht mehr verstehen. Natürlich wollte Christa alle Hütchen auf dem Spielfeld für sich vereinnahmen! Aber sie mußte die Grenze ihrer Sturheit lernen, damit sie mit anderen Kindern spielen kann.

Peter (4 ½) ist gerade bei mir angekommen, da sieht er in der Einkaufstasche seiner Mutter eine Flasche Limo und erklärt: „Ich habe Durst!" Die Mutter aber hat diese Flasche Limo extra mitgenommen, weil er auf der langen Rückfahrt in der S-Bahn immer Durst bekommt, und sagt deshalb: „Nein, die Limo ist für die Rückfahrt!" Er jammert, und die Mutter redet auf ihn ein. Er weiß, daß er bei seiner Mutter nur lange genug stur sein muß, dann bekommt er alles! Deshalb greife ich ein und sage: „Wenn du Durst hast, dann kannst du von mir Limo bekommen!" – „Nein!", erwidert er energisch, „ich will die Limo von der Mutti!" Daraufhin sagt die Mutter: „Na, dann hast du auch keinen Durst!" und geht ohne ihn ins Wartezimmer. Peter vergißt daraufhin seinen Durst und fängt an zu spielen. Peters Mutter hatte in der letzten Zeit angefangen, sich nicht immer nach dem starken Willen des Kindes zu richten. Der Junge hatte das akzeptiert und sagte nur: „Du bist plötzlich so komisch, Mutti!" Aber die Beziehung zwischen Mutter und Kind war deutlich wärmer geworden, und die Mutter fühlte sich nicht mehr erpreßt.

Trotz und starker Willen sind verschiedene Verhaltensweisen von Kindern. Trotz ist eine Entwicklungsphase, die nach einigen Wochen abklingt, wenn man den Kindern genügend Möglichkeiten und Ventile gegeben hat, ihren neu entdeckten Willen zu üben. Bei starkem und sturem Willen dagegen müssen die Kinder Grenzen lernen, denn er ist Charaktersache und kann jahrelang bleiben. Am besten lernen Kinder diese Grenzen im Kontakt mit anderen Kindern (Spielplatz, Kindergarten, Schule), weil hier die Eltern als drückende Autorität nicht mit im Spiele sind. Sture Kinder erleben dann durch die anderen Kinder, daß sie wegen ihrer Sturheit allein gelassen werden. Da wir aber unsere Kinder für das spätere Leben erziehen, müssen sie auch in den alltäglichen, natürlichen Lebensbedingungen erfahren, daß es Grenzen gibt. Bei Bine war es die Gesundheit und der Husten, der sie nachts quälte und den sie loswerden wollte. Bei Christa ging es um den Kontakt zu anderen Kindern bei Gesellschaftsspielen, z.B. im Kindergarten. Gestern sagte sie mir wieder: *„Ich muß immer gewinnen* im Kindergarten!" Dann darf sie sich auch nicht wundern, wenn Kinder sie beim Spielen ausschließen. Handelt es sich nicht um natürliche Lebensbedingungen, sondern um unseren eigenen Ärger und um Nervosität, wehren sie sich gegen unseren Herrschaftsanspruch, der dem Gefühl entspringt: *„Mit einem kleinen Kind werde ich doch wohl noch fertig werden!"* Mit dieser Einstellung werden wir aber sicherlich scheitern. Eine andere Art der Erziehung muß man bei seelisch empfindsamen und ängstlichen Kindern anwenden, die nur gelegentlich, aus Angst, stur sind.

Mark (3) will sich die Haare, die ihm schon fast auf die Schulter wachsen, nicht schneiden lassen. Beim Friseur macht er ein großes Geschrei und weint. Da packen ihn die Mutter und ein Gehilfe, und ihm werden die Haare geschnitten. Die Mutter meint, daß er seitdem stottert. Heute ist er acht Jahre alt und stottert immer noch. Dies war bei diesem Kind nicht die richtige Erziehungsmethode, denn er bewunderte nur die große Schwester, die lange Haare hatte.

Man muß sich bei Sturheit immer wieder fragen, ob es sich nicht um „Notwehr" handelt, die tiefere Gründe hat, die wir verstehen müssen. Bei den drei Kindern, die ich vorher anführte, handelte es sich um starke Kinder.

Sture Eltern

Es kann aber sein, daß sture Kinder auch *sture Mütter oder Väter* haben und sich daher von frühester Kindheit an ein Macht-Kampf zwischen Mutter (Vater!) und Kind entwickelt hat, weil sich die Eltern von Geburt des Kindes an immer bedroht fühlten, wenn etwas nicht nach ihrem eigenen Willen und ihrer eigenen Vorstellung ging. Diese Kinder blocken ab, wenn die Mutter (der Vater) nur den Mund aufmacht! Vielleicht entwickelte sich dieser Kampf in einer Zeit, in der die Mutter sehr überfordert war, z.B. durch die Pflege eines kranken Bruders oder einer Schwester, so daß jede kleinste Unart des Kindes die Mutter nervte. Die Mutter sollte dann eine Zeitlang bewußt nicht mehr schimpfen oder gar schlagen, sondern lieb und zärtlich sein (ca. ein Vierteljahr), damit das Kind Selbstsicherheit gewinnt und dadurch besser folgen kann. Diese Kinder haben meistens einen großen *Nachholbedarf an Zärtlichkeit* und sind eifersüchtig, weil sich die Mutter viel zu sehr z.B. um den kranken Bruder oder die Schwester kümmern mußte. Eine einfache Medizin ist es dann, sich abends vor dem Einschlafen zu dem Kind ins Bett zu legen und lieb mit ihm zu reden. Das ist ein wahres Wundermittel! Diese Sturheit ist nämlich keine Stärke, sondern Angst, zu kurz zu kommen.

Um unsere Kinder zu verstehen, muß man sich also fragen:

1. Handelt es sich um die „Trotzphase", die mit ca. zwei bis drei Jahren beginnt und nach ca. einem Vierteljahr abklingt und meist auch mit Dunkelangst verbunden ist?
2. War ich als Mutter oder Vater vielleicht selbst immer zu stur und nervös, und ist das Verhalten des Kindes daher nur eine Antwort auf meine eigene Härte und Gereiztheit? Es gibt auch Mütter, die viel zu viel und viel zu klug auf die Kleinen einreden und sie allein schon durch das Geräusch ihrer Sprache nervös machen.
3. Habe ich ein besonders willensstarkes Kind? Letztere sind schon als Baby erstaunlich energisch, aber nicht böse.

Ich besuchte eine Familie, auf deren Grundstück eine alte Kapelle steht, die eine Woche zuvor zum ersten Mal benutzt wurde. Maxi (2,10) hat gesehen, wie die Glocke geläutet wurde, und versucht es nun selbst, was die Mutter ihm aber verbietet. Ich sage ihm, daß die Bauern erschrecken würden. Als er es immer wieder versucht, lenkt die Mutter ihn geschickt ab. Kaum aber haben wir ihm den Rücken gekehrt und gehen aufs Haus zu, hören wir die Glocke läuten. Hier nützen weder freundliches Verbieten der Mutter, noch eine kindgemäße Erklärung, noch das Ablenken. Wir hätten ganz einfach das Glockenseil hochbinden müssen!

Verstehen macht das Erziehen leichter

Die Hintergründe für Ungezogenheiten, aufgespürt an vier Beispielen

Das einfache Verstehen ihrer Kinder fehlt den modernen, intelligenten Eltern häufig, während einfachere Eltern spontan einen erstaunlichen Instinkt für ihre Kinder entwickeln. *Gute Schulbildung ist keine Garantie für eine gute Einfühlsamkeit* in die Seele unserer Kinder!
Wir wollen noch einmal unsere vier Kinder aus dem Kapitel „Aus dem Alltag der Kindererziehung“ untersuchen und uns fragen, warum sie sich so „ungezogen“ und „schwierig“ verhalten haben.

Petra (5) war wegen Stotterns bei mir in Behandlung. Am Tag, an dem sie auf den Apfelstrudel schlug, wurde bei Tisch gar nicht auf sie geachtet. Alle redeten durcheinander, und sie kam als Jüngste wieder einmal nicht zu Wort. Außerdem hatten die anderen Kinder im Kindergarten sie wegen des Stotterns ausgelacht. Daher kam ihre Wut, und sie schlug auf den Apfelstrudel und schrie, ohne zu stottern.

Irmi (3) war nach der Geburt der kleinen Schwester quengelig geworden. Der Kinderarzt fand keine organische Ursache. Die Mutter hatte sich große Mühe gegeben, Irmi auf diese wichtige Veränderung in ihrem Leben vorzubereiten. Immer wieder wurde ihr gesagt, daß sie nun die "Große“ sei und der Mutter bei der Betreuung des Schwesterchens helfen müsse. Sie bekam extra zur Geburt der kleinen Schwester eine Babypuppe, der sie ebenso die Brust gab, wie sie es bei der Mutter sah. Bereitwillig hatte Irmi die Rolle der „Großen“ übernommen, aber diese Rolle war für das dreijährige Kind eine Überforderung, und so reagierte sie mit Quengeligkeit und dem Eifersuchtsanfall: Sie wollte auch wieder Baby sein und an Mutters Brust liegen und nicht mehr die „Große“ sein.

Thomas (8 ½) litt unter Schulangst, so daß er wochenlang nicht in die Schule gehen konnte und morgens im Bett der Eltern mit Herzklopfen liegen blieb. Er wollte auch nicht zu anderen Kindern auf die Straße zum Spielen, sondern hing mit seinen achteinhalb Jahren noch an „Mutters Rockzipfel", die ihn auch nicht alleine im Haus lassen durfte. Thomas war nach zwei Fehlgeburten einziges Kind der Eltern geblieben, und die Mutter konnte die Angst nicht überwinden, daß auch dieses Kind ihr genommen werden könnte. Sie hatte ihn immer morgens in die Schule gebracht, obgleich der Weg nur zehn Minuten ausmachte und alle anderen Kinder aus seiner Klasse längst alleine zur Schule gingen. Sie wollte ihn nicht in das „gefährliche Leben" entlassen! Er schlief auch nachts zwischen den Eltern im Bett. Als Thomas nach einer zweijährigen psychotherapeutischen Behandlung keine Angst mehr hatte, quälte er den Hund nicht mehr und hörte auf, den Vater zu boxen. Am Hund ließ er sein Machtbedürfnis aus, und den Vater boxte er, weil dieser zu weich war und ihm nicht gegen die überängstliche Mutter half.

Ingo (11) lief von zu Hause fort, um „etwas zu erleben", wie er seinen Eltern sagte. Tatsächlich führte er ein ödes Leben, da sein Vater laufend krank war und trank. Zu Hause drehte sich alles um den kranken Vater. Geschwister hatte Ingo nicht. Nur wenn er schlechte Schulnoten nach Hause brachte, kümmerte man sich um ihn, aber machte ihm nur Vorwürfe. Deshalb hatte er auch schon Unterschriften gefälscht. Damals lief Ingo zum ersten Mal fort. Er durfte keinem Fußballverein beitreten, weil er erst einmal gute Noten bringen sollte, und auch zum Schwimmen durfte er nicht, weil die Mutter, die selbst nicht schwimmen konnte, Angst um ihn hatte. Gespielt wurde nie mit ihm, aber die Eltern spielten alleine und erklärten ihm, daß er für dieses Spiel noch zu klein sei, was jedoch nicht stimmte! Er war auch kein Wunschkind gewesen, denn die Eltern waren noch dabei, sich eine sehr bescheidene Existenz aufzubauen. Der Intelligenztest des Jungen war überdurchschnittlich. Beide Eltern haben sich jetzt auf ihn eingestellt, und er denkt nicht mehr daran, fortzulaufen. Allerdings muß er energisch immer wieder an die Hausaufgaben geholt werden, denn er drückt sich und sieht lieber fern. Hier ist dann die Strenge der „guten, alten Zeit" am Platz und kein besonderes „Verstehen" mehr notwendig!

An diesen vier Fällen wird deutlich, daß man die Kinder falsch behandelt, wenn man nicht *versteht,* warum sie sich „schwierig" verhalten haben. Man erzieht an ihnen vorbei und hört später die Worte: *„Ach, ihr versteht mich ja doch nicht!"*
Das Verstehen braucht Zeit und auch Abstand vom Geschehen, deshalb reagieren Erwachsene aus Nervosität und Ärger anfangs meist falsch! Man muß häufig wie ein Kriminalkommissar die Hintergründe

des Verhaltens aufspüren, weil die Kinder selbst gar nicht wissen, warum sie so ungezogen sind. Sie können uns also selbst kaum Hinweise geben. Von unseren vier Beispielen konnte nur Ingo, der schon elf Jahre alt war, uns mit seiner Bemerkung: „Ich wollte etwas erleben!“ einen gewissen Hinweis geben, der aber allein nicht genügte. Hier mußten wir uns weiter fragen: Was fehlt diesem Kind an Erlebnismöglichkeiten, daß er zu einem so harten Mittel (Weglaufen von zu Hause) greifen mußte?
Wir brauchen unbedingt *Abstand von unserem eigenen Ärger*, unserer Gereiztheit und Nervosität. Wenn ein Kind wie Petra, unsere Stotterin, auf den Apfelstrudel einschlägt und man ihr im ersten Ärger eine „geschmiert“ hat, so muß man sich später in Ruhe fragen: „*Warum* war das Kind heute so böse?“ Dieselbe Frage stellt sich die Kinderpsychologin, wenn die Mutter ihr von den einzelnen Schwierigkeiten mit dem Kind erzählt.

Folgende Überlegungen sollte man anstellen:

1. Als erstes ist immer zu fragen, ob das Kind nicht krank wird. Viele Kinder brüten tagelang vorher ihre Krankheit aus und sind unausstehlich. Andere Kinder sind im Anschluß an Krankheiten reizbar und quengelig. Gelegentlich auch nach Einnahme von Medikamenten (Antibiotika). Vereiterte Mandeln, chronische Stirnhöhlen- und Kiefernhöhlenentzündungen sowie das Wetter können die Kinder auch reizbar machen.
2. Hat man die obigen Möglichkeiten geklärt, muß man sich fragen: Hatte unser Kind irgendwelchen Ärger im Kindergarten, in der Schule oder auf dem Spielplatz?
3. Sind wir uns selbst gegenüber ganz ehrlich, so müssen wir uns fragen, ob wir nicht durch unser eigenes hektisches, aggressives oder mürrisches Verhalten unseren Kindern einen Anlaß zur Bockigkeit, Frechheit und zu Wutanfällen gaben.

Ein Kind sollte nie weinend oder verbockt einschlafen
Einige der obigen Fragen kann man zum Teil noch abends vor dem Einschlafen am Bettrand sitzend klären. Im Bett liegend, sind die Kinder gelöst und daher eher bereit, offen zu erzählen, was sie am Tage beunruhigt hat. Aus diesen Einzelheiten kann man heraushören, was am Tage schief gelaufen war. Dann kommen die Probleme heraus: die anderen haben mich heute nicht mitspielen lassen oder mich geschlagen – mein bester Kamerad hat jetzt einen anderen Freund – die anderen Kinder sagen, ich sei blöd – ich habe Angst beim Turnen – die

Lehrerin hat meine Hausaufgabe durchgestrichen – ich habe ein Sechs im Rechnen – ich bin nicht zu der Party eingeladen – ich kann die Handarbeit nicht alleine fertig machen usw.
Man darf nicht glauben, daß das alles *unwichtige Kleinigkeiten* sind, und sie als Unsinn abtun, denn wenn wir die Kindersorgen nicht ernst nehmen, können wir die Kinder auch nicht richtig verstehen und nicht erziehen; dann tun sie auch nicht das, was wir von ihnen fordern. Immer wieder kann ich mit Erstaunen feststellen, wie wenig in den Familien auf die besonderen Interessen und Sorgen der Kinder eingegangen wird, wie wenig die Kinder selbst zu Wort kommen. Sie werden abgefragt, aber auf ihr eigenes kindliches Erzählen wird nicht gehört. Da fragt der Vater abends: „Was hast du heute für Schulnoten gehabt?" – „Was hat die Lehrerin zu deinen Rechnungen gesagt?" – „Zeig mal deine Schulhefte!" – aber der Vater selbst erzählt laufend der Mutter von seinen Problemen, die er am Arbeitsplatz mit Kollegen und Vorgesetzten hatte!
Kinder antworten nicht gern auf Fragen, sondern erzählen zwischendurch, wenn es meistens gar nicht paßt oder wenn man gerade in Eile ist. Die Eltern müssen versuchen, „ganz Ohr zu sein"! Man kann das üben, wenn man begriffen hat, wie wichtig diese kleinen Bemerkungen der Kinder sind. Hat man wirklich keine Zeit, so sollte man sich das Stichwort (Fußball, Klassenreise, Geburtstag usw.) merken und sagen: „Jetzt habe ich keine Zeit, darauf müssen wir heute abend noch einmal zurückkommen!" Dann fühlt sich das Kind ernst genommen. *Ein gutes Gespräch am Bett des Kindes ist wichtiger als pünktliches Einschlafen,* auch wenn das Kind die Zeit bewußt überzieht. Allerdings muß man ein Gespür dafür entwickeln, ob es sich um ein wichtiges Gespräch handelt oder nur um ein „Zeitschinden"! Eines aber ist sicher, daß hinter jeder Unart, jedem Bocken und Versagen etwas wie ein Geheimnis unserer Kinder steckt, das wir ergründen müssen. Diese Tatsache allein macht das Erziehen zu einer der interessantesten Aufgaben im Leben und trägt auch Wesentliches zur Selbstverwirklichung und Reifung der Mütter und Väter bei.

Die „zweigleisige" Erziehung

Allgemein gültige Regeln und Rücksichten für alle Menschen

Wenn man auch im Moment weder Nervenkraft noch Zeit hat, herauszufinden, was mit dem Kind eigentlich los ist, so gibt es doch *allgemein gültige Gesetze*, nach denen wir alle, Eltern wie Kinder, leben müssen; Gesetze und Regeln, die unabhängig auch von unseren eigenen Fehlern und Problemen existieren.
Unabhängig davon, was für Probleme das Kind innerlich im Moment zu verkraften hat, muß es trotzdem lernen, mit dem äußeren, alltäglichen Leben fertig zu werden, denn im späteren Leben gibt sich selten ein fremder Mensch Mühe, den anderen ernsthaft zu verstehen; äußere Gesichtspunkte des friedlichen Zusammenlebens spielen dann eine Rolle. Diese Gesichtspunkte gelten auch für unser eigenes Leben. Wir müssen daher die Kinder *„zweigleisig" erziehen:* allgemeine Regeln und Verstehen! Um dies zu erläutern, bringen wir wieder die Beispiele unserer vier Kinder:

> Petra, die auf den Apfelstrudel eingeschlagen hat, muß lernen, daß sie ihrem Ärger nicht immer auf diese Art und Weise Luft machen darf. Als Kind kann sie das noch machen, aber als älterer Mensch nicht mehr.
>
> Irmi kann auch im späteren Leben keinen anderen Menschen aus Eifersucht zusammenschlagen, wenn man das auch als Erwachsener manchmal gerne möchte!
>
> Thomas muß lernen, daß er seinen Vater nicht schlagen darf, weil er sich über dessen Lahmheit ärgert. Man kann auch später Lehrer und Vorgesetzte nicht verprügeln, obwohl man dazu manchmal große Lust hätte. Ebenso wenig kann man einen Schwächeren quälen, und sei es auch nur der Hund.
>
> Man kann auch nicht von zu Hause fortlaufen wie Ingo, tagelang die Schule schwänzen und nachts nicht heimkommen, wenn einem das Leben nicht paßt, zumal sich die Familie ängstigt und die Polizei eingeschaltet werden muß. So kann man sich im späteren Leben weder in der Ehe noch am Arbeitsplatz verhalten.

Es ist erstaunlich, aber *schon kleine Kinder begreifen, daß sie zu Recht geschimpft* und entsprechend bestraft werden, wenn sie gegen allgemein gültige Regeln verstoßen haben. Die Strafe ist dann nur eine Folge falschen Verhaltens. Werden sie aber aus rein persönlichen Launen ihrer Eltern geschimpft und bestraft, fühlen sie sich ungerecht behandelt und auch unverstanden.

Klaus (9) ist seit zwei Jahren bei mir wegen Verhaltensstörungen in Therapie. Er ist ein sehr schwieriges Kind, das viel bockt und widerspricht; die Mutter nörgelt jedoch laufend an ihm herum mit Worten wie: „Iß nicht so unmanierlich!" – „Sitz gerade!" – „Komm jetzt endlich her!" Man gewinnt den Eindruck, daß die Mutter ihre eigene Nervosität an dem Jungen abreagiert. Mit dieser Art lädt man sein Kind mit negativen Kräften auf und darf sich nicht wundern, daß sich die beiden gar nicht mehr verstehen, denn das Kind verbeißt sich stur gegen die nervöse Nörgelei der Mutter.

Kinder suchen Halt in ihrer inneren Unordnung

Wenn der berechtigte und vom Kind halbbewußt erwartete Krach ausfällt, dann fühlt es sich unsicher, denn *das Kind sucht einen Halt in seiner eigenen Unordnung,* es fühlt sich letztlich nicht ernst genommen.

Eva (5) setzt sich weinend auf den Schoß der Mutter und will heute nicht bei mir bleiben. Ich versuche sie liebevoll zu überreden, aber ohne Erfolg. Da fällt mir ein, daß sie zur Zeit „böse" Schimpfworte benutzt. Sie hatte mich damit in den vergangenen Stunden beschimpft und dabei gelacht. Deshalb beschimpfe ich sie jetzt mit denselben Worten. Sie beginnt zu lachen und geht mit mir alleine ins Kinderzimmer. Als sie aber eine Stunde später der sehr verständnisvolle Vater im Auto fragt, was ich denn gesagt hätte, meint sie, das sei ein ganz böses Wort gewesen, das sie nicht wiederholen wolle. Eva hatte sich verstanden gefühlt und ging deshalb mit mir zum Spielen ins Kinderzimmer; trotzdem kennt sie genau die richtige Ordnung.

Bernd (11) ist über das Wochenende bei seinem Freund Peter eingeladen, der hemmungslos frech zu seiner Mutter ist. „Da bekomme ich von meiner Mutter immer eines auf den Mund!", erklärt er am Abendbrottisch. Er hat aber noch nie von seiner Mutter den geringsten Schlag bekommen, und sie ist gekränkt, daß er mit dieser „Lüge" ihren Ruf als „gute Mutter" zerstört! Bernd hat aber mit dieser Behauptung zum Ausdruck bringen wollen, daß er die freche Art seines Freundes für falsch hält und dieser eigentlich etwas auf den Mund verdient. – Auch er hat ein Gespür für ein gutes Zusammenleben!

Ich höre häufig den Einwand, daß kleine Kinder doch noch so jung seien und man sie deshalb ruhig gewähren lassen sollte, da sie alle Regeln und Rücksichten im Miteinanderleben immer noch lernen könnten, wenn sie älter seien. Das stimmt aber nicht! Rücksicht auf

andere Menschen und liebevollen Umgang mit seinen Nächsten kann man gar nicht früh genug einüben. *„Was Hänschen nicht lernt, lernt Hans nimmermehr!"*
Wenn man ein Kind spontan zusammengeschimpft hat, nicht aus Laune oder Ärger, sondern aus dem ganz sicheren Gefühl heraus: „Das geht nun wirklich nicht!" – „Das geht zu weit!", kann man, wenn man die Hintergründe erforscht hat, mit dem Kind darüber reden. Die Kinder müssen die Zweigleisigkeit ihres Lebens lernen: Ich habe meinen eigenen Ärger und meine eigene Wut zwar rausgelassen, aber ich muß mich fragen, habe ich nicht die Rechte meiner Eltern oder anderer Kinder verletzt? – Möchte ich selbst so behandelt werden, wie ich es mit den anderen gemacht habe? – Bin ich nicht selbst beleidigt und weine ich nicht selbst, wenn man so zu mir ist?
Gleichzeitig mit diesem Lernprozeß müssen die Kinder immer wieder deutlich fühlen, daß man sie trotz ihres falschen Verhaltens verstanden hat. *Das Verstandenwerden baut ihre Selbstsicherheit auf.* Ist es von unserer Seite aus ernst und tief genug, dann kann ruhig einmal heftig und ungerecht geschimpft werden; später sollte man das aber auch zugeben. Bei einer derartigen Erziehung werden die Gefühle des Kindes nicht autoritär erdrückt nach dem altmodischen Prinzip: „Auch wenn du hundertmal Recht hast, wenn ich „nein" sage, dann ist es nein!" Die Gefühle des Kindes werden verstanden, aber die Kinder werden nicht antiautoritär weich erzogen. Es soll Kinder geben, die zu antiautoritär erzogen wurden und seufzend sagen: „Müssen wir heute wieder das tun, was wir wollen?" Eine zu weiche Erziehung ist auf die Dauer langweilig und anstrengend.

> Ernst (6) und Miriam (3) werden von der Oma gebadet. Ernst tobt wie ein Wilder in der Badewanne und will sich nicht waschen lassen, wobei seine kleine Schwester begeistert mitmacht. Das halbe Badezimmer steht unter Wasser. Als er zuletzt in die Badewanne pinkelt, gibt ihm die Oma einen energischen Klaps auf den nackten Po, woraufhin er Ruhe gibt. Hier war kein großes Verstehen notwendig, sondern der kleine Junge mußte spüren, daß er nun an die Grenze gekommen war. Oma aber bekam Schuldgefühle!

Keinesfalls aber darf man sich zu intellektuell, zu unkindlich und erwachsen mit den Kindern auseinandersetzen, warum ihr Verhalten nach den allgemein gültigen Regeln des Zusammenlebens falsch war. *Man darf mit Kindern nicht „vernünftig" reden,* sondern in ihrer kindlichen Sprache und ihrem kindlichen Wortschatz. Man muß Worte verwenden wie z.B.: gemein – feige – blöd – ekelhaft – brutal – doof u.ä. oder in der üblichen Mundart reden.

Kommen wir wieder auf unsere vier Beispiele zurück:

„Natürlich ist es gemein, daß die Kinder dich heute mit dem Stottern geärgert haben! Denen werden wir morgen mal Bescheid sagen. Die wollen wir mal feste schimpfen. Aber den Apfelstrudel mag ich nicht auf dem Tisch zermatscht haben!" (Petra)

Die dreijährige Irmi muß lernen, daß sie nicht plötzlich die kleine Schwester schlagen darf! Hier genügt allein die Tatsache, daß der Vater sie fortzieht und in ein anderes Zimmer bringt, wodurch sie fühlt, daß etwas in ihrem Tun falsch war.

„Daß du den Hund so quälst – das ist eine Sauerei! Du kannst deine schlechte Laune nicht an dem armen Vieh auslassen. Ich lasse meine schlechte Laune auch nicht so brutal an dir aus!" (Folgt der Junge nicht, so muß man den Hund aus dem Zimmer bringen, notfalls ihn für eine Weile fortgeben.)
„Du schlägst mich immer, nur weil du sauer bist, das finde ich fies! Wenn du das noch einmal tust, dann haue ich feste wieder!" (Das muß der Vater dann auch tun, sonst nehmen uns die Kinder nicht ernst!) (Thomas)

„Ich möchte mal sehen, was du sagen würdest, wenn wir (Vater und Mutter) dich alleine zu Hause lassen und die ganze Nacht nicht heimkommen, wie du das mit uns jetzt gemacht hast. Du würdest dich zu Tode ängstigen." (Als der Junge einige Wochen später nicht pünktlich nach Hause kam, ließ die Mutter ihn am nächsten Tag einige Stunden warten und kam nicht zeitig von der Arbeit heim. Der Junge hatte große Angst!) (Ingo)

Immer wieder muß ich feststellen, daß die Eltern mit ihren Kindern so vernünftig reden wie mit Altersgenossen, weswegen die Kinder nur an dem ärgerlichen Ton der Eltern erspüren können, daß sie etwas Unrechtes getan haben, die Worte aber gar nicht ankommen, was die Kinder zutiefst verunsichert.

Der elfjährige Herbert hatte mir beim Spielen am Fluß im Eifer des Gefechtes versehentlich einen Stein an den Hinterkopf geworfen. Ich hatte eine Platzwunde und blutete stark. Als er mich so bluten sah, bekam er einen „Mords-Schreck" und lief ängstlich neben mir nach Hause. Am Abend desselben Tages kam er noch einmal bei mir vorbei, um zu sehen, wie es mir ging. Sein Verhalten verwirrte mich; das war nicht mehr der erschrockene kleine Junge, der sich um mich ängstigte, sondern ein frecher, trotziger Bengel. „Na", sagte er keß, „Sie sind ja schon wieder ganz munter!" Ehrlich gesagt, war ich über diesen Ton verärgert, denn ich trug einen Verband am Hinterkopf und war genäht worden, ein freundliches Wort hätte mir gut getan! Dann aber sagte er plötzlich: „Mein Vater hat gesagt, mein Verhalten sei moralisch nicht zu verantworten!" – Ich war sprachlos über diesen intellektuellen Unsinn, den der Vater diesem Kind eingeredet hatte, zumal ich am Telefon den Unfall als Versehen erklärt hatte. Der Junge aber hatte sich vom Vater in seinen Schuldgefühlen gar nicht verstanden gefühlt und panzerte sich nun mit falscher Forschheit. Was kann sich ein Elfjähriger unter „moralisch nicht zu verantworten" vorstellen? – Gar nichts! – Und das ängstigte das Kind noch zusätzlich. Deshalb sagte ich spontan: „Aber du konntest doch gar nichts dafür! Das war doch ein Versehen!" – Wir müssen unsere Regeln und Gesetze den Kindern in Worten und Bildern beibringen, die sie sich vorstellen können. „Werden Sie nun blöd werden?", hatte er mich ängstlich gefragt, während mir das Blut vom Kopf herunterrann. (Er hatte also ein Gefühl für Verantwortung!) „Nein", sagte ich, „dazu habe ich wohl zuviel Hirn im Kopf" – was ihm vermutlich einleuchtete. Ich sah ihn einige Monate nach diesem Vorfall nicht mehr. Er war mit hoch erhobenem, trotzigem Kopf von mir gegangen, ohne ein freundliches Wort, aber als ich dann noch einmal seine Eltern besuchte, brachte er mich an die Haustür und fragte mich auf der Treppe ganz leise: „Tut es noch sehr weh?" – so hatte ich ihn also doch im Herzen erreicht, und er hatte gespürt, worauf es zwischen Menschen ankommt.

Fassen wir noch einmal zusammen, was wir über das Verstehen im Zusammenhang mit allgemein gültigen Regeln des Miteinanderlebens gesagt haben:

1. Zuerst ist man verärgert über das falsche Verhalten des Kindes und reagiert heftig und nervös mit Schimpfen.
2. Ist man selbst zur Ruhe gekommen, fragt man sich, ob das eigene Verhalten gerecht war und ob man nicht zu heftig gewesen ist. (So haben mir viele Eltern berichtet.)
3. Als Folge dieser Überlegung kommt die Frage auf, ob das, was das Kind angestellt hat, wirklich falsch war und Ärger oder sogar Strafen notwendig waren. Vielleicht muß man in ernsteren Fällen andere Menschen wie Freunde, Lehrer oder Pfarrer fragen, oder auch einen Psychologen aufsuchen.
4. Hat sich das Kind wirklich falsch verhalten, muß man überlegen, warum, um es zu verstehen.
5. Hat man sowohl die Regeln erfaßt als auch das Kind verstanden, muß man ein liebevolles Gespräch mit dem Kind führen, aus welchem es sowohl das Verstandensein herausspürt als auch lernt, daß es Ordnungen gibt, nach denen wir uns alle richten – auch Vater und Mutter. Dieses Gespräch aber muß dem Alter des Kindes entsprechen.

II. Rücksichten zwischen Eltern und Kindern

A) Die Kinder

Das Einüben von Rücksicht beim Kleinkind

Kinder nehmen von Natur aus keine Rücksicht

Ihr kleines Ich ist für sie der Mittelpunkt der Welt. Sie müssen jedoch lernen, daß man sich nicht auf Kosten anderer Menschen frei ausleben kann. *Rücksicht ist die Grundlage jeder Menschlichkeit und Liebe.* „Kein Mensch ist ganz frei. Er muß die Rechte anderer achten“ (Neill).

> Oma liegt mit Bronchitis im Bett. Weil sie unter Herzschwäche leidet, hat die Familie sie ins Haus geholt, denn sie kann sich nicht alleine helfen. Tommy (3,6) tobt lärmend durchs Haus, schlägt die Türen und rennt ins Zimmer der Oma, die Ruhe haben soll. Niemand hat ihm gesagt, daß er auf die alte Frau Rücksicht nehmen muß. „Er ist ja noch so klein!“ heißt es seitens der Eltern.

Es ist zu fragen, ab welchem Alter man mit Einübung der Rücksicht anfangen soll und wie man einem Kind klarmachen kann, daß es heute verzichten muß, sich frei auszuleben. Hierzu bedarf es der geduldigen Hilfe und Führung von Mutter und Vater. Man kann nicht erwarten, daß ein Kind von drei Jahren auf einige Ermahnungen hin den ganzen Tag leise durchs Haus schleicht. Leider glauben das viele Erwachsene und schimpfen und strafen das Kind ungerecht. Ein Kind in diesem Alter vergißt ein Verbot rasch wieder. Es ist *kein „rücksichtsloses Biest“*, sondern überfordert.

Frühzeitiges Einüben der Rücksichten aus Liebe

Bisher drehte sich die Welt nur um das Kind, und jedermann ging auf seine Bedürfnisse ein; nun soll es sich auf einmal nicht mehr frei ausleben dürfen und sich nach den Erwachsenen richten. Diese Tatsache zu verstehen, ist ein langwieriger Lernprozeß, bei dem die Erwachsenen keinesfalls ungeduldig mit dem kleinen Menschen umgehen dürfen. *Schließlich braucht der Mensch auch für das Erlernen von Lesen, Schreiben und Rechnen mehrere Jahre!* Wir müssen also früh anfangen, den Kindern Rücksicht beizubringen, wobei wir selbst Vorbild sein müssen.
Man muß in Tommys Fall das Kind immer wieder freundlich erinnern, daß es der lieben Oma heute schlecht geht und es deshalb leise sein soll. Deutliche Hilfen sind: die Mutter selbst spricht leise, sie bewegt sich leise, sie stellt einen Stuhl vor die Treppe, damit Tommy nicht versehentlich hinaufstürmt... Um dem Kind bei seiner Selbstbeherrschung eine Stütze zu geben, kann sie im Zimmer mit ihm ein Spiel spielen, das sie sonst nicht spielt. Man muß sich immer wieder klarmachen: *das Kind bringt ein Opfer, wenn es sein Ausleben beherrscht.* Dieses Opfer bringt es für einen Menschen, den es liebhat. (Ich habe erlebt, daß sich Kinder bei einer ungeliebten Oma rücksichtslos verhielten, weil sie selbst diese Frau nur als tyrannisch und egozentrisch kannten.)
Zum allmählichen Erlernen von Rücksicht und der damit verbundenen Zügelung der eigenen, egoistischen Triebe bedarf es einer Herzensbindung, die das Kind zuerst zur Mutter hat, dann zum Vater und zu den Geschwistern. Deshalb kann man Rücksicht nur in der Familie lernen, wo man sich selbst geliebt fühlt und geborgen weiß und wo alle Familienmitglieder auf die kindlichen Bedürfnisse Rücksicht nehmen. Schließlich sind alle im Hause abends leise, wenn Tommy z.B. einschlafen will.

Lernen durch Nachahmung der Eltern

Das Kind erfährt Rücksicht auf seine eigene Person aus Liebe und soll diese Erfahrung nachahmen. Wird dem Kind aber Rücksichtnahme mit Strenge und Härte aufgezwungen, nimmt es keine echte Rücksicht, denn es folgt nur aus Angst vor Strafe oder Liebesverlust. Wir kennen alle den Satz: *„Dann hat Mutti (Vati) dich nicht mehr lieb!“* Rücksichtnehmen muß ein warmes Gefühl für die Interessen des geliebten Menschen enthalten. Deshalb kann sogar schon ein knapp zwei Jahre altes Kind Rücksicht lernen.

Tinis Mutter, Frau H., kommt immer spät von der Arbeit. Tagsüber hat die Oma das zweijährige Kind. Kaum kommt die Mutter in die Wohnung, juchzt Tini der Mutter entgegen und will mit ihr toben: Hund spielen und auf ihr reiten, Katze spielen und „Miau“ machen. Die Oma ist kein so lustiger Spielkamerad wie die Mutter. Aber Frau H. ist häufig fix und fertig und möchte daher an manchen Tagen nicht rumtoben. Tini muß lernen, daß die Mutti müde ist und nicht spielen kann, und darf nicht in gräßliches Geschrei ausbrechen. Frau H. muß durch Gesten der Erschöpfung dem Kind Müdigkeit signalisieren (weniger mit Worten). Sie muß konsequent bleiben, sonst lernt das Kind keine Rücksicht.

Kinder sind keine Partner

Beim Einüben von Rücksicht kann es aber auch zu einer Überforderung seitens der Eltern kommen. Es gibt Eltern, die das noch nicht dreijährige Kind als gleichwertigen Partner betrachten und daher ein Eingehen auf ihre persönlichen Interessen erwarten.

Frau P. kommt mit dem neugeborenen Schwesterchen aus der Klinik. Da sie von der Entbindung noch sehr erschöpft ist, graut ihr vor den Anforderungen im Haushalt und seitens ihres Sohnes (2,6), der sie an der Haustür erwartet. Sie meint, daß der Junge alt genug sei, Rücksicht auf ihre Erschöpfung zu nehmen und sich deshalb alleine beschäftigen kann. Der Junge aber ist für diese Rücksichtnahme noch zu klein und reagiert mit intensivem Einkoten. Er stellt sich an den Türrahmen, guckt die Mutter an und drückt in die Hose. Frau P. begreift, daß sie ihn zu erwachsen genommen hat.

Zu harte – zu weiche Eltern

Es gibt zwei Typen von Eltern: die einen verlangen von ihrem Kind gar nichts und üben Rücksicht viel zu spät ein, während die anderen zu hart sind und vom Kind zu früh Rücksichtnahme auf ihre eigenen Interessen fordern. Es soll Eltern geben, die schon das Schreien des Säuglings als einen Angriff auf ihre persönliche Freiheit empfinden! Beide Elterntypen übersehen: *Rücksicht muß langsam und konsequent eingeübt werden.* Harte Eltern beschneiden ihr kleines Kind zu früh, wobei oft Liebe fehlt und dadurch keine echte Rücksicht gelernt wird. Weiche Eltern geben zu wenig Hilfen zum Erlernen von Selbstbeherrschung, so daß das Kind seinen Egoismus hemmungslos entfalten kann. Das Kind wird kein lebensstarker Erwachsener und kann sogar

Angst bekommen, wenn später einfache alltägliche Forderungen gestellt werden. Schon der erste Besuch des Kindergartens kann eine zu starke Belastung sein, denn hier wird Rücksicht und Anpassung an die anderen verlangt.

Simon (4,6) bleibt in keinem Kindergarten. Er sitzt in der Ecke, spielt nicht mit und weint. Am nächsten Tag will er nicht mehr hingehen. Zu Hause hängt er nur an den Rockschößen der Mutter und weiß nicht, was er alleine spielen soll. Abends muß die Mutter sich zu ihm legen, weil er ohne sie nicht einschlafen kann. Er ist ein Nachkömmling und wird von der Mutter verwöhnt. Will die Mutter aber von ihm eine Gefälligkeit, wie unlängst in meinem Kinderzimmer, wo er sich für sie bücken sollte, dann sagt er frech: „Ich bin doch nicht dein Diener!" Er beißt und schlägt die Mutter, wenn ihm etwas nicht paßt. Die Mutter aber ist ratlos, denn sie meint, ihr Bestes zu tun, und beruft sich ausdrücklich auf die „moderne", weiche Erziehung.

Geduldiges Wiederholen der Forderungen

Rücksicht muß frühzeitig und langsam eingeübt werden. Will man einem kleinen Kind beibringen, etwa beim Betreten der Wohnung die schmutzigen Schuhe auszuziehen, muß man es immer wieder dazu ermahnen und darf ihm nicht ungeduldig die Schuhe selbst ausziehen. Die meisten Mütter und Väter helfen lieber rasch, damit es schneller geht, denn Kinder trödeln gern. Trödeln ist aber *das Tempo des Kindes in unserer hektischen Zeit,* und wir überfahren mit unserer modernen Hektik die Kinder und machen sie unselbständig, träge und nervös. Harten Eltern fehlt oft die Geduld und vor allen Dingen das Verständnis für ihr Kind, das noch nicht begreifen kann, warum es keinen Dreck machen soll. Sie müssen jedoch Rücksicht auf die seelische Entwicklung ihrer Kinder nehmen, wenn diese lebensstarke Menschen werden sollen. Die Erwachsenen halten das Verhalten des kleinen Kindes für bewußte Unart und einen Angriff gegen sich selbst. In Wahrheit aber hat das Kind das Verbot schon wieder vergessen, weil sein natürlicher Lebensdrang viel, viel stärker ist! Auch bei der Einübung in die Rücksicht kommen wir nicht ohne ein Bemühen um das „Verstehen" unserer Kinder aus.

Ältere Kinder kennen Rücksichten

Bei Kindern ab etwa sechs bis sieben Jahren, die schon gelernt haben, was man unter Rücksicht versteht, kann man rücksichtsvolles Verhalten dagegen selbstverständlich fordern. Als ich den neunjährigen Markus frage, was eigentlich Rücksicht sei, antwortet er mir: „Wenn ich nachts aufs Klo gehe, drücke ich die Spülung nicht, damit die Eltern nicht aufwachen!" Die Mutter sagt mir später, sie habe gar nicht gewußt, daß er nachts aufs Klo gehe. So rücksichtsvoll ist er! Man muß aber auch verstehen, daß der natürliche, egoistische Lebenstrieb immer wieder durchbricht, der Kinder vergessen läßt, aus Liebe zu den Eltern Rücksicht zu üben. *Der egoistische Lebenstrieb setzt sich beim Menschen im allgemeinen immer wieder durch,* beim einen mehr, beim anderen weniger. Müssen wir uns selbst nicht immer wieder zur Rücksicht zwingen?
Die Eltern müssen dem Kind Rücksicht vormachen und vorleben; *jedes Kind lernt durch Nachahmung!*

Der Vater kommt mit Peter (3,1) nach Hause. Draußen ist Schneematsch. Der Vater zieht als erster die schmutzigen Schuhe aus und zieht sich Hausschuhe an, dabei fordert er Peter auf, dasselbe zu tun. Dieser hat aber gar keine Lust, sich Hausschuhe anzuziehen, und tobt in seinen Strümpfen durch die Wohnung. Doch das macht auf die Dauer Löcher in die Strümpfe, die die Mutter dann wieder stopfen muß. Also muß Peter aus Rücksicht auf die Mutter auch Hausschuhe anziehen, wie es ihm der Vater vorgemacht hat. Sind ältere Geschwister in der Familie, so ahmt sie das jüngere Kind instinktiv nach. Hierbei kann es allerdings durch Verwöhnung des jüngsten Kindes geradezu zu einer Bremsung der Entfaltung der Persönlichkeit kommen und damit auch der Fähigkeit, Rücksicht zu nehmen. Das war bei Peter der Fall. Viele Mütter behalten gerne das jüngste Kind für sich und halten es darum so lange wie möglich unselbständig und damit auch rücksichtslos.

Nicht mit Worten, sondern mit Zeichen erziehen

Lernen durch Nachahmen hattten wir schon bei Tommy und seiner kranken Oma erlebt: Die Mutter spricht leise und geht selbst leise durchs Haus, um dadurch das Kind zum Nachahmen anzuregen. *Mit bloßen Ermahnungen ohne bildhafte Gesten, Signale oder Geräusche* (pst, Finger auf den Mund, auf Zehenspitzen gehen u.ä.) kann man einem kleinen Kind unter fünf Jahren Rücksichtnahme nicht deutlich machen.

Bei Tinis Mutter hatten wir eine andere Situation: Die Mutter macht mit Gesten dem Kind ihre eigene Müdigkeit deutlich. Da das kleine Kind aus eigener Erfahrung Müdigkeit kennt, kann es sich schon in die Mutter einfühlen. Bei einer zu weichen Erziehung, die dem Kind gar keine Rücksicht abverlangt, fehlen diese natürlichen Gefühlskontakte zwischen Kind und Mutter. Zu meinem Erstaunen wurde das Verhältnis zwischen Kindern und Müttern immer warmherziger, wenn die weiche Mutter begann, natürliche Forderungen der Rücksicht an das Kind zu stellen.

Nicht belohnen, aber loben!

Das kleine und selbstverständlich auch das ältere Kind haben mit ernsthafter Rücksichtnahme eine Leistung vollbracht, für die sie gelobt werden müssen. Weil Eltern selbst laufend Rücksicht auf das Kind nehmen müssen, übersehen sie häufig, daß die Selbstüberwindung zur Rücksichtnahme erst gelernt werden muß. Sie halten diese Leistung für selbstverständlich. Wenn aber die Eltern das Rücksichtnehmen des kleinen Kindes anerkennen und loben, erfährt das Kind Wärme und Liebe der Eltern, die es fähig macht, auch in Zukunft wieder Rücksicht zu üben und seinen kindlichen Egoismus aufzugeben.
Das Lob der Eltern ist eine Selbstbestätigung und ein Glückserlebnis. „Daß du heute mittag so leise warst, das war lieb von dir!" – „Danke, daß du mich heute beim Telefonieren in Ruhe gelassen hast!" – „Das ist aber fein, daß du die Papierschnipsel vom Teppich aufgesammelt hast!" – „Du bist wirklich schon ein großes Kind, daß du mich heute mittag bei der Arbeit in Ruhe gelassen und nicht gequengelt hast!" Zu dieser liebevollen Anerkennung in Worten gehört aber auch eine kleine Zärtlichkeit: Streicheln über den Kopf – ein Kuß – eine Umarmung. Bei älteren Kindern sollten wir nie versäumen, ein deutliches „Danke" zu sagen, damit das Kind auch weiß, wohin das wichtige Wort „danke" gehört, ebenso wie das Wort „bitte".

Michi (5) haßt das Aufräumen, immer gibt es Theater. Heute aber muß ich ihn bitten, mir zu helfen, weil ich einen Hexenschuß habe und mich nicht bücken kann. Ich humple durch die Wohnung, was ihn deutlich beeindruckt. Ich sage zu ihm: „Du Michi, heute mußt du mir helfen, bitte, ich kann mich nicht bücken. Du räumst auf, was auf dem Boden liegt, und ich räume auf, was auf dem Tisch liegt." Fleißig bückt er sich und räumt auf, während ich ihn ansporne und selbst die Malsachen vom Tisch räume. Zuletzt steht er vor den aufgebauten und aufgeräumten Spielsachen und sagt stolz: „Das hab ich ganz alleine gemacht!" Er hat einem anderen Menschen geholfen, der krank ist, und fühlt sich selbst nun stark. Ich lobe ihn von Herzen, da er sonst ein Faulpelz ist. Auf dem Nachhauseweg sagt er zur Mutter: „Der armen Frau mußte man doch helfen!"

Man sollte sich aber hüten, statt liebevoller Worte dem Kind *eine materielle Belohnung* zu geben. Ein kleines Kind soll nicht rücksichtsvoll sein, weil es später ein Eis, ein Plüschtier oder ein Bilderbuch bekommt, sondern aus Liebe zu den Eltern und Geschwistern. Eine Belohnung käme in diesem Fall einer *Tierdressur* gleich: ein Hund bekommt einen Wurstzipfel – ein Reitpferd ein Stück Zucker. Rücksicht ist eine speziell menschliche Eigenschaft und muß mitmenschlich eingeübt werden, um allmählich selbstverständlich zu werden.
Anders aber liegt folgender Fall:

Willi (5) stört die Mutter immer, wenn diese mit dem großen Bruder Hausaufgaben macht. Er ist dann deutlich eifersüchtig. Deshalb sagt die Mutter: „Wenn du jetzt ruhig spielst, gehen die Hausaufgaben mit Dieter schneller, und ich habe dann später Zeit, mit dir Radfahren zu üben." Willi spielt daraufhin ruhig für sich.

Selbstverständlich war Willi nicht aus Liebe zur Mutter ruhig, sondern aus egoistischen Gründen; aber *er lernte etwas vom rücksichtsvollen Miteinanderleben:* Wenn ich rücksichtsvoll bin, dann gehen die Menschen auch rücksichtsvoll auf meine Interessen ein.

Frau G. muß noch kurz Einkäufe machen und will die fünfjährige Ilse wegen schlechten Wetters nicht mitnehmen. Pit (10) soll eine halbe Stunde mit der Schwester spielen, damit sie beschäftigt ist. Doch Pit hat keine Lust, mit der „blöden Kuh" zu spielen, woraufhin die Mutter die kleine Schwester doch zum Einkaufen mitnehmen muß, dem Jungen aber das Brett vom Schreiner nicht mitbringt, das er zum Basteln braucht. Er wollte ja auch ihr keine Hilfe sein!

Ein Kind muß deutlich erfahren, daß rücksichtsloses Verhalten Folgen hat, die für es selbst unangenehm sein können. Diese Folgen sind eine Art Strafe.

„Weil du heute mittag so laut warst, daß ich keinen Mittagsschlaf machen konnte, bin ich nun zu müde zum Vorlesen!"
„Wenn du so einen Dreck ins Treppenhaus trägst, muß ich putzen und kann nicht mit dir spielen!"
„Wenn du die Küche so volldreckst, kann ich dir keinen Pfannkuchen mehr machen!"
„Wenn du mich immer wieder beim Arbeiten störst, habe ich keine Zeit, mit dir nachher zum Spielplatz zu gehen!"

Zwischen Rücksichtslosigkeit und Ungehorsam unterscheiden

Es ist sehr viel leichter, aus Nervosität banale Verbote auszusprechen und dem Kind Freuden zu beschneiden (nicht Eisessen – keine Freunde besuchen – nicht fernsehen), die in keinem Zusammenhang mit seiner Rücksichtslosigkeit stehen. Das Kind lernt dann nicht den Unterschied zwischen einfachem Ungehorsam und der lieblosen Rücksichtslosigkeit. Sagt die Mutter z.B. abends: „Jetzt müßt ihr euch ausziehen – es ist Zeit zum Zubettgehen!" und die Kinder folgen nicht, ist das Ungehorsam. Um Rücksicht wäre es gegangen, wenn die Mutter gesagt hätte: „Heute abend könnt ihr keine Cassette laut spielen, weil Vater schlafen muß, denn er hat Grippe und Kopfweh!" Das pünktliche Zubettgehen muß mit selbstverständlicher Energie hartnäckig gefordert und bei Nichtbefolgen angemessen bestraft werden (z.B. nicht mehr vorlesen). Bei der Rücksicht auf den kranken Vater aber geht es um *das Mitgefühl.* Deshalb sollten Vater und Mutter auf rücksichtsloses Verhalten nur mit Trauer reagieren, die die Kinder an Miene und Haltung der Eltern deutlich spüren müssen. Das Kind sollte sich jetzt entschuldigen. Kinder spüren schon sehr deutlich, daß das Sich-Entschuldigen etwas Ernstes ist – nämlich ein Nachgeben, ein Zugeben von Fehlern. Es fällt daher vielen Kindern erstaunlich schwer, sich zu entschuldigen. Aus diesem Grunde soll man die Kinder nicht bei harmlosen Unarten zu einer Entschuldigung zwingen, etwa mit den Worten: *Erst wenn du dich entschuldigst, hat Mutti (Vati) dich wieder lieb!"* Es gibt leider Eltern, die die Entschuldigung ihrer Kinder als Ausdruck der Unterwerfung in einem Machtkampf werten.
Es gibt Kinder, die sehr leicht und sogar gern Rücksicht nehmen können, und andere, die nur an ihre eigenen Interessen denken; Teilen und Abgeben ist ihnen ein großes Problem.

> Macky (3,10) hat von der Mutter Orangensaft bekommen, den er besonders gerne trinkt. Als ich diesen Saft lobe, fragt er sofort: „Möchtest du mal trinken?" (Er kannte mich erst seit einer Stunde.) Die Mutter hatte mir kurz vorher gesagt, daß er sich gar nicht seiner Haut wehren könne und immer nachgeben würde. – Er ist ein Einzelkind.

> Ilse (5,8) hat eine Tüte mit Ostereiern bei sich. Sie ißt bei mir ein Ei nach dem anderen und wirft dabei das Papier achtlos auf den Boden. Als ich sie um ein Osterei bitte, hört sie gar nicht hin, nimmt sich ein weiteres Schokoladenei aus der Tüte und steckt es in den Mund. Sie kennt mich seit eineinhalb Jahren und kommt gern zur Spielstunde. Sie hat immer das Gefühl, zu kurz zu kommen, und kann gar nichts abgeben. (Sie ist die Jüngere von zwei Geschwistern und kommt keinesfalls zu kurz.)

Kleine Egoisten

Kinder, die leicht Rücksicht nehmen, sind für Eltern und auch Erzieher sehr angenehm. Nicht zu Unrecht hat Mackys Mutter Sorge, daß er zu nachgiebig ist und ein Schwächling werden könnte. Ein gewisses Maß an gesundem Egoismus und Durchsetzungswillen braucht ein Kind; deswegen sollte man sein Kind auch ermutigen, sich seiner Haut zu wehren. Macky haut nur zu, wenn andere Kinder zu Unrecht geschlagen werden. Kinder, die zu rücksichtsvoll sind, haben erfahren, daß man sie besonders lieb hat, wenn sie nachgeben und rücksichtsvoll sind, und haben sich daher zu sehr an Nachgeben und Selbstüberwindung gewöhnt.

Ilse ist ein kleiner Egoist und hat sich mit ihrem Egoismus im Kindergarten schon unbeliebt gemacht. Diesem Kind muß man vorsichtig beibringen, *daß es auch Freude bringt, anderen Freude zu machen.* Selbstgebastelte Geburtstags- und Weihnachtsgeschenke, bei denen man seine Begabung als Kind entfalten kann, sind z.B. ein guter Weg vom Ich zum Du. Es ist aber wohl selbstverständlich, daß man z.B. geschenkte Bilder aufhängt, da das Kind so ein Echo auf seine Bemühungen erlebt, das es zu weiteren Geschenken anregt.

Bei Kindern gibt es – ebenso wie bei uns Erwachsenen – auch Launen der Rücksicht und der Rüchsichtslosigkeit, Zeiten, in denen sie widerliche Egoisten sind, und dann wieder Zeiten, in denen sie reine Engel an Selbstüberwindung sind. Müdigkeit, eine Krankheit, die ausgebrütet wird, Wetterwechsel, aber auch ein Überschwang an Lebenslust können Ursache für rücksichtsloses Verhalten sein. Eine uneinheitliche Erziehung, in der keine festen Leitlinien gegeben werden, können ein Kind so irritieren, daß es kein Gespür für Rücksicht bekommt. *Vater und Mutter, Oma und Opa, müssen sich um Einigkeit bemühen!* Es geht z.B. nicht, daß eine Oma sagt: „Bei mir brauchen Kinder nicht danke sagen!“ Sie hielt sich für besonders fortschrittlich und wußte, was ihre Tochter von den Kindern verlangte.

Elementare Rücksichten, die ein Kind zwischen drei und vier Jahren allmählich mit geduldiger Hilfe der Eltern erlernen kann

1. Die Mutter darf sich auch einmal mit gutem Gewissen Ruhe gönnen, und das kleine Kind muß lernen, sich alleine zu beschäftigen und leise zu sein, damit die Mutter ausruhen kann. Zuerst nur kurze Zeit, dann allmählich steigernd, von 10 bis 60 Minuten.
2. Vater und Mutter können das Kind ohne Schuldgefühle zum Spielen wegschicken, wenn sie z.B. einen Blick in die Zeitung tun wollen.
3. Beim Anhören der Nachrichten und der Tagesschau braucht das Kind nicht mehr laufend zu stören (Finger auf den Mund legen als Signal).
4. Das Kind muß allmählich zu ertragen lernen, daß Vater oder Mutter telefonieren, und darf nicht laufend dazwischenreden, laut singen oder gar die Verbindung unterbrechen.
5. Die Mutter kann das Kind beim Spielen sich selbst überlassen, wenn sie mit den älteren Geschwistern z.B. Hausaufgaben machen muß. Die älteren Geschwister dürfen bei ihren Hausaufgaben vom jüngeren Kind nicht gestört werden.
6. Am Sonntagmorgen dürfen die Eltern ausschlafen, und das Kind muß sich alleine beschäftigen können.
7. Abends brauchen die Eltern ihre Ruhe und Zweisamkeit, darum sollte das Kind nicht ohne ernsthaften Grund (schlechte Träume, Bauchweh usw.) laufend aufstehen und ins Wohnzimmer kommen.
8. Das Kind muß die Eltern normalerweise ungestört im Schlafzimmer alleine lassen.
9. Wenn Vater und Mutter mit anderen Menschen sprechen, sollte es nicht laufend dazwischenreden. (Man muß sich dem Kind aber zwischendurch immer wieder zuwenden und darf es nicht ausschließen.)
10. Das Kind muß lernen, leise zu sein, wenn jemand krank ist oder Mittagsschlaf macht. (Allerdings können Nachbarn übertriebene Forderungen stellen, die nur gemäß der Hausordung erfüllt werden müssen.)
11. Es darf kein Theater machen mit Weinen oder Brüllen, wenn Vater oder Mutter beim Heimkommen von der Arbeit oder von Besorgungen nicht sofort Zeit zum Spielen haben.

12. Handtaschen, Aktentaschen, Werkzeugkasten, Nähkasten, Kosmetikkoffer und Schreibtischschubladen sind nicht zum Herumwühlen und Spielen da, sondern Privateigentum der Eltern. Dasselbe gilt für die Sachen der großen Geschwister. (Allerdings muß das Kind in frühen Jahren Gelegenheit gehabt haben, einige Schubladen gründlich auszuräumen, in denen z.B. Plastikgeschirr war, an dem es sich nicht verletzen konnte.) An Knöpfen von Waschmaschine, Plattenspieler, Fernsehapparat (Fernbedienung), Video- und Stereoanlage darf nicht herumgespielt werden. Auch die Post der Eltern ist nicht zum Spielen oder Zerreißen da. (Alte Briefumschläge sind hier ein guter Ersatz.)
13. Ein Kind darf Vater und Mutter, aber auch die älteren Geschwister, nicht mehr aus Wut schlagen, treten, beißen oder kratzen, was es früher aus Spielerei tat.
14. Es muß wissen, daß das Wohnzimmer nicht zur „Spielhölle" zweckentfremdet werden darf und man dort keinen „Saustall" machen darf. Die Möbel sind zum Sitzen und nicht zum Herumturnen da!
15. Man muß dem kleinen Kind allmählich beibringen, abends mit der Mutter aufzuräumen, wenn es seine Spielsachen in der Wohnung verstreut hat, damit diese nicht zertreten werden oder andere darüber stolpern. (Die Mutter sollte allerdings die Hauptarbeit übernehmen und darf nicht schimpfen!)
16. Das Kind lernt, daß man beim Heimkommen die Schuhe aus- und Hausschuhe anzieht. Es versaut das frisch geputzte Bad nicht mehr aus Spielerei mit Zahnpasta oder Creme und ferkelt in der Küche nicht mit Saft oder Marmelade. Es lernt, das Klo zu spülen, und verstopft es nicht zum Spaß mit Klopapier. Das Kind kann angehalten werden, das Waschbecken nach dem Benutzen wieder sauber zu machen, sich nach dem Klo die Hände zu waschen, sobald es sich selber abputzen kann.
17. Das Kind muß mit den Geschwistern teilen können und Kinder, die zu Besuch kommen, mit seinen Spielsachen spielen lassen. Die Eltern müssen es beim Spielen mit anderen Kindern darauf hinweisen, daß man nicht mogeln darf. (Was viele Kinder mühsam und erst in späteren Jahren lernen!)
18. Es darf Sachen anderer nicht beschädigen oder kaputtmachen aus Wut, Trotz, Eifersucht oder schlechter Laune.
19. Es darf auf dem Spielplatz nicht andere Kinder mit Sand bewerfen, sie schlagen oder ihnen die Spielsachen wegnehmen. Das Kind soll sich aber wehren dürfen! Es darf von anderen nichts mitnehmen, vor allem nicht in Geschäften (Supermarkt).

20. An Geburtstagen und an Weihnachten soll es anderen Menschen mit selbstgefertigten Handarbeiten oder Zeichnungen eine Freude machen und nicht nur selbst Geschenke „einkassieren".
21. In Gaststätten muß das Kind sich so verhalten, daß kinderfreundliche Menschen nicht nervös werden. Gaststätten sind keine Spielplätze!
22. Blumen sollen nicht ausgerupft, Tiere nicht gequält oder getötet werden. Das Pausebrot für den Kindergarten darf nicht in der Mülltonne enden! Bonbonpapier, Joghurtbecher, Limodosen, Eispapier, Obstschalen müssen selbständig in Abfallkörbe geworfen werden.
23. In der Kirche muß dem Kind geholfen werden, sich ruhig zu verhalten. Es muß leise sprechen und darf nicht herumlaufen.
24. Man muß ihm helfen, ohne Angst vor Bestrafung die Wahrheit sagen zu können und nicht zu lügen.

Diese Liste habe ich in vielen Gesprächen mit Eltern von Kindern zwischen drei und zehn Jahren zusammengestellt. Es waren vorwiegend Eltern, deren Kinder ich nicht wegen irgendwelcher seelischer Störungen in Behandlung hatte. Es sollte um alltägliche Konflikte gehen. Die Liste bedarf aber einiger Ergänzungen:

Schuldgefühle der Eltern

Viele Mütter und auch Väter halten sich für grausam und egoistisch, wenn sie das Kind fortschicken, *damit sie selbst ihre Ruhe haben.* Sie opfern sich häufig so sehr auf, daß sie eines Tages an einer falschen Stelle ungerecht losplatzen, weil sie am Ende ihrer Nervenkraft sind.

> „Maxi muß sich heute endlich mal alleine beschäftigen", sagte mir vergangene Woche eine besonders rücksichtsvolle Mutter ärgerlich, die im fünften Monat schwanger und total überfordert war durch eine plötzliche Mittelohrentzündung ihres Vierjährigen, der sie mehrere Nächte hintereinander wachgehalten hatte. – Dieses Kind, das in vier Monaten ein Geschwisterchen bekommt, soll nicht erst nach der Geburt lernen, sich allein zu beschäftigen, weil es sich dann zurückgesetzt fühlt und eifersüchtig wird. Es muß schon vorher erfahren haben, daß es Spaß macht, alleine zu spielen.

Man sollte kleine Kinder *nur für kurze Zeit sich selbst überlassen* und kann zur Hilfe einen großen Küchenwecker hinstellen und dem Kind zeigen, an welcher Stelle der Zeiger stehen muß, wenn es wiederkommen darf. Es gibt aber auch Kinder, die sich ohne weiteres fortschicken lassen und stundenlang zufrieden alleine spielen können. *Sie müssen uns aber hören!* Diese Kinder darf man beim Spielen nicht stören! Zur Beruhigung des schlechten Gewissens der liebevollen Eltern muß hervorgehoben werden, daß Kinder, die nicht alleine spielen können, später dumm und unselbständig werden, denn sie haben ihre eigene kreative Intelligenz nicht entfaltet.

Notwendige Verselbständigung des Kindes

Es gibt Eltern, die sich ständig mit ihrem Kind beschäftigen, weil sie sich in ihrer Ehe nicht viel zu sagen haben. *Das Kind wird dann zum einzigen Kontaktpunkt der Ehepartner* und somit zu wichtig genommen und verwöhnt. Es darf kein Eigenleben entwickeln, damit die Ehepartner nicht spüren, wie leer ihre Beziehung ist. Es leuchtet wohl ein, daß eine solche Erziehung für das Kind schädlich ist. Diese Eltern glauben jedoch meistens, daß sie sehr gute Erzieher sind. Man tut den Kindern aber nichts Gutes, wenn man sich laufend mit ihnen beschäftigt, ihnen alles vorspielt, aufbaut oder vorzeichnet. Die Intelligenz der Kinder entwickelt sich nicht nur im Kontakt mit Eltern, sondern auch im selbständigen Spielen, wo das Kind sich selbst erlebt und fühlt. Immer wieder kann man bei der Behandlung gestörter Kinder von den Müttern hören, daß die Kinder schon in frühester Kindheit unselbständig und antriebsschwach waren und sich nie alleine beschäftigen konnten. Man nahm das aber nicht weiter tragisch, da es bequem war, und hat diese Kinder nicht besonders gefördert. Wir müssen darum so etwas wie Achtung vor Produkten der Kleinen haben, sie ernst nehmen und bewundern, auch wenn man selbst nur Chaos erkennen kann! Das ist kindlich normal und soll nicht von der intellektuellen Kritik der Erwachsenen zerstört werden. Ist das aufgebaute „Schloß“, die Autobahn oder die Brücke u.ä. im Urteil des Kindes besonders gut geglückt, so darf das Werk abends auch nicht der Aufräumwut der Mutter zum Opfer fallen, sondern muß einige Tage stehenbleiben dürfen, auch im Wohnzimmer.

Respekt vor dem Eigenleben anderer

Wenn man die Kleinen fortschickt, so sollte das *kein brutales „Fortscheuchen“* sein, wie ich es kürzlich im Schwimmbad beobachten konnte: „Hau ab! Ich will lesen!“ Oder: „Laß mich endlich mal in Ruhe!“ Der Ton ist wichtig! Man sollte ein freundliches Wort sagen, z.B.:

„Mutti ist jetzt müde (deutliches Gähnen als Signal). Spiel jetzt mal ein bißchen allein mit der Puppe; die muß gefüttert werden!"
„Die Lok wartet im Kinderzimmer auf dich" (Öffnen der Schreibmaschine und Losklappern als Signal).
„Ich muß jetzt telefonieren. Guck mal nach, ob die Katze ihre Milch schon getrunken hat!" (Telefonscheibe drehen als Signal).
„Mal doch mal den Löwen von gestern aus dem Tierpark! Ich muß jetzt die Küche aufräumen" (anfangen zu arbeiten).

Wichtig ist es, den Kleinen durch Signale zu verdeutlichen, daß man jetzt den Kontakt zu ihnen abschaltet – und zwar stur! Allerdings muß man sagen, daß es gerade *beim Telefonieren häufig sehr schwierig* ist, die Kinder fortzuschicken; entweder fesselt sie die Neugierde oder die Eifersucht ans Telefon. Es gibt noch Zehnjährige, die man nur mit energischer Stimme fortschicken kann.

Britta (9) hat für sich eine gute Lösung gefunden. Sie weiß, daß die Mutter alle wichtigen Telefongespräche auf Tonband aufnimmt. Wenn die Mutter nicht zu Hause ist, hört Britta in aller Ruhe vom Tonband die Gespräche der Mutter ab, wovon diese natürlich keine Ahnung hat und deren Inhalt sicherlich nicht immer für die Ohren des Kindes bestimmt ist.

Das kleine Kind muß allmählich lernen, daß der andere Mensch seine eigene Welt hat, die es zu respektieren gilt, weswegen z.B. ein Mithörer oder eine Lauttaste beim Telefon keine richtige Hilfe ist. Bei Gesprächen mit Oma und Opa dagegen darf das Kind selbstverständlich im Zimmer bleiben und mithören.
Dieser Respekt vor dem Eigenleben des anderen ist für jedes spätere Zusammenleben notwendig.

Frau H. will sich eine halbe Stunde hinlegen. Ihre zehnjährige Tochter geht auf Zehenspitzen durchs Haus, damit Mutti ihre Ruhe hat. Der große Bruder (13) aber geht ins Zimmer der Mutter und zupft an ihrem Kopfkissen herum, weil er es nicht ertragen kann, daß sich die Mutter zurückzieht. Verärgert sagte Frau H. zu mir: „Ich habe bei Peter versäumt, als er klein war, ihm diese Rücksicht energisch anzuerziehen, während ich es bei Susi von Anfang an gefordert habe. Aber Peter war damals (4) noch so schwierig, daß ich gar nicht den Mut hatte, auch noch Rücksicht zu fordern."

Der Erwachsene muß anschließend das Kind wieder voll zu Wort kommen lassen: es darf intensiv erzählen – sein Spiel muß interessiert begutachtet werden, und es darf Lärm machen. *Auch darf man das Kind zeitlich nicht überfordern,* z.B. am Sonntagmorgen. Eltern können nicht bis 10 Uhr im Bett liegen und das kleine Kind sich selbst im Kinderzimmer überlassen – vielleicht sogar ohne Frühstück. Man kann schon am Abend vorher Zeichenpapier, Buntstifte, Bilderbücher, Cassetten und Kekse hinlegen, damit sich das Kind nicht vernachlässigt fühlt. Hat man aber schon mehrere Kinder, ist es meistens gar kein Problem mehr, weil sich die Kinder gegenseitig helfen. *Eine abgeschlossene Schlafzimmertür der Eltern* braucht für das drei– bis vierjährige Kind kein Schock sein, wenn die Eltern immer wieder freundlich lachend sagen: „Vati und Mutti wollen auch einmal allein spielen“, was schließlich der Wahrheit entspricht.

Einschlafangst beim Kleinkind

Es gibt Kinder, die abends nur schwer einschlafen können. Viele Eltern meinen, ihr Kind sei ein *„Abendmensch“* wie sie selbst, und lassen es deshalb bei den Erwachsenen und am Fernsehschirm sitzen, bis es vor Müdigkeit einschläft. Peter (4) hatte sich das so angewöhnt, daß er jeden Abend aufstand und die Mutter zwang, mit ihm bis 4 Uhr in der Früh zu spielen! Die Mutter war davon natürlich fix und fertig, bis der Vater den Jungen eines Tages energisch wieder in sein Bett zurückschickte – und das stur jeden Abend. Seitdem kommt er nicht mehr und schläft zufrieden ein.
Nach meiner Erfahrung handelt es sich bei Kindern mit Einschlafstörungen meistens um geistig „wache“ Kinder, die man keinesfalls zu sehr anregen darf (stundenlanges Vorlesen!), weil sie dann überreizt sind; deshalb ist eine kurze Geschichte, die nicht zu spannend ist, genug. *Bei Kindern, die beim Einschlafen Angst haben* und sich vor dem dunklen Zimmer fürchten, soll man ein Licht in die Steckdose stecken oder das Licht im Gang brennen lassen. Diese Angst muß ernst genommen werden und ist kein „Theater“, wie viele Eltern glauben. Es ist eine leichte Form der Lebensangst. Aber auch in diesem Fall muß das Kind immer wieder ins Bett zurückgeschickt werden! Zwischen zwei bis drei Jahren ist Dunkelangst für kurze Zeit ganz normal.

Wenn das Kind die Mutter schlägt

Einen großen Teil der auf der Liste angegebenen Rücksichten kann man durch ein öfter wiederholtes Wort dem kleinen Kind beibringen.

Wenn aber das Kind die Mutter oder den Vater schlägt, sieht die Sache anders aus:

> Christian (5) will um 19.30 Uhr nicht ins Bett gehen, sondern noch auf der Straße mit dem Fahrrad fahren, wozu er den ganzen Tag Gelegenheit hatte. Als die Mutter daraufhin die Haustür zusperrt, tritt er sie wütend und schlägt mit den Fäusten auf sie ein. Es ist wohl natürlich, daß die Mutter ihm daraufhin einen Schlag auf den Po gibt, der den Kleinen aber gar nicht beeindruckt. Er prügelt und schimpft die Mutter weiter und reißt ihr sogar das T-Shirt kaputt. Immer wieder rüttelt er an der zugesperrten Tür und tritt die Mutter. Der Kampf endet erst nach einer Stunde, weil Christian sich müde gebrüllt und getobt hat und zuletzt schluchzend im Arm der Mutter liegt, die ihn dann liebevoll beruhigt, woraufhin er einschläft.

> Bernd (5,4) will im Supermarkt unbedingt eine Tasche haben, die ihm besonders gut gefällt. Die Mutter sieht aber gar nicht ein, warum sie ihm die Tasche kaufen soll, und schlägt ihm die Bitte ab, woraufhin er sie kräftig ans Schienbein tritt. Auch hier gab die Mutter ihm spontan einen Schlag auf den Po, was wohl zu verstehen ist.

Kinder empfinden unter diesen Umständen den Schlag als gerechtfertigt: man ist sozusagen „quitt“, denn sie selbst haben ja schließlich mit der Prügelei angefangen!

Wann verbieten und nein sagen?

Einen weiteren Teil der Rücksichten muß man durch ein festes „Nein“ fordern – man muß verbieten! Das gilt z.B. für die Handtasche der Mutter: „Du! Das mag ich nicht, wenn du in meiner Tasche rumwühlst!“ – „Nein! Mein Lippenstift ist nicht zum Schmieren da!“ usw. Vielleicht wird sich mancher wundern, was die Knöpfe der Waschmaschine, der Stereoanlage und des Fernsehers mit Rücksicht zu tun haben, während ein schmutziges Waschbecken oder ein verstopftes Klo eher einleuchten. Wenn aber die Waschmaschine kaputt ist, kann die Wäsche der ganzen Familie nicht gewaschen werden. Dasselbe gilt auch für die Stereoanlage, den Plattenspieler, das Fernseh- und Videogerät; sie sind „Spielzeug“ der Eltern und dürfen nicht durch sinnloses Knöpfedrücken kaputtgemacht werden.

Der leichte Klaps

> Frau L. hat der vierjährigen Anna immer wieder klarzumachen versucht, daß sie das Klo nicht mit Papier verstopfen darf, da es sonst überläuft. (Das ist eine Lieblingsbeschäftigung von vielen kleinen Kindern – auch im Kindergarten.) Frau L. hat dem Kind sogar schon gezeigt, wie ekelhaft das ist, aber trotzdem stopft Anna immer wieder Papier hinein. Als die Mutter ihr dann zuletzt doch einen Klaps auf die Hand gibt, schaut sie erstaunt, hört aber mit dem Unfug auf.

Wenn Kinder nach mehrmaligem „Nein" oder einem „Donnerwetter" Verboten nicht folgen, ist *ein leichter Klaps* auf die Hand keine „körperliche Züchtigung", sondern eine natürliche Folge auf falsches Verhalten. Ines (6) meint abwertend: „So weh tut das auch nicht!" Viele Kinder scheinen auszuprobieren, wo die Grenzen ihres eigenen Auslebens liegen, und suchen daher einen Widerstand, an dem sie *die Kraft der Erwachsenen* spüren können. Schwache Eltern können nicht hart werden, wie sie mir immer wieder selbst gestehen! Auch wir Erwachsene bekommen im übrigen noch unseren "Klaps", wenn wir etwas falsch machen, z.B. den Bußgeldbescheid beim Falschparken. Dieser Klaps kann beim Kind auch ein Schlag auf den Po sein, der durch Unterhose und Jeans gut gepolstert ist. Dieser kleine Schlag ist eher ein Schubs oder ein Puff, was mir von den älteren Kindern immer wieder bestätigt wird. *Ein Schlag ins Gesicht dagegen ist brutal!* „Das tut halt weh!" Und ist obendrein gesundheitlich nicht ungefährlich.

Spätestens nach eineinhalb Jahren haben Eltern, die sich vorher geschworen hatten, ihr Kind niemals anzurühren, normalerweise kapituliert und ihm längst einen Klaps gegeben. Im praktischen Leben sieht alles anders aus als in einer theoretischen Diskussion. Außerdem sind dauerndes Herumnörgeln und *nervöses Schimpfen schlimmer.* Zwischen der Unart des Kindes und dem Klaps muß aber ein klar zu erfassender Zusammenhang bestehen, weswegen wir einen Klaps sofort geben müssen. Brüllt das Kind dann spontan los, so sind viele Mütter und Väter geschockt, bekommen Schuldgefühle und küssen das Kind gleich wieder, das dann gar nicht mehr weiß, wo's lang geht. Die meisten *Kinder aber brüllen nur aus Wut* oder weil sie instinktiv fühlen, daß ihr Brüllen die Eltern nervt. Keinesfalls aber darf man das Kind ohne liebevolle Umarmung abends einschlafen lassen. Man sollte aber keine Entschuldigung wie: „Sag, du willst wieder lieb sein!" – oder Einsichten wie: *„Ich will es nie wieder tun!"* fordern. Viele Kinder heucheln um der Elternliebe willen diese Entschuldigungen, was zu einem unehrlichen Kontakt mit den Eltern führt und somit zu einem unaufrichtigen Charakter. Entschuldigungen sind bei kleinen Kindern immer eine fragwürdige Sache, solange die Fähigkeit zu echter Einsicht fehlt (erst ab ca. acht Jahren). Es kommt nämlich bei einem leichten Schlag weniger auf den Schlag selbst an als auf *das seelische Familienklima*. Vergangene Woche sagte mir ein 18jähriger, der wegen Lebensangst bei mir in Behandlung ist, er sei zwar nie geschlagen worden, dafür aber sei das Familienklima eiskalt und ohne jedes Interesse für ihn persönlich gewesen. Bei warmherzigen Eltern schadet also ein Schlag gar nicht!

Das kleine Kind hat durch sein Nichtfolgen signalisiert, daß es mehr Lust hat, Papier ins Klo werfen oder die Knöpfe des Plattenspielers zu drücken, als zu folgen. Sicherlich ist es für das Kind zunächst schwer verständlich, daß zwischen Klo, Waschmaschine und Stereoanlage ebenso eine Beziehung zur Familie besteht wie bei der müden Mutter, dem überarbeiteten Vater und der kranken Oma. Wir müssen daher *„direkte" und „indirekte" Rücksichten* unterscheiden, oder einfacher ausgedrückt: einfühlbare und unverständliche. Diese Unterscheidung gilt mindestens bis zum zwölften Lebensjahr. „Indirekte" Rücksicht gilt für folgende Punkte unserer Liste: die „Spielhölle" im Wohnzimmer, das Versauen von Küche, Bad und Klo, der Schmutz in der Diele und die allgemeine Unordnung, denn Dreck und Unordnung muß (?) die Mutter wegräumen.

Unordnung und Aufräumen

Leider wird Ordnung in der Erziehung von Eltern gern überbewertet und gibt daher viel Anlaß zu Streit, Ärger und Tränen, denn die meisten Eltern erwarten von ihren Kindern *zuviel Ordnungssinn*. Schon Krümel auf dem Teppichboden können manche Mütter nervös machen! Eltern müssen sich damit abfinden, daß zum Zusammenleben mit Kindern Unordnung gehört. Peinlich ordentliche Kinder sind seelisch unlebendig. „Ein gewisses Maß an Unordnung prägt die Persönlichkeit", sagte mir der Direktor eines bekannten Münchner Gymnasiums. In spätestens 15 Jahren haben die Eltern eines Tages eine ordentliche, saubere Wohnung, aber dafür sind sie dann auch einsam und ohne Kinder! Das soll aber nun nicht heißen, daß man die Kinder gar nicht aufräumen lassen soll und es als Eltern selber tun, weil es schneller geht und man nicht schimpfen braucht. Man muß gemeinsam mit den Kindern Aufräumen üben, darf aber nicht locker lassen, wenn sie sich drücken. Erst bei wiederholtem Tun wird Aufräumen für das Kind allmählich zur Selbstverständlichkeit. Allerdings muß man zwischen

Unordnung in der Wohnung und *Unordnung im Kinderzimmer* deutlich unterscheiden. Letzteres ist das Reich des Kindes, und es darf dort seine „private Unordnung" haben. Es hat oft den Anschein, als zerstörten wir Erzieher etwas vom Eigenleben unserer Kinder, wenn wir immer wieder fordern, daß ihre Spielsachen in Reih und Glied aufmarschiert dastehen sollen.

> „Die meisten schöpferischen Menschen sind unordentlich. Menschen, deren Zimmer und Schreibtische wahre Musterbeispiele der Ordnung sind, sind meistens ziemlich belanglos ... Kinder sehen Unordnung einfach nicht" (A.S. Neill).
> Daisy (10) dagegen sagt mir immer wieder: „Wenn alles so rumliegt, mag ich das gar nicht. Es muß alles an seinem Platz sein!" Tatsächlich ist ihr Zimmer sehr ordentlich, sie ist aber wegen Angst bei mir in Behandlung, und Unordnung ängstigt sie auch.

Ein gemeinsames Aufräumen des Kinderzimmers (alleine dauert das Aufräumen bei Kindern unter neun Jahren meistens stundenlang, wodurch die Kinder überfordert sind) höchstens einmal pro Woche genügt.
Das ist aber nicht immer ganz einfach:

> Ina (5,11) denkt gar nicht daran, mit aufzuräumen, wenn die Mutter hilft. Sie setzt sich stur hin und guckt zu. Aber auch ohne die Mutter räumt sie innerhalb von drei Wochen nicht das Geringste in ihrem Zimmer auf. Sie wirft Schokoladenpapier, Joghurtbecher, Löffel, angebissene Semmeln und sogar Kaugummis achtlos auf den Boden. „Das stört mich gar nicht!", meint sie. Der Mutter bleibt gar nichts anderes übrig, als mit einem „Donnerwetter" die Mithilfe beim Aufräumen zu fordern, was natürlich Tränen der Wut gibt.

Hat sich aber im Laufe eines Monats zu viel Kram angesammelt, so „misten" viele Mütter doch alleine aus, wenn die Kinder im Kindergarten oder in der Schule sind, weil sie dann vieles wegwerfen können, wo es sonst u.U. nur Geschrei gäbe, denn es gibt Kinder, die alles sammeln müssen, auch was sie gar nicht gebrauchen.

Teilen mit anderen Kindern

Es gibt auch Rücksichten, die man außerhalb seiner Familie üben muß, die das Kind zu einem guten Partner erziehen, z.B. *das Teilen mit anderen Kindern.* Das jüngere Kind sollte nicht bevorzugt werden, denn das züchtet in ihm den ungesunden Wunsch, Baby bleiben zu wollen, und stiftet Eifersucht bei den Älteren. Auch die übrigen Punkte der Liste (ab Nr. 18) gehören zur Einübung in die partnerhafte (soziale) Rücksicht im Alltag.

„Stehlen" in Geschäften

Sicherlich ist es für das Kind zunächst schwer verständlich, *daß man in Geschäften nichts mitnehmen darf.* Viele Mütter kaufen, leicht errötend, die Schokolade, die das Kind mitgenommen hat, was bei einer großen Puppe oder einem Auto schwieriger ist. Auf jeden Fall sollte das Kind lernen, daß man nichts mitnehmen darf, und die Ware selbst wieder dahin zurücktragen, wo sie weggenommen wurde. Kauft die Mutter dagegen aus Gutmütigkeit die Ware, erlebt das Kind nicht, daß man nichts mitnehmen darf.

> Reni (2½) hat im Geschäft ein Taschentuch mit einem Micky-Maus-Bild geklaut und lügt, die Mutti habe ihr das Taschentuch gegeben. Die Mutter verlangt aber sofort, daß Reni das Taschentuch wieder hergeben soll, woraufhin das Kind brüllt, sich auf den Boden wirft und sich, herzerweichend schluchzend, an die Beine der Verkäuferin klammert. Das Kind steigert sich in eine Erregung hinein und zittert am ganzen Körper; man bekommt Mitleid und möchte eigentlich dem Kind das Taschentuch lassen. Die Mutter aber nimmt Reni energisch das Taschentuch fort und trägt sie ins Auto hinaus, wo sie sich nach kurzer Zeit beruhigt. Man könnte nun sagen, das kleine Kind habe ja nicht gewußt, daß man das Tuch nicht nehmen darf; das stimmt aber nicht, denn sonst hätte Reni ja nicht gelogen! Kinder wissen in diesem Alter sehr wohl, was „mein" und „dein" ist, deshalb war es auch richtig, dem Kind das Taschentuch wieder fortzunehmen und ihm nicht seinen Willen zu lassen. Im übrigen gilt: lieber einmal konsequent bleiben – und auffallen – als ewig „das Theater" mitmachen!

Umweltschutz

Auch die Rücksicht auf Natur und Umwelt können wir unseren Kindern gar nicht früh genug beibringen. Worte wie: „Das tut den Blumen weh – das tut dem Käfer weh!" sollen dem Kind helfen, den Sinn unserer Verbote zu begreifen. Auch müssen die Kinder die Bananenschale oder das Schokoladenpapier *selbst in den Papierkorb werfen* (auch im eigenen Garten), denn nur durch das Selbertun nimmt das Kind teil an unserer Ordnung.

Im Gasthaus

Essen im Gasthaus ist für Kinder durch *das lange Warten auf Speisen* natürlich anstrengend; deswegen wäre es ungerecht, sie wegen Unruhe und Nervosität zu schimpfen. Wir können sie aber auch nicht herumtoben lassen, als seien sie auf dem Spielplatz. Vielleicht geht man eine Weile nach draußen zum Austoben. Am besten bringen die Eltern für die Kleinen selbst Zeichen- und Spielmaterial mit. Ab 5½ Jahren, also kurz vor Schuleintritt, müssen sie das lange Warten aushalten können. Schließlich gehört Wartenkönnen auch zum Leben.

In der Kirche

Viele Eltern gehen heute *nicht mehr regelmäßig zum Gottesdienst,* auch wenn sie ihre Kinder christlich erziehen wollen. Sie sollten der Kinder wegen häufiger gehen (Familiengottesdienst, Kindergottesdienst), damit diese erfahren, *daß es eine wesentliche Welt der Stille gibt,* an der auch die Eltern, die sonst so betriebsam sind, teilnehmen. Sicherlich ist diese Stunde (bei Feiern 1½ Stunden) für kleine Kinder anstrengend, und sie werden unruhig.

> Bei der Taufe der kleinen Schwester spielten die Geschwister und die geladenen Kinder um den Altar herum Versteck, während die Taufgesellschaft um das Becken herumstand. Die Großmutter fand das „zu reizend"! Die Kinder sollen aber für die Feier ein Gespür bekommen, weswegen es freundlich verboten werden muß.

Ein Bonbon ist hier keinesfalls die richtige Hilfe, auch kein kleines Auto, mit dem das Kind in seiner Unruhe auf der Kirchenbank hin und her fährt. *Ein Bilderbuch mit religiösen Bildern,* ein Plüschtier oder die Puppe sind die richtigen Begleiter. Das Kind muß erfahren – auch wenn es sich langweilt –, daß in der Stille etwas Geheimnisvolles geschieht, ohne jede „action". Notfalls muß ein Elternteil kurz hinausgehen, damit das Kind seinen natürlichen Bewegungsdrang austoben kann, um dann wieder ruhig auf dem Schoß auszuharren. *Herumlaufen während des Gottesdienstes* (auch im Kindergottesdienst) sollte dem Kind liebevoll, aber nachdrücklich verboten werden. „Alle Menschen sitzen hier still – du willst doch kein Baby sein!" – wobei im Kindergottesdienst der Hinweis auf die anderen Kinder hilfreich sein kann. Selbstverständlich aber wäre ein Hinweis auf den lieben Gott, der dann böse oder traurig ist, Unsinn! Leider leiern viele Eltern mit den Kindern Abendgebete herunter, die für die Vorstellungswelt und das Wortverständnis der kleinen Kinder völlig fremd sind. *Deshalb findet es auch keinen Kontakt zu Gott.* Ein Kind sollte angeleitet werden, in eigenen Worten zu bitten und zu danken, wie es dem Erleben dieses Tages entspricht, z.B.: „Lieber Gott, ich danke dir für das schöne Badewetter; laß unsere Mieze wieder heimfinden. Mach doch die Oma bitte wieder gesund und laß uns jetzt alle ruhig schlafen."

Lügen und Klauen

Der liebe Gott ist nicht böse oder traurig, *wenn ein kleines Kind lügt,* aber man muß dem Kind helfen, immer ohne Furcht die Wahrheit sagen zu können, wenn es etwas angestellt hat. Eltern fühlen sich meistens schwer gekränkt, wenn sie angelogen werden. Ich konnte feststellen, daß Kinder, die lügen, meist kein Vertrauen zu ihren Eltern haben, weil sie zuviel und zu heftig geschimpft wurden, wenn sie etwas ausgefressen hatten. Das Kind muß das sichere Gefühl haben, daß es auch einmal etwas falsch machen kann, ohne in Grund und Boden verdonnert zu werden: z.B. eine Vase aus Unachtsamkeit zerschlagen – Blumen beim Ballspielen umknicken – eine Türscheibe einschlagen – einen Topf mit Suppe umschütten – und auch einmal ein Stück Kuchen oder Eis heimlich aus dem Kühlschrank nehmen. Meistens wissen Kinder selbst, daß ihr Verhalten falsch war, und müssen nicht extra geschimpft werden.

Es gibt auch Kinder, die sofort ein schlechtes Gewissen bekommen und Angst, wenn sie etwas angestellt haben, ohne daß die Eltern die erwähnten Erziehungsfehler gemacht haben. *Das sind zu brave und überängstliche Kinder,* die immer alles richtig machen wollen. Gerade diesen Kindern muß man Mut machen, Fehler machen zu dürfen, weil wir schließlich alle – auch die Erwachsenen – Fehler machen! Es gibt aber auch Kinder, die aufgrund ihrer blühenden Phantasie *„Lügenmärchen"* erzählen. Diese Kinder wissen gar nicht, daß sie die Unwahrheit sagen, so daß wir sie schwer verunsichern, wenn wir sie mit unserem Wahrheitsfanatismus Lügen strafen. Am besten beachtet man diese Phantasielügen gar nicht und sagt nur: „Aha!" oder „Ach so!" Diese Lügenmärchen hören nach einiger Zeit von selbst auf.

Man darf aber auch nicht aus Weichheit Fehler zu sehr verharmlosen, denn das Kind muß schließlich wissen, daß es etwas falsch gemacht hat. Häufig kann man *ohne vieles Schimpfen einfach traurig sein.* Das geht dem Kind zu Herzen und wirkt daher mehr als nervöses Schimpfen, wogegen sich das Kind instinktiv wehrt. Klaut ein Kind dagegen ein Stück Kuchen, so bekommt es eben keinen mehr, wenn die anderen in der Familie Kuchen essen. Am besten lernt das Kind immer aus den unmittelbaren Folgen seines Verhaltens:

> Ernst (5) hat aus meinem Handwerkskasten das Metermaß herausgenommen und fuchtelt damit herum, obgleich ich es ihm verbiete. Dabei bricht es ihm ab, woraufhin er mich entsetzt – auf Strafe oder Schimpfen wartend – ansieht. Ich aber nehme ihm ruhig den Stab aus der Hand und sage: „Nun können wir nicht mehr messen – das ist aber schade. Du hast wohl zu sehr damit herumgefuchtelt.“ Ich nehme den Stab fort. Er kann nicht mehr damit spielen. Das ist genug an Strafe, die er auch begreift.

Das rücksichtsvolle Kind mit fünf/sechs Jahren

Mit ca. fünf Jahren hat das Kind dann ein Gespür, einen natürlichen Instinkt, für allgemeine Rücksicht entwickelt:

> Trotz einer schweren Migräne spielt die Mutter auf dem Boden sitzend mit Erik (4,10), der sonst ein kleiner Egoist ist. Als er aber sieht, daß die Mutter sich immer wieder mit der Hand über die Stirn streicht und müde aussieht, sagt er spontan: „Du kannst ruhig wieder aufstehen, wenn du Schmerzen hast, du brauchst nicht mit mir weiterspielen!“ – Wenn das keine Rücksicht ist!

> Frau A. hat sich mit ihrem Mann zurückgezogen und hat nicht gemerkt, daß schon drei Stunden verstrichen sind. Sie kommt daher mit schlechtem Gewissen ins Kinderzimmer, wo ihre drei Kinder spielen, und sagt: „Was bin ich für eine Rabenmutter, daß ich euch ganz vergessen habe!“ Daraufhin erwidert ihr Fünfjähriger: „Du bist doch keine Rabenmutter. Wir wollten doch, daß du dich erholst!“ – Dieser Junge war noch bis vor einem Jahr unerträglich egoistisch und ließ die Mutter keine Minute allein. Man konnte nichts Vernünftiges mit der Mutter besprechen, weil der Junge immer mit Quengeln störte.

Das Kind weiß jetzt, daß auch andere Menschen Rechte haben, die beachtet werden müssen. Hierbei hat auch *der Kindergarten* wesentlich mitgeholfen, denn dort hat es gelernt, daß es nicht der einzige Mensch auf der Welt ist. Der Kindergarten hat ein „härteres“ Klima, das dem alltäglichen Leben eher entspricht. Es gibt viele Kinder, die sich dort rücksichtsvoller verhalten als zu Hause und auch sehr gerne hingehen, weil *die Welt dort kindgemäßer* ist. Diese Tatsache zeigt, daß das Kind mit seinen Altersgenossen besser umgehen kann als mit seinen Angehörigen, weil in der Familie vielleicht Geschwisterrivalität, der Wunsch nach Verwöhnung und die Probleme der Eltern eine irritierende Rolle spielen. Es verhält sich mit anderen Worten im Kindergarten selbständiger und „erwachsener".

Beim Eintritt in die Schule mit sechs Jahren sind die elementaren Rücksichten unserer Liste selbstverständliche Forderungen des Zusammenlebens geworden. Damit soll aber nicht gesagt sein, daß das Kind nun ein rücksichtsvoller Engel geworden ist. Es weiß aber wenigstens, daß andere Kinder und Menschen auch ihre Rechte haben, was häufig sehr lästig sein kann. Wenn aber zu besorgte Eltern ihrem Kind dieses Gefühl nicht beigebracht haben, *weil sie es vor einem zu harten Leben schützen wollen* – nach dem Motto: „Das spätere Leben ist noch hart genug für das Kind!" –, kann es sich in die neue Gemeinschaft der Schulklasse schwerer einfügen und sogar Schulangst und Lernschwierigkeiten bekommen.

Es gibt Eltern, die schon vor Schuleintritt vom Kind erwarten, daß es lesen und rechnen kann, und mit dem Kind üben. *Das aber ist rücksichtsloser Ehrgeiz* der Eltern und führt nur dazu, daß das Kind sich in der Schule langweilt und höchstens lernt, sich in der Schule nicht zu konzentrieren! Sicherlich gibt es Kinder, die vor Schulbeginn, meist angeregt durch ältere Geschwister, schon etwas lesen, rechnen und auch schreiben können. Das ist etwas anderes, wenn das Kind aus eigener Initiative und Lust mitmachte.

Die Rücksichten des Schulkindes (von sechs bis elf Jahren)

Wenn ein Kind die elementaren Rücksichten kennt, ist es aufgrund seiner zunehmenden Vitalität und seiner wachsenden seelischen Selbständigkeit *oft rücksichtsloser als in früheren Jahren.* Es kommt häufiger zu einem sogenannten „Machtkampf", denn die stärkere Vitalität zeigt sich in Lärmen, Unordnung und Ungehorsam. *Langes Stillsitzen in der Schule strengt Kinder an* und macht sie unruhig, so daß viele von ihnen sich zu Hause erst einmal austoben müssen; andere brauchen Ruhe und setzen sich still in eine Ecke zur Entspannung, andere wiederum sind mürrisch und muffig. Brigitte (10) geht nach der Schule immer sofort in den Hobbykeller und spielt dort Schule. Toben oder

stilles Sich-Entspannen, Muffigkeit oder Spielen muß man den Kindern zubilligen. Das ist Rücksicht seitens der Eltern.
Anders aber sollte man auf folgendes Verhalten reagieren!

> Axel (11) kommt mittags immer schlechter Laune aus der Schule und läßt seine Laune an der Mutter aus, indem er in miesem Ton fragt: „Na, was gibt es denn heute zu essen? ... Ach, wieder dieses Scheiß-Gulasch! Das mag ich nicht!" Die Mutter redet freundlich auf ihn ein, und er beruhigt sich allmählich. Nun ist aber dieses Jahr die kleine Schwester in die Schule gekommen, macht es dem großen Bruder nach und meckert die Mutter übellaunig an. Das wird der Mutter zu viel, und sie verbittet sich, daß beide Kinder ihre Laune an ihr auslassen. Sie müssen auch frühzeitig lernen, daß man seine schlechten Launen nicht an anderen auslassen kann.

Die Schultasche

Auch *die Unordnung beim Nachhausekommen* ist ein Zeichen des Sichfallenlassens nach der Schule: Schultaschen werden achtlos auf den Boden geworfen, daneben Anoraks und Schuhe. Leider bücken sich dann die meisten Mütter oder auch Omas und räumen die Sachen auf, weil sie Mitleid mit den „gestreßten" Kindern haben. Trotzdem kann man von den Kindern verlangen, ihre Sachen ordentlich aufzuhängen, so daß andere nicht darüber stolpern. Diese Rücksicht muß vom ersten Tag im Kindergarten an immer wieder gefordert werden, sonst lernen es die Kinder nie. *Schultaschen* sollten nicht von gewissenhaften Müttern abends aufgeräumt und kontrolliert werden, sondern von den Kindern selbst unter Aufsicht der Mutter. Die Schultasche ist so etwas wie „Privateigentum" des Kindes!

Die gemeinsamen Mahlzeiten

Beim Mittagessen kann es bei mehreren Kindern zu einem ohrenbetäubenden Durcheinanderreden kommen, das viele Mütter nervt. Auch das ist eine Reaktion auf das stundenlange Stillschweigen in der Schule, und man sollte nicht zu rasch seine Nerven verlieren. Gestern erzählte mir eine Mutter, daß ihre beiden Kinder (5 und 8) bei den Mahlzeiten gar nicht reden dürfen, *weil der Vater seine Ruhe haben will.* Das ist die alte autoritäre Erziehung, bei der nur Rücksicht auf das Familienoberhaupt genommen wird. Vielleicht sollte der Vater dann besser alleine essen! Echtes Familienleben ist das nicht mehr.

Manche Eltern meinen auch, daß das gemeinsame Mittag- und Abendessen die beste Gelegenheit sei, das Kind mit direkten Fragen, die Schule betreffend, zu überschütten. Viele Kinder wollen aber nicht mehr auf Fragen antworten und schalten daher auf stur. Andere Väter und Mütter benutzen die gemeinsamen Mahlzeiten, um Ermahnungen anzubringen. Nun sind sie es, die laufend reden und die Kinder nervös machen. Beide Seiten sollten *das gemeinsame Essen zur Entspannung benutzen,* weder zum Austoben, noch zum Ermahnen, also Rücksicht von beiden Seiten! Die beste Gelegenheit für Ermahnungen ist die Zeit unmittelbar vor dem Schlafen im Bett.

Tischmanieren

Tischsitten lassen bei vielen Kindern in diesem Alter noch sehr zu wünschen übrig, was Anlaß zu endlosen Ermahnungen geben kann. Dadurch wird die Atmosphäre am Eßtisch höchst ungemütlich, und die Kinder hören gar nicht mehr hin.

> Livia (8) hat sich auf den Pflaumenkuchen dick Schlagsahne getan, so daß sie an beiden Seiten herunterläuft. Das Kind hält den Kuchen mit beiden Händen und beißt hinein. Die Schlagsahne schmiert sich an die Hände und ins Gesicht. Die Großmutter nimmt ihr den Kuchen fort und schneidet ihn fein säuberlich in kleine Stücke und gibt ihn ihr unter den allgemein üblichen Ermahnungen zum Essen. Livia grinst nur ironisch; sie nimmt die alte Frau gar nicht ernst. Ich sitze daneben, beobachte sie und weiß, daß sie den Kuchen weiter „unmanierlich" essen wird, obgleich die Oma gesagt hatte: „Du ißt ja wie ein Schwein!" (Kinder sind dem primitiven, animalischen Leben noch näher, weswegen das Schimpfwort „Schwein" gar nicht ankommt.)

Vergangene Woche wurde mir erzählt, daß es Großmütter gab, die Kinder mit dem Löffel auf die Hände schlugen, wenn sie unmanierlich aßen. Das ist sicherlich nicht die richtige Art, Kindern gute Manieren beizubringen! Tischmanieren lernen die Kinder durch Nachahmen ihrer Eltern erst im Laufe von vielen Jahren. Noch 13-/14jährige können zu Hause unerträglich unmanierlich essen. Sind die Kinder aber bei Fremden eingeladen, sind die Eltern hinterher überrascht, wenn die guten Manieren ihrer Kinder gelobt werden, was vielen Eltern überaus wichtig ist. Sie meinen nämlich, daß man sie selbst nach den Tischmanieren ihrer Kinder beurteilt. Sie vergessen aber, daß der Charakter ihrer Kinder wesentlich wichtiger ist und daß ein streitsüchtiges, aggressives oder auch verdruckstes Kind bei Fremden heutzutage einen wesentlich schlechteren Eindruck macht.

Kinder haben meist noch kein Gefühl dafür, daß unmanierliches Essen unästhetisch ist und darum den Erwachsenen unter Umständen tatsächlich den Appetit verderben kann. Vielleicht ist das auch ein Grund dafür, daß manche Kinder aus Trotz absichtlich unmanierlich essen. Peter (6) dekoriert sein ganzes Essen um den Teller auf den Tisch. Er hat *Eltern, die alles Ästhetische sehr wichtig nehmen!* In der Erziehungsberatung kann man dagegen hören: „Mein Mann kann es nicht ertragen, wenn Peter schmatzt." – Oder: „Es macht mich verrückt, wenn Gila immer mit vollem Mund redet!" Man sollte aber nicht die gemeinsame Gemütlichkeit des Essens dadurch zerstören, daß man bei jedem Essen nervös und übellaunig Unmanierlichkeiten kritisiert. Kinder brauchen Harmonie beim gemeinsamen Essen, weil hier die Familie einmal geschlossen beisammen ist; diese Geschlossenheit gibt dem gemeinsamen Essen eine tiefere Bedeutung, die man sich im allgemeinen gar nicht klar macht. Aus diesem Grunde sollte auch *ein schlichtes Tischgebet* gesprochen werden: „Gott, hab Dank für Speis und Trank." Inhaltsreichere Gebete sind für kleine Kinder meist unverständlich. Kommt ein Kind später von der Schule nach Hause, sollte die Mutter das Kind möglichst nicht alleine essen lassen, sondern sich gemütlich dazusetzen.
Schlechte Manieren wie die folgenden sollten nicht tagtäglich und immer wieder gerügt werden:

> Aufgestützte Arme – reden mit vollem Mund – Suppe mit aufgestütztem Arm löffeln – schlürfen, schmatzen, rülpsen, blödeln, albern, gierig losessen, wenn die anderen noch nichts auf dem Teller haben ...

Es gibt aber doch schlechte Manieren, die man sofort und konsequent bremsen sollte, allerdings freundlich und möglichst mit Humor, denn sonst kann man den Kindern die vitale Freude am Essen nachhaltig verderben:

> Auf der Eßbank hin und her rutschen – sich auf oder unter die Eßbank legen – auf den Stuhl stellen – Füße auf den Tisch legen – Kerne auf den Tisch spucken – lachend das Essen auf den Tisch prusten – Speisen mit den Händen essen oder nachschieben – in der Nase bohren – aus Wut Essen über den Tisch schleudern – Spielsachen (kleine Autos) auf dem Eßtisch hin und her schieben – beim Essen lesen – ungefragt aufstehen, wenn andere noch essen – sich zuviel nehmen, so daß für andere nichts mehr übrig bleibt – mit verdreckten Händen zum Essen kommen – sich mit den Geschwistern prügeln ...

Allerdings müssen die Eltern peinlich genau darauf achten, daß auch sie selbst das oben Gesagte einhalten und etwa nicht mit vollem Mund reden.
Aber ebenso sind *Streitereien der Eltern untereinander am Eßtisch* schädlich und rücksichtsloser als die so viel kritisierten schlechten Manieren der Kinder, denn diese können die Konflikte der Eltern nicht verarbeiten. Passiert es aber, daß der achtjährige Peter im Gasthaus einen unmanierlich essenden Mann am Nebentisch entdeckt und empört sagt: „Sieh mal, wie der eklig ißt!", hat die Erziehung zum manierlichen Essen Wurzeln geschlagen!

Unpünktlichkeit

Dieses „neue" Problem ist eine ernsthafte Rücksichtslosigkeit, weil sich die Eltern Sorgen machen. Das gilt nicht nur für den Nachhauseweg von der Schule, sondern auch für das Heimkommen von Freunden. Es gibt zwar ein Telefon, aber viele Kinder „verspielen" die Zeit, auch wenn sie eine Armbanduhr haben. Kann nun ein Kind gar nicht lernen, pünktlich heimzukommen (eine Spanne von 30 Minuten muß gestattet sein), muß man dem Kind nach ca. fünfmaligem Zuspätkommen ohne viel Schimpfen den nächsten Besuch bei Freunden verbieten. Schließlich ruft auch der Vater zu Hause an, wenn er später kommt (ebenso die Mutter). Das muß das Kind allerdings als Vorbild erlebt haben!
Es soll ihm klargemacht werden, daß ein solches Verbot nicht ausgesprochen wird, weil man seinen Lebensschwung beschneiden will, weil es noch ein Kind ist oder weil Mutter überängstlich ist, sondern weil die Menschen auf diese Art und Weise miteinander leben. Unpünktliche Menschen, auf die man lange warten muß, sind für die Mitmenschen sehr unangenehm, vor allem *im späteren Berufsleben*.

Schlechte Schulnoten

Sie sind der Verführer Nr. 1 vieler Kinder zum *Lügen.* Ab der dritten Klasse können schon Unterschriften von den Kindern gefälscht werden, natürlich aus Angst vor Strafe oder auch vor der Enttäuschung der Eltern, die sich von ihrem Kind bessere Leistungen erhoffen. Die Eltern aber empfinden diese Unehrlichkeit als persönliche Kränkung. Gefälschte Unterschriften sind bei Kindern immer ein Alarmsignal: das Kind hat das Vertrauen zu den Eltern verloren.

Sicher müssen die Kinder auch erfahren, daß *Fälschen von Unterschriften gesetzlich verboten* ist. Aus diesem Grunde müssen sie auch bestraft werden, damit sie die allgemein gültige Ordnung lernen (Fernsehverbot – Partyverbot – Hausarrest zum Üben). In erster Linie aber sollten die Eltern traurig sein, da es sich um einen ernsten Vertrauensbruch handelt. Gleichzeitig aber muß das Kind Hilfen bekommen: Nachhilfe durch die Eltern oder einen geeigneten Lehrer, Einschalten eines Psychologen, denn vor dem Fälschen sind bereits Erziehungsfehler begangen worden, die den Eltern meist unbewußt sind und daher von einem Fachmann aufgedeckt werden müssen.

Den Eltern Geld stehlen

Es kann in diesem Alter auch vorkommen, daß Kinder aus der Geldbörse der Mutter oder aus der Brieftasche des Vaters Geld stehlen. Viele Eltern sind entsetzt und halten die Kinder für kriminell veranlagt. Manche Kinder kaufen sich von dem Geld Süßigkeiten und futtern Unmengen heimlich auf, andere wiederum verschenken diese an ihre Mitschüler, um sich beliebt zu machen.
Stehlen ist ein Alarmsignal, ein Anzeichen für innere Probleme, mit denen das Kind nicht fertig wird; es muß sich das Leben „versüßen", so wie der Erwachsene zur Zigarette oder zur Flasche greift. Erstaunlicherweise gibt es Eltern, die dieses Alarmsignal nicht ernst nehmen. Sicher muß das Kind wegen Stehlens bestraft werden, weil Menschen nicht zusammenleben können ohne *Achtung vor dem Eigentum des anderen.* Kleine Beträge können vom Taschengeld abgezogen werden – ein Eis kann verboten werden – auch Kino und Fernsehen. In erster Linie aber müssen die Eltern aufdecken, welche Probleme das Kind hat.

> Ein Achtjähriger bestahl jeden Morgen den Vater, wenn dieser ins Bad ging, indem er hemmungslos größere Scheine aus der Brieftasche nahm. Wir stellten ganz allmählich fest, daß der Vater sich lieber mit der Mutter alleine unterhielt und den Jungen ablehnte.

Meist wird derjenige Elternteil bestohlen, mit dem das Kind Probleme hat. Mütter werden bestohlen, weil die Kinder mit ihnen den meisten Kontakt haben und daher auch häufiger enttäuscht werden. Kinder, die stehlen, sind aber lebensstark, denn sie resignieren nicht, sondern holen sich aus dem Leben, was sie brauchen, wenn es auch nur eine Ersatzbefriedigung ist. Deswegen stehlen die Kinder auch immer weiter, bis man an den Kern ihrer Probleme gekommen ist. Es kann vorkommen, daß auch Kinder stehlen, die alles an Spielsachen bekommen, was sie sich wünschen; die Eltern haben aber weder Lust noch Zeit, selbst mit dem Kind zu spielen (z.B. Gesellschaftsspiele).

Danken und bitten

Zu den grundlegenden Rücksichten den Mitmenschen gegenüber gehört das Danken und Bitten – auch außerhalb der Familie. Wir antworten auf die freundliche Zuwendung des anderen Menschen, indem wir uns bedanken. Wir können aber diese Zuwendung weder fordern noch befehlen, weshalb wir bitten. Wir müssen in unseren Kindern das Gefühl für ein warmherziges, mitmenschliches Zusammenleben wekken, indem wir es ihnen *vorleben und nicht andressieren* in der bekannten Art: „Sag danke!“ oder: „Was sagt man?“

> Die sechsjährige Hanna, die Tochter der Bäuerin, in deren Gasthof ich zu Mittag esse, ist ein waches und sehr intelligentes Mädchen. Als ich die Mutter frage, wie sie ihr das Danken und Bitten beigebracht habe, erwidert diese stolz: „Das habe ich ihr von klein auf beigebracht, und das weiß sie nun!“ Als ich mich aber daraufhin dem Kind zuwende und es frage, warum man eigentlich bitte und danke sage, schüttelt es zweimal energisch den Kopf, obwohl es sonst nicht auf den Mund gefallen ist. Die Mutter gibt nun zu, daß sie ihm nie gesagt habe, warum das wichtig sei, und fühlt sich durch mein Fragen offensichtlich blamiert.

Sehr viele Kinder haben sich beim Danken und Bitten ein papageienhaftes Geplapper angewöhnt, aus dem man deutlich heraushört, *daß es gar nicht von Herzen kommt.* Sie gelten als brav, sind aber nur unecht angepaßt. Die Eltern dieser Kinder haben wohl selbst kein Gespür für diesen echten menschlichen Kontakt und meinen nur oberflächlich: „Das gehört sich doch so!“, „Man tut das!“ oder „Was denken sonst die Leute“. Erst kürzlich fragte mich eine Mutter ratlos: „Wie soll man es den Kindern denn sonst beibringen?“

> Ich treffe in meinem Ferienort die Enkelin meiner Wirtin beim Einkaufen. Ich kenn sie kaum, denn sie wohnt oben im Haus. Sie ist zehn Jahre alt. Weil es stark regnet, nehme ich das Kind im Auto mit nach Hause. Als es aussteigt, sagt es kein Wort des Dankes. Das Mädchen, dem ich noch fremd bin, ist offenbar sehr gehemmt. Wenige Minuten später aber ruft die Mutter vom Balkon herunter: „Vielen Dank fürs Mitnehmen!“

Diese Mutter hat ihrem Kind ein Beispiel gegeben und es nicht gezwungen, sich selbst bei mir zu bedanken. Andressiertes Danken und Bitten erinnert fatal an die frühere autoritäre Erziehung, in der man nur stumpf unter Druck gehorchte – man wurde ja sonst geschimpft und gestraft –, aber kein inneres Gespür für die Freundlichkeit des anderen Menschen entwickelte. Es gibt allerdings Kinder, die dieses Gespür von Natur aus haben.

> Kürzlich bedankten sich zwei Kinder von zehn und fünf Jahren nicht bei dem alten Nachbarn, als dieser ihnen Pralinen schenkte, weil „er sonst immer so gemein ist". – Diese Kinder hatten wohl ein Gespür für seinen Charakter und hielten ihn des Dankes nicht für wert.

Am besten aber lebt man den Kindern Danken und Bitten vor. „Gib mir bitte den Ball zurück!" Und dann: „Danke für den Ball!" – So kann man schon mit einem einjährigen Kind sprechen. Die meisten Eltern aber finden es süß, *wenn das Kind mit seinen kleinen Händchen „Bitte, bitte" machen muß:* „Was sagt man?" Wenn das keine Tierdressur ist!

Ab vier Jahren kann man einem Kind deutlich machen, warum es sich bedanken sollte.

> „Sieh mal, das war doch nett von der Frau, daß sie dir mit deinem Puppenwagen die Tür aufgehalten hat. Da kann man danke sagen."
> „Wenn dir Frau H. ein Glas Saft gibt, war das doch lieb von ihr, dann kann man danke sagen."
> „Wenn dir die Verkäuferin eine Scheibe Wurst gibt, ist das doch freundlich von ihr, da kann man sich auch bedanken, das freut sie!"
> „Wenn du so viele Micky-Maus-Hefte auf einmal geschenkt bekommst, würde ich mich bedanken, das ist doch nett."

Durch diese Hinweise bekommt das Kind ein Gespür für die freundliche Zuwendung des anderen Menschen, weil man *eine einleuchtende Erklärung* mitliefert.

Viele Eltern sagen aber selbst zu ihren Kindern zu wenig danke und bitte. Unbewußt halten sie die Dienstleistung der Kinder für selbstverständlich – in Erinnerung an ihre eigene autoritäre Erziehung, so daß sie es nicht für der Mühe wert halten, sich zu bedanken oder zu bitten. Es heißt dann häufig im *Befehlston:* „Hol Vater das Bier aus dem Keller!" – „Gib mir das Messer aus der Schublade!" – „Trag den Mülleimer runter!" – „Mach das Fenster zu!" usw.

Aber ebenso selten wie ein „Bitte" gesagt wird, sagen diese Eltern ein „Danke". Natürlich darf man auch nicht übertreiben und verkrampfte

Freundlichkeit ausstrahlen. *Schließlich kommt es auf den Ton an,* und man kann ebenso im Befehlston „bitte" sagen, wie man in liebevollem Ton, in dem schon das Bitten enthalten ist, von dem Kind etwas fordern kann.
Beim Bitten wird vom Mitmenschen etwas gefordert, was nicht unbedingt selbstverständlich ist. Auch das müssen wir den Kindern klarmachen. „Ich habe Durst! Ich will ein Glas Saft!" sagt eine Sechsjährige in jeder Stunde bei mir. Es ist ein Befehl! Mit so einem Befehl würde sie bei ihren Spielkameraden kaum ankommen. Zu diesem Kind sage ich: „Na, wenn du so unfreundlich ein Glas Saft haben willst, dann habe ich keine Lust, rauszugehen und dir den Saft zu holen. Du kannst ruhig bitte sagen!" *Das Kind lernt so, daß man Freundlichkeit nicht fordern kann.* Diese Erkenntnis ist für ein harmonisches Zusammenleben wichtig.

Man kann aber auch *Danken und Bitten übertreiben.* Es soll Kindergärten und Schulklassen geben, wo die Kinder fragen müssen: „Bitte, darf ich aufs Klo gehen?" Da klingt etwas von der alten autoritären Erziehung mit, die das Kind zum Untergebenen degradiert, der fragen und bitten muß, ob er seine natürlichen Bedürfnisse erledigen darf. Sicher kann ein Kind in einem Kindergarten oder in einer Schulklasse nicht einfach hinausrennen, aber die Frage „Kann ich aufs Klo gehen?" würde genügen.

Ebenso altmodisch autoritär klingt es, wenn Kinder am gemeinsamen Eßtisch fragen müssen: „Bitte, liebe Mutti, darf ich aufstehen?" Sicher soll das Kind fragen, ob es aufstehen kann, wenn andere noch essen; aber warum muß es bitten? Das Wort „bitte" ist hier viel zu demütig, denn es handelt sich nicht um eine besondere Freundlichkeit oder Rücksicht des anderen, die man erbitten muß. Schließlich ist das „Aufstehenwollen" ein selbstverständliches Bedürfnis des Kindes. Auf diese Art und Weise kann man dem Wort „bitte" seinen wesentlichen Sinn nehmen. Ähnliches erlebe ich auch in den Therapiestunden, in denen Kinder bei jeder unwichtigen Kleinigkeit beim Spielen „bitte" und „danke" sagen. Es klingt etwas wie Angst vor dem Erwachsenen in diesem unnatürlichen Bravsein durch, zumal Kinder nicht zu ihren Altersgenossen laufend „danke" und „bitte" sagen. Eltern und Erzieher müssen ein Gleichgewicht finden zwischen einem warmherzigen, lebensnahen Danken und Bitten und einem sturen und ängstlichen.
„Das sind aber wohlerzogene und brave Kinder!" heißt es manchmal schmeichelhaft für die Eltern. In Wahrheit aber sind es meist gehemmte und unsichere Kinder.

Gestern erzählte mir Frau L., daß sie für ihr Geschenk zur Firmung (ein goldenes Armband) von ihrem Patenkind kein Wort des Dankes bekommen habe und auch hinterher keinen Dankbrief. Das machte sie offensichtlich traurig.

Das ist *das leidige Thema des schriftlichen Danksagens* bei Geburtstags- und Weihnachtsgeschenken. Viele Kinder kassieren Geschenke einfach ab. Sie werden auch von den Eltern nicht zu Dankbriefen angehalten, weil es die Eltern Kraft kostet, dabei zu helfen. Großzügige Großeltern, Tanten und Onkels verzichten auf diese Briefe in Erinnerung an die Mühe des Schreibens aus ihrer eigenen Kindheit. Damit helfen sie dem Kind jedoch nicht, denn es geht auch hier darum, auf die Freundlichkeit und Herzlichkeit des anderen Menschen zu reagieren. Man kann es dem Kind deutlich machen, indem man sagt: „Weißt du, die Oma freut sich doch über einen Brief von dir. Du hast dich doch auch über das Buch von ihr gefreut!“ So wird eigene Freude mit Freudemachen beantwortet. Ärgerlich ist es natürlich, wenn das Kind antwortet: „Ach, das Buch war so doof. Ich hab mich ja gar nicht gefreut!“ Dann muß man allerdings tiefer in das Problem einsteigen und vielleicht sagen: „Das hat ja die Oma nicht wissen können. Sie hat dir aber doch Freude machen wollen.“ Vielleicht kann man auch auf eine eigene Erfahrung des Kindes hinweisen: „Du hast dich doch auch geärgert, daß deine Freundin nichts zu dem Bild gesagt hat, das du ihr aus den Ferien mitgebracht hast!“ Immer wieder müssen wir den Kindern die tieferen Zusammenhänge des mitmenschlichen Zusammenleben klar machen und *nicht einfach sagen: „Das gehört sich aber doch!“*, denn das ist unlebendig und kommt deshalb nicht an.

Sich entschuldigen

Auch bei diesem Problem handelt es sich um den rücksichtsvollen mitmenschlichen Kontakt. Man hat den anderen Menschen seelisch oder körperlich verletzt und muß nun sein Bedauern als *eine Art von Wiedergutmachung* zum Ausdruck bringen.
Meistens wird das Entschuldigen dem Kind nur beigebracht, wenn es ungezogen war. Es muß dann zu Kreuze kriechen und sich unterwerfen. Viel einsichtiger aber ist es für ein Kind, sich zu entschuldigen, wenn es den anderen körperlich verletzt hat, denn es ist deutlich sichtbar.

„Wenn du mich auf den Fuß trittst, kannst du dich ruhig entschuldigen!“

„Wenn du mich mit dem Roller anfährst, kannst du dich ruhig entschuldigen! Das tut mir weh!"
„Wenn du mir deinen Ball ins Gesicht wirfst, kannst du dich entschuldigen. Mir tut das Auge weh!"

Es gibt aber auch andere Arten, den Mitmenschen zu verletzen, bei denen das Kind lernen muß, sich zu entschuldigen:

„Wenn du mich stößt, so daß ich die Milch verschütte, kannst du dich wenigstens entschuldigen."
„Wenn du so spät kommst und ich hier sitze und mir Sorgen mache, kannst du wenigstens sagen, daß es dir leid tut!"
„Wenn ich mich totsuchen muß nach dem Hammer und du hast ihn verschlampt, dann kannst du dich wenigstens entschuldigen!"
„Wenn du mit deinen Freunden die wertvollen Blumentöpfe umgestoßen hast, kannst du dich wenigstens entschuldigen!"

Bei diesen Beispielen handelt es sich um alltägliche Rücksichtslosigkeiten anderen Menschen gegenüber. Während beim Danken und Bitten die Zuwendung des anderen angesprochen wird, *wird beim Entschuldigen ein eigener Fehler zugegeben.* Auch hier kommen wir um das gute Beispiel nicht herum, das dem Erwachsenen häufig schwerfällt, weil er *dem Kind gegenüber einen Fehler zugeben* muß. In Erinnerung an die eigene autoritäre Erziehung empfinden wir dieses „Zugebenmüssen" als eine Einbuße an Autorität dem Kind gegenüber. Das Kind aber hat wohl gemerkt, daß wir etwas falsch gemacht haben, und empfindet deshalb unser Nicht-Entschuldigen als „gemein".

„Es tut mir leid, daß ich vergessen habe, dir zu bestellen, daß dein Freund angerufen hat."
„Es tut mir leid, daß ich vergaß, dein Heft zu unterschreiben."
„Es tut mir leid, daß ich deine Fische falsch gefüttert habe, als du weg warst."
„Es tut mir leid, daß ich die Papierschnipsel wegwarf, die du behalten wolltest."
„Es tut mir leid, daß ich deine Spielsachen falsch eingeräumt habe."
„Es tut mir leid, daß ich dein Fahrrad aus Versehen umgestoßen habe."

Hier spürt das Kind deutlich die Achtung seiner persönlichen Interessen. Bei der alten autoritären Erziehung hieß es nur: „Nimm dich nicht so wichtig!" Dann aber ging man als Kind weinend aus dem Zimmer und fühlte sich nicht ernst genommen. Erwachsene entschuldigten sich damals selten. Man sollte aber *von den Kindern nicht bei jeder Kleinigkeit eine Entschuldigung fordern,* sondern nur bei ernsthafterem Fehlverhalten, weil es sonst auch hier zu einem unechten, überangepaßten Entschuldigen kommt, was das Kind selbst unsicher macht.

Grüßen

Ähnliches gilt für das Grüßen von Nachbarn, Handwerkern, Geschäftsleuten ...

> „Was soll ich nur machen? Edi grüßt nie die Handwerker bei uns im Haus. Ich habe ihm das schon x-mal gesagt. Das ist mir so peinlich, denn das gehört sich doch nicht“, klagt mir eine Mutter. Edi ist ein wacher Elfjähriger, der es einfach „blöd“ findet, einen Handwerker zu grüßen, den er gar nicht kennt. Er interessiert sich nicht dafür, daß gerade im Bad ein neues Waschbecken angebracht wird.

Hier muß man dem Kind den Sinn des Grüßens klarmachen:

> „Weißt du, Edi, der Mann arbeitet doch für uns, und wenn du ihm keinen freundlichen Gruß sagst, meint er, du fühlst dich als etwas Besseres. Er hält dich dann für hochmütig!“ (Es handelte sich um eine Arztfamilie.)

Auf diese Art kann man Kindern den mitmenschlichen Sinn des Grüßens erklären: *„Die denken dann, du magst sie nicht!“* Das gilt für die Nachbarn, Geschäftsleute und die Hausmeister. Diese Erklärung entspricht der Wahrheit, denn viele Menschen fühlen sich durch das gleichgültige Verhalten der Kinder gekränkt.

> Ilse (6) kommt seit einem Jahr zu mir in Behandlung. Sie gibt mir aber nie die Hand, sondern geht an mir vorbei schnurstracks ins Spielzimmer. Als ich kürzlich zu ihr sagte: „Warum gibst du mir eigentlich nie die Hand?“ (die Mutter hatte es gerade getan), reagierte sie gar nicht. Ich überlegte nun: „Wie kann ich diesem Kind deutlich machen, daß man seinen Bekannten die Hand gibt?“ Da fiel mir folgendes ein: „Weißt du eigentlich, warum man die Hand gibt? Früher zogen die Männer mit der rechten Hand das Schwert. Um aber dem anderen zu zeigen, daß man ihn mochte und nicht als Feind ansah, gab man sich die rechte Hand, in der dann kein Schwert war!“ Seitdem gibt sie mir die Hand, wenn ich die meinige hinhalte.

Man muß sich also etwas einfallen lassen, das der lebendigen Phantasie und dem Gefühlsleben eines Kindes entspricht. Der bekannte Satz: *„Gib das schöne Händchen!“* ist Dressur und bei Kindern unter sieben Jahren unwichtig. Die Begründung „Man tut das nicht!“ oder „Man tut das aber!“ ist für das Gefühlsleben unserer Kinder zu unanschaulich und unlebendig und kann daher innerlich nicht nachempfunden werden. Kinder müssen durch uns erfahren, daß es sich um eine Hinwendung zu den Mitmenschen handelt, mit denen wir zusammen leben.

Kürzlich öffnete Kai (5) bei mir verschiedene Zimmertüren, weil es ihn interessierte, was in den übrigen Zimmern alles zu finden ist. „Man ist nicht so neugierig!“ kritisierte ihn daraufhin die Mutter. Es wäre aber besser gewesen und hätte dem Jungen mehr eingeleuchtet, wenn sie gesagt hätte: „Du, es gibt Menschen, die es gar nicht gern haben, wenn man in ihre Zimmer hineinschnüffelt. Frag mal zuerst die Frau H., ob sie das mag!“

Petra (5) reißt bei mir aus allen Mickey-Maus-Heften sämtliche Stikker raus, woraufhin die Mutter sagt: „Man ist nicht so gierig!“ Warum soll man nicht so gierig sein? Das muß man dem Kind begründen, indem man vielleicht sagt: „Du mußt auch noch etwas für die anderen Kinder übriglassen, die zu Frau H. kommen, denn die wollen vielleicht auch Sticker haben.“

Höflichkeit?

Bei dieser Art von Erziehung spüren Kinder den tieferen Sinn der Rücksicht und lernen es, den anderen Menschen zu verstehen, was für ein harmonisches Miteinanderleben notwendig ist. Auf ähnliche Art und Weise kann man Kindern auch beibringen, *warum man sich bükken soll,* wenn einem Erwachsenen etwas hinfällt. In der Zeit der autoritären Erziehung mußte man sich bücken, um dadurch Respekt und Ehrfurcht vor dem Erwachsenen zum Ausdruck zu bringen, also aus Unterwürfigkeit! Heute kann man ganz einfach sagen: „Bück dich doch, wenn Frau X. etwas hinfällt, denn du bist kleiner und brauchst nicht so lange, bis du unten bist. Frau X. macht das mehr Mühe!“
Ähnlich kann man einem Kind auch klarmachen, warum es im Bus oder *in der Bahn seinen Platz freimachen* soll: „Du hast mehr Kraft zum Stehen als die alte Frau, weil du noch viel jünger bist!“ Also kein autoritärer Befehl, sondern eine dem Kind einleuchtende Erklärung, die zum mitmenschlichen Verstehen und zur Rücksicht hinführt.

Der Geldbeutel der Eltern – Ansprüche der Kinder

Eine Rücksicht, die wir keinesfalls vergessen dürfen, ist die auf den Geldbeutel der Eltern.

Frau D. klagt, daß ihre zwei Kinder im Alter von fünf und zehn Jahren beim Basteln sinnlos viel Tesafilm, Klebstoff und Buntpapier verbrauchen und sie diese Verschwendung nur dadurch bremsen kann, indem sie den Kindern eine Woche lang kein Bastelmaterial mehr kauft. Sie meint, daß die Kinder eine gewisse Sorgfalt eigentlich schon im Kindergarten hätten lernen müssen, aber dort hatten sie „Massen“ zur freien Verfügung, und die Kindergärtnerin bremste nicht.

Robert (11,10) ist nur schwer davon zu überzeugen, daß er Schulbücher und Hefte in Folie einbinden soll, die nur DM 2,50 pro Rolle kostet. Er will für jedes Buch und jedes Heft einen fertigen Umschlag kaufen, der aber je DM 2,00 kostet. Bisher hatte die Mutter ihm das Einbinden der Bücher und Hefte noch nicht beigebracht. Sie klagt aber über seine materiellen Ansprüche!

Man kann immer wieder feststellen, daß viele Eltern auf keinem Gebiet so nachgiebig sind wie auf dem finanziellen. Sicher bringt es einem selbst Freude, wenn man den Kindern etwas schenken kann, was sie glücklich macht. *Viele Eltern erkaufen sich die Liebe ihrer Kinder,* weil es viel bequemer ist, ihnen etwas zu schenken, als auf ihre einzelnen Probleme einzugehen. So erzählte mir kürzlich eine heute 35jährige Ärztin, die wegen Ängsten als Kind bei mir in Behandlung war, ihre Mutter habe ihr immer nur Süßigkeiten gekauft, wenn sie mit ihren Kinderproblemen zu ihr kam. „Da gibt es erst einmal ein Stück Schokolade!“ sagte die Mutter nur. Die Tochter fühlte sich nicht ernst genommen und leidet noch heute unter der Erinnerung an diese Nichtbeachtung. *Viele Eltern wollen ihre Ruhe haben,* wenn die Kinder um eine Sache betteln oder jammern, und geben aus Bequemlichkeit nach.

Karli (6) ist bei mir seit kurzem in Behandlung. Er will ausprobieren, wie weit er bei mir gehen kann, und bittet mich nach zehn Minuten um etwas zum Schlecken. Ich gebe ihm einen Kaugummi. Nach weiteren zehn Minuten meint er, daß er auch noch etwas zum Schlecken haben könne, wenn er beim Spielen zwei Punkte besser sei als ich. Ich biete ihm daher ein Gummibärchen an, das er zum Kaugummi in den Mund steckt. Als er wieder zwei Punkte besser ist, fordert er ein weiteres Gummibärchen. Er hat also jetzt zwei Gummibärchen und einen Kaugummi im Mund. Beim Fortgehen bittet er um einen „Reiseproviant“; ich gebe ihm eine Gummischlange und sage ihm dabei, die solle er sich jetzt um den Hals binden für die lange Fahrt. Er muß aber noch auf die Toilette gehen, und als er rauskommt, hat er die Schlange fast aufgegessen und fordert eine neue. Da mache ich Schluß und erkläre ihm, daß es nun genug sei und daß er durch zuviel Süßigkeiten Bauchweh bekäme. (Die richtige Erklärung, daß Süßigkeitenkonsum schädlich ist, weil der Zucker die Vitamine im Körper verbraucht, hätte er nicht verstanden.)

Geschenke

Durch zu viele Süßigkeiten und Geschenke *züchten Eltern ein Anspruchsdenken in den Kindern.* Geburtstag, Namenstag, Weihnachten sind Anlässe genug, so daß man nicht noch außer der Zeit etwas Größeres schenken muß. Geschenke zum Nikolaustag sollten im Schuh des Kindes Platz haben! Viel Überfluß findet sich häufig auch *in den Schultüten der Kinder.* Man muß dabei auch an die minderbemittelten Kinder der Klasse denken, zumal die Neuanschaffungen für den Schulanfang mindestens DM 200,- ausmachen.
Kinder werden *von den Eltern zur Maßlosigkeit erzogen.* Viele Kinder sind sogar von sich aus bescheiden. Die Eltern aber lieben das Verwöhnen ihrer Kinder und verwöhnen damit indirekt sich selbst. *Es ist später schwer, die Ansprüche der Kinder wieder zurückzuschrauben.*
Auch zur Erstkommunion, Firmung und Konfirmation werden üppige Geschenke gemacht, die überhaupt nichts mehr mit dem Wesen des Festes zu tun haben: Fußball, Tennisschläger, Tennistasche, Plattenspieler, Cassettenrecorder, Fahrrad und neuerdings auch Computer. Ein Ring, eine Kette oder ein Armband (mit eingraviertem Datum) wären passender als Erinnerung an den Festtag. Es ist aber eine gute Sitte, wenn die Kinder von dem geschenkten Geld etwas für arme Kinder spenden.

Verzichten können

Wir müssen uns darüber im klaren sein, daß wir unsere Kinder und Enkelkinder *für eine Zukunft erziehen,* von der wir überhaupt nichts wissen. Wir wissen nicht, ob wir ihnen in den nächsten Jahren noch alles kaufen können, was sie sich wünschen, oder ob unsere Kinder selbst einmal in der Lage sein werden, sich alles zu kaufen, was sie haben möchten. Es gibt Eltern, die gerade aus diesem Grund meinen, ihre Kinder heute verwöhnen zu müssen, denn „man weiß ja nicht, was später noch alles auf sie zukommt". Man gewinnt häufig den Eindruck, als könnten Eltern den Kindern nichts versagen, weil sie dabei an ihre eigene bescheidene Kindheit zurückdenken. Sie erfüllen sich in ihren Kindern ihre *eigenen Kindheitswünsche:* „Ich habe mir immer eine elektrische Eisenbahn gewünscht!" – „Ich wollte immer ein Fahrrad mit mehreren Gängen!" – „Ich mußte ewig die abgetragenen Kleider meiner älteren Schwester auftragen!" – „Wir mußten ständig nur sparen, das war so schrecklich!“ Sicherlich ist es schwer, Grenzen zu setzen, wenn man aber seine Kinder liebhat, muß man ihnen *das Verzichtenkönnen früh beibringen,* weil das Verzichten in unserer Konsumwelt nur sehr schwer zu lernen ist. Viele Kinder müssen immer etwas „haben“, wenn sie mit der Mutter in die Stadt zum Einkaufen gehen. Sie sind überwältigt vom Angebot. Sie kommen dann in *eine Art „Konsumrausch“,* den man bremsen muß.

Benjamin (10) reitet leidenschaftlich gern und hat auch schon die Schule geschwänzt, um den ganzen Tag im Tierpark zu reiten. Aus diesem Grunde fahre ich mit ihm aufs Land zu Bekannten, wo er reiten darf. Er bekommt auch ein Stück Torte und Limo und ist rundherum zufrieden, so daß er zu mir sagt: „Wenn ich mal wieder schwänze, können Sie mich hier suchen!“ Trotzdem will er auf der Rückfahrt von mir ein Eis. Von Herzen gern hätte ich ihm ein Eis gekauft, weil es mich freut, den Jungen glücklich zu machen. Trotzdem aber sage ich: „Na, weißt du, jetzt hast du so viel Freude gehabt, da ist das Eis nicht mehr nötig. Diese Freude spar dir mal für einen öden Tag auf!“ Das sah er ein und schwieg, denn er kennt mich und weiß, daß ich bei meinem „Nein“ bleibe, auch wenn ich ein Kind gernhabe.

Sehr viel problematischer ist der folgende Fall:
Karin (6) kommt im Herbst in die Schule. Die Mutter kauft mit ihr zusammen einen Schulranzen. Die Freundin Lisi aus dem Kindergarten hat schon einen ganz tollen. Lisi hat immer das Beste, weil ihre Eltern damit protzen, was sie ihrem einzigen Kind alles kaufen können. Nun möchte Karin verständlicherweise nicht zurückstehen und will haargenau den gleichen Ranzen haben wie Lisi, der aber sehr teuer ist. Als die Mutter nun den billigeren kauft, gibt es Tränen, und Karin erklärt bockig, sie werde nicht in die Schule gehen.

Diese Mutter kommt nicht darum herum, ihrem Kind deutlich klarzumachen, daß sie nicht so viel Geld haben wie Lisis Eltern. „Ihr seid zwei Kinder, und der Ranzen ist für uns zu teuer. Und ich arbeite ohnehin mit, damit das Geld reicht!“ Es gibt viele Kinder, die das ohne weiteres einsehen. Bei den sechs Kindern meiner Putzfrau gab es nie Schwierigkeiten, obgleich die Familie in einer teuren Wohngegend lebte. Diese Kinder akzeptieren den sozialen Unterschied als selbstverständlich. *Kinder müssen begreifen lernen, daß es reiche, weniger reiche und arme Familien gibt* und daß sie vielleicht zu den weniger reichen gehören. Leider fühlen sich manche Eltern ihren Kindern gegenüber schuldig, wenn diese in der Klassengemeinschaft nicht mithalten können, und treiben sich gegenseitig hoch. Das bezieht sich auch auf die Geschenke, die sich Kinder gegenseitig zum Geburtstag machen.

Wohlhabende Eltern sollten hier als erste taktvoll zurückstecken und sich nicht gegenseitig zu übertrumpfen versuchen.

Als ich Klaus (7) wegen Lebensangst in Behandlung bekomme, habe ich schon durch andere von ihm gehört, daß er jeden Monat eine neue tolle Uhr hat und damit schrecklich angibt. Seine Klassenkameraden mögen ihn wegen dieser Protzerei nicht. Seine Eltern aber meinten es nur gut und gaben jedem Wunsch ihres einzigen Kindes nach.

Man kann das Problem auch dadurch entschärfen, daß man seinem Kind deutlich macht, was in der eigenen Familie besser ist als in der Familie der reichen Freunde:

„Dafür haben wir uns alle sehr lieb. Du weißt doch, daß Lisis Vater nicht immer heimkommt."
„Dafür spielen wir immer miteinander. Du weißt doch, daß Lisis Mutter nie mit ihr spielt."
„Dafür haben wir den großen Garten und einen Hund."

Man kann immer etwas finden, was in der eigenen Familie besser ist. Es kommt darauf an, daß wir unseren Kindern klarmachen, *daß es Dinge gibt, die glücklich machen und die man nicht mit Geld aufwiegen kann.* Leider weiß ich aus meinen Behandlungsstunden, daß es vielen Kindern hauptsächlich darauf ankommt, später viel Geld zu verdienen. Für ideelle Werte haben die meisten noch kein Gespür.
Ich weiß aber auch, daß manche Eltern darunter leiden, daß sie ihren Kindern nicht alle materiellen Wünsche erfüllen können. Die tolle Armbanduhr des Banknachbarn, das BMX-Rad des Freundes oder die schicken Kleider der Klassenkameraden sind doch zu verlockend. Man darf aber nicht nachgeben, denn *schließlich gibt uns das spätere Leben auch nicht alles,* was wir uns wünschen. Auf den Satz: „Alle in meiner Klasse haben so eine Uhr!" sollte man keinesfalls hereinfallen, denn das stimmt nicht. Ich kenne Kinder, die z.B. unbedingt mehrmals aufs Oktoberfest gehen müssen: zuerst mit der Familie, dann mit Oma und Opa, dann mit dem Patenonkel und zuletzt mit den Klassenkameraden. *Als Begründung heißt es dann: „So ein Fest gibt es doch nur einmal!"* Kluge Eltern sagen ihren Kindern vor dem Besuch des Jahrmarktes, was ausgegeben werden darf; die Kinder können dann frei wählen und lernen gleichzeitig mit dem Geld umzugehen.

Sebastian (5) ist mit mir auf dem Spielplatz im Tierpark. Er ist schon dreimal für je DM 1,- mit dem Elektroauto gefahren. Als er das vierte Mal fahren will, erkläre ich ihm, daß er nun wählen muß zwischen

Autofahren und Karussell. Er wählt, ohne lange zu überlegen, ein viertes Mal das Autofahren, will aber trotzdem noch Karussellfahren und hängt sich an das anfahrende Karussell an, um diese Fahrt zu ertrotzen. Leider muß ich ihn nun energisch fortziehen.

Man kann sich zur Faustregel machen: Es ist besser, *erst einmal „nein" zu sagen, als sofort nachzugeben.* Den brennenden Wunsch eines Kindes (Kinogehen, Computerspiel, Legosteine, Barbiepuppe, Fahrrad) kann man meistens noch in den nächsten Tagen erfüllen, wenn man meint, daß man doch zu hart war. Aber rückgängig machen kann man die Zusage nicht, denn dann wird man mit dem bekannten Satz erpreßt: *„Aber du hast doch ja gesagt ..."* Man kann jedoch sehr gut am nächsten Tag sagen: „Ich habe es mir überlegt, das Fahrrad kannst du bekommen, denn dein kleiner Bruder kann dein altes nehmen, aber das Rad wird dir auf die Geburtstagsgeschenke angerechnet." Oder: „Der Film soll gut sein. Ich habe mich erkundigt. Du kannst heute nachmittag ins Kino gehen." – „Deine Federmappe ist wirklich sehr alt, wir kaufen eine neue." – „Für die kommenden Ferientage kannst du das neue Buch zum Lesen bekommen."

Die meisten Eltern kaufen ihren Kindern alles Mögliche ohne einen wichtigen Anlaß. *Kinder bekommen heute unterm Jahr ganz selbstverständlich großartige Geschenke,* die man früher nur zum Geburtstag oder zu Weihnachten bekam. Das gilt aber nicht für Kleidung, wenn sie notwendig ist. Sicherlich kann man ein Paar Ski im November schenken, wenn das Kind mit der Schule Ende November ins Skilager geht; diese sollten aber auf die Weihnachtsgeschenke angerechnet werden. Dasselbe gilt z.B. für ein Schlauchboot , wenn die Familie im Juli in Urlaub fährt, das Kind aber erst im August Geburtstag hat. Dann wird das Schlauchboot auf die Geburtstagsgeschenke angerechnet. Mit dieser Methode wird verhindert, daß das Kind Geschenke der Eltern als etwas Selbstverständliches konsumiert – nach dem Motto: *„Eltern sind zum Zahlen da."* Auch Kleidung, die notwendig ist und unterm Jahr gekauft werden muß, kann man auf die Geburtstags- und Weihnachtsgeschenke anrechnen, wenn sie das normale Maß übersteigen. Letzte Woche sagte mir eine Mutter: „Markus wünscht sich sehr teure und sehr schicke Stiefel, die weit über DM 100,- kosten. Die muß er sich zu Weihnachten wünschen." Eine andere Mutter sagte zu ihrer zehnjährigen Tochter: *„Der alte Skianzug genügt noch, aber wenn du einen neuen haben willst, wünsche ihn dir zu Weihnachten."* Anders aber liegt folgender Fall:

Beate (10) hat dieses Jahr Schwimmunterricht in der Schule. Ein Bikini ist nicht erlaubt, weil die Buben in der Klasse die Hosen runterziehen! Nun muß Beate einen durchgehenden Badeanzug gekauft bekommen, der aber natürlich nicht angerechnet wird, denn der ist notwendig!

Es ist nicht notwendig, daß Väter von jeder Geschäftsreise etwas mitbringen, ebensowenig Großeltern und Tanten, die zu Besuch kommen.

> Ich besuche eine befreundete Familie draußen auf dem Lande. Beiden Kindern habe ich Süßigkeiten mitgebracht, die sie sofort aufessen. Nach einer Stunde haben sie es anscheinend wieder vergessen, denn Pit kommt und fragt: „Hast du mir was mitgebracht?" Er ist verblüfft, als ich ihm sage, daß er die Schokolade ja schon aufgegessen hat, die ich mitbrachte.

Von der Nichtachtung des elterlichen Geldbeutels kommt es wohl auch, daß viele Kinder mit ihren Sachen verblüffend nachlässig umgehen (neues Fahrrad unabgeschlossen stehenlassen; neue Turnschuhe in der Schule vergessen; neue Uhr in der Schwimmhalle liegenlassen; teure Handschuhe verlieren; Mütze im Schnee vergraben ...).

Geschenke der Kinder

Es gibt heute leider *viele Kinder, die ihren Eltern und Großeltern nichts zu Weihnachten und zum Geburtstag schenken.* Die Eltern erwarten es nicht und regen daher die Kinder auch nicht dazu an. Die Kinder werden in ihrem Egoismus bestärkt, anstatt daß sie zu liebevollen Geschenken angeleitet werden. Gestern sagte ich zu Alexander (11,9): „In vier Wochen ist Weihnachten, laß dir etwas einfallen, denn letztes Jahr hast du erst in letzter Minute ein Geschenk zusammengebastelt." *Man muß den Kindern helfen, sinnvolle Geschenke zu machen.*

> Philipp (9) hat in der Schule Bubenstrickunterricht. Er strickt eifrig zu Hause für die Mutter zum Geburtstag ein Stirnband, das sie beim Tennisspielen tragen kann.

Ich kenne auch eine Mutter, die ihrerseits ihrem Sohn (12) nichts zum Geburtstag schenkte, nachdem dieser den ihrigen mehrmals vergessen hatte. Allerdings schränkte sie diese harte Maßnahme ein und gab ihm die Geschenke am nächsten Tag mit den Worten: „Ich wollte dir nur einmal zeigen, wie weh es tut, *wenn der Geburtstag vergessen wird!"*

Heute telefonierte Frau G. mit mir. Sie hatte gestern Geburtstag und bekam nichts von ihrem zehnjährigen Sohn. Den ganzen Tag wartete sie, ob er nicht doch noch etwas bringen würde. Der kleine Bruder dagegen hatte ihr ein Bild gemalt. Nun besprach sie mit mir, ob sie ihm zum Nikolaustag, der in vierzehn Tagen ist, nichts in den Schuh tun und einen Brief dazu schreiben sollte, der Nikolaus sei traurig wegen der Sache mit dem Geburtstag. Natürlich weiß der Junge längst, daß es keinen Nikolaus gibt, erwartet aber trotzdem ganz selbstverständlich etwas an diesem Tag. Als wir uns länger über dieses Problem unterhalten, stellt sich heraus, daß der Junge anscheinend etwas hilflos war und ihm nichts einfiel, denn das Bild, das er für die Mutter gezeichnet hatte, zerriß er, weil es ihm nicht gelungen war. Viele Kinder brauchen in diesem Alter eine Anleitung, indem die Eltern schon einige Tage vor dem Geburtstag Wünsche äußern und die Ausführung mit den Kindern besprechen. Das war aber in diesem Fall versäumt worden, weswegen er nun doch etwas vom Nikolaus bekommt.

Albert (11) hängt sehr an seinem Taschengeld. Das weiß die Mutter und wünscht sich von ihm nur eine Schlüsseltasche, die er in jedem Warenhaus kaufen kann. Am Tag vor dem Geburtstag hat er aber trotz des Hinweises noch nichts gekauft; da schickt ihn der Vater fort, die Schlüsseltasche nun endlich zu kaufen. Er kommt mit dem Geschenk zurück und meint: „Ich habe die billigste gekauft!" Hätte der Vater nicht darauf gedrungen, hätte sich der Junge gedrückt – aus Geiz! Es gibt Kinder, denen man die Freude am Schenken beibringen muß.

Setzen wir unseren Kindern nicht frühzeitig *natürliche Grenzen für Egoismus und Herzlosigkeit,* dann entwickeln sie sich zu Schmarotzern.

Bob (18) bekommt von den Eltern das Geld für den Führerschein, das sich seine Klassenkameraden durch Arbeiten selbst verdienen. Er soll auch von den Großeltern ein Auto geschenkt bekommen, wenn er das Abitur hat. Als ich ihn frage, wer denn den Unterhalt des Autos zahlen würde, meint er (wörtlich!): „Das müssen die schon zahlen, wenn sie mir ein Auto schenken!"

Veronika (14) möchte mit ihrer Gruppe ins Skilager fahren, da aber der Vater zur Zeit arbeitslos ist, muß die Familie sehr sparen, weswegen die Mutter ihr sagt, daß dieses Jahr kein Geld für das Skilaufen übrig ist. Veronika ist der Liebling des Vaters, der ihr bisher jeden Wunsch von den Augen ablas. Sie sagt patzig: „Kann ich etwas dafür, wenn mein Vater arbeitslos ist!"

Die Eltern von Andreas (12) leben in Scheidung. Als er mir seine Weihnachtswünsche aufzählt, merkt man deutlich, daß er bei beiden

Eltern kräftig absahnen will und unverschämt seinen Vorteil aus der mißlichen Lage ziehen will. Walkman und Cassettenrecorder stehen auf dem Wunschzettel, und er bekommt beides, weil beide Eltern sich die Gunst des Jungen erkaufen wollen. – Diese falsche Haltung kann man häufiger bei Eltern finden, die in Scheidung leben. Sie müssen sich wohl oder übel in bezug auf die Geschenke miteinander absprechen.

Anders aber verhalten sich Jochen und Fred:
Jochen (16) lebt mit seiner Mutter alleine, denn seine Eltern sind geschieden. Ein neuer Fernsehapparat muß gekauft werden, weil der alte kein klares Bild mehr bringt. Nach einigem Suchen findet Jochen einen gebrauchten für DM 300,-. Die Mutter gibt schweren Herzens nach, denn sie ist zur Zeit sehr knapp bei Kasse. Da kommt Jochen und steckt ihr DM 100,- zu, die er sich beim Zeitungsaustragen verdient hat. Die Mutter mußte zu ihrem Leidwesen den Jungen immer knapp mit Geld halten, weil sie als Alleinerziehende nicht genug hatte.

Fred (9) hört bei den Mahlzeiten immer wieder, wie der Vater darüber klagt, daß heute alles so viel kostet und es so schwer ist, eine Familie zu ernähren. Als die Mutter nun seinen Weihnachtswunschzettel haben will, meint er, er würde sich dieses Jahr nichts wünschen, weil der Vater doch nicht so viel Geld habe (Arzthaushalt).

Das Taschengeld (Liste)

Bob und Andreas hatten nie *Taschengeld* bekommen. „Er bekommt doch alles, was er braucht!“ sagen viele Mütter und Väter, wenn man sie nach dem Taschengeld fragt. Bei dieser Art der Erziehung bekommen die Kinder kein Verhältnis zum Geld, und die Eltern halten die Kinder in unnatürlicher Abhängigkeit – was manche auch unbewußt wollen! Wie aber kann ein Kind erfahren, welchen Wert das Geld hat, wenn es immer wieder ohne weiteres Geld zum Kaufen seiner verschiedenen Wünsche bekommt?
Es gibt aufgrund verschiedener Umfragen Listen, nach denen sich Eltern richten können, wenn sie ihren Kindern Taschengeld geben. Zur Zeit sehen die „Kurse“ etwa so aus:

Im vorschulischen Alter ab und zu	-,50 DM
6- und 7jährige wöchentlich	3,- DM
8- und 9jährige wöchentlich	4,- DM
10- und 11jährige monatlich	20,- DM
12- und 13jährige monatlich	30,- DM

Selbstverständlich dient diese Liste nur zur Anregung. Wichtig ist, daß das Kind dieses Geld zur freien Verfügung hat und nicht etwa Hefte, Bleistifte, Pausenbrot und Fahrkarte davon bezahlen muß. Das Kind soll das Geld für seine ganz persönliche Freude verwenden dürfen und spüren, wie weit es damit kommt (Süßigkeiten, Mickey-Maus-Hefte, kleine Autos, Puppen u.ä.). Dieses freie Verfügen über Geld trägt wesentlich zur Reifung und Selbstfindung bei. Sollte aber das Kind Bleistifte, Hefte, Radiergummi u.ä. laufend verschlampen, könnte man ruhig einmal Verlorenes vom Taschengeld kaufen lassen, damit das Kind den materiellen Wert der verschlampten Sachen begreift. Das Taschengeld gehört auch nicht in die Sparbüchse, denn den Wert des Geldes kann man nur durch Ausgeben lernen! Allerdings gibt es Kinder, die von sich aus das Geld in die Sparbüchse tun, um auf einen wichtigen Wunsch hin zu sparen. *In die Sparbüchse* gehört das Geld, das man von Oma, Opa, Tanten und Onkeln bekommt. Von diesem Geld sollten kleine Geschenke zu Weihnachten und Geburtstagen gekauft werden, wobei aber betont werden muß, daß *selbstgebastelte Geschenke* einen größeren Wert haben als eine vom eigenen Geld gekaufte Zigarre für den Vater oder ein kleines Parfum für die Mutter.

Fritz (11) bekommt DM 15,- Taschengeld im Monat. Die Mutter hat Mitte des Monats Geburtstag, und das Taschengeld ist schon verbraucht. Fritz leiht sich vom Vater DM 20,- und kauft für die Mutter üppig ein. Jetzt sitzt er aber auf 20,- DM Schulden, die er nach und nach abstottern muß. Er meint: „Ich habe mein Geld schlecht rationiert."

Ivan (10) bekommt DM 20,- Taschengeld im Monat. Er hat ein besonderes Hobby – nämlich Pflanzen. Er legt sein Geld in Tulpenzwiebeln u.ä. an und läßt sich Kataloge aus Holland schicken. Er sparte ein Jahr lang für einen wertvollen Stein, den er sich für DM 79,- auf der Mineralienausstellung kauft. Seine alten Spielsachen verkauft er mit kaufmännischem Geschick auf dem Flohmarkt.

Daisy (10) bekommt im Monat DM 10,-, wovon die Großmutter DM 5,- zahlt. Daisy sparte das Geld und hat sich jetzt eine Kette gekauft, die sie schon seit einigen Wochen im Schaufenster gesehen hat, für DM 30,-. Sie hat also gelernt, auf eine Sache hin zu sparen.

Christof (7) bekommt 60 Pfennig pro Woche und kann sich schon ausrechnen, daß er DM 2,40 im Monat hat. Er möchte sich vielleicht eine Armbanduhr kaufen.

Konstantin (12) bekommt DM 20,- Taschengeld im Monat, das er vor allem spart – „nur so". Vergangene Woche war er im Kino, das ihn DM 7,- kostete, denn die Mutter hielt den Film für nicht so wichtig.

Toni (7) bekommt DM 1,- Taschengeld pro Woche. Neuerdings kauft er sich nach der Schule beim Bäcker Süßigkeiten. Kürzlich kaufte er sich für die Mark eine „Masse", die gar nicht gut schmeckte. Er kam sich betrogen vor und schimpfte. Beim nächsten Mal kaufte er sich sechs Kugeln für nur 30 Pfennige und war sehr beeindruckt, daß er für so wenig Geld sechs Kugeln bekam! Er lernt allmählich mit dem Geld umzugehen.

Das Kind soll aber auch lernen, sich größere Wünsche selbst zu ersparen (z.B.: Taschengeld + Omas Weihnachtsgeld = ¼ Fahrrad, wozu die Eltern dann den Rest geben können).

Wichtig ist, *das Taschengeld immer pünktlich zu zahlen,* z.B. jeden Sonntagmorgen; dabei darf man das Kind nicht im Stich lassen.

Mit Hilfe des Taschengeldes kann man die Riesenansprüche unserer Kinder in gesunde Bahnen lenken. Damit Kinder aber auch lernen, mit ihrer Gier auf Süßigkeiten alleine fertig zu werden, dürfen die Mütter *keine Süßigkeiten im Haus lagern,* die die Kinder hemmungslos nach Lust und Laune konsumieren können. Diese sollen die Kinder vom Taschengeld kaufen.

Frau B. aber hat folgendes Problem:
„Wir sind nun tatsächlich eine sehr wohlhabende Familie. Wir tragen teure Kleidung, essen in sehr guten Restaurants, wohnen in den ersten Hotels und haben ein sehr schönes Haus. Ich mache mir darüber Gedanken, ob die Kinder nicht zu anspruchsvoll werden, denn das können wir doch nicht alles abstellen – der Kinder wegen?"

Das wäre auch unnatürlich und falsch! Aber man kann versuchen, den Kindern bewußtzumachen, daß sie es besonders gut haben – im Vergleich zu anderen Kindern in der Welt. Vielleicht kann man das durch folgendes erreichen: Diese Kinder sollen jeden Monat vom Taschengeld *10 % in eine Sparbüchse für hungernde Kinder in der Dritten Welt geben.* Wenn eine größere Summe zusammengekommen ist – vielleicht an Weihnachten oder Ostern –, sollten die Kinder selbst diese Summe per Post oder Bank einzahlen. Dasselbe könnte man bei größeren Geldgeschenken machen, wobei man dann sogar 20 % abzweigen könnte. Allerdings müssen Eltern die Kinder immer wieder an dieses selbständige Spenden erinnern, damit ihnen ihr Wohlstand bewußt wird. Eine gemeinsame größere Spende der ganzen Familie hat ohne das Taschengeld der Kinder für diese keinen Sinn.

Kleidung und Frisur

Es gibt noch ein weiteres Problem, das den Geldbeutel der Eltern angeht, die Kleidung unserer Kinder. Eigentlich handelt es sich hier weniger um den Geldbeutel als um den Geschmack der Kinder.

> Frau C. kommt mit einer großen Tüte aus der Stadt zu mir. Sie hat für Klaus (10) einen neuen Anorak eingekauft. Gestern hatte sie mit dem Jungen alle Geschäfte ihres Vorortes abgeklappert, weil er einen ganz bestimmten Anorak im Kopf hatte, den es aber in keinem Geschäft zu kaufen gab. Nun war die Mutter heute früh extra in die Stadt gefahren, um einen zu finden, von dem sie hoffen durfte, daß er dem Geschmack des Jungen entsprach, denn denjenigen, den er sich eingebildet hatte, gab es auch in der Stadt nicht. Mit einem kleinen Seufzer meint sie: „Na, hoffentlich muß ich morgen nicht wieder reinfahren, um den Anorak zurückzugeben. Er wollte eigentlich einen schwarzen, aber der schmutzt mir zu leicht. Nun hoffe ich nur, daß ihm dieser dunkelgraue gefällt, der schwarze Streifen hat. Er mag keine bunten Farben. Ich muß bei ihm alles zurückgeben, wenn er die Sachen nicht mag, denn er zieht sie einfach nicht an!“

Diese Probleme gab es in der Zeit der autoritären Erziehung nicht, denn auf die Kleiderwünsche der Kinder wurde damals überhaupt keine Rücksicht genommen; Kleider mußten nur den Eltern gefallen. Kinder sind aber heutzutage selbstbewußter geworden und ziehen Kleidung, die ihnen nicht gefällt, einfach nicht an. Das wagte vor 25 Jahren kein Kind! Vor allem wollen Kinder im allgemeinen nicht anders aussehen als die anderen im Kindergarten oder in der Schulklasse.

Es ist auch nicht einzusehen, warum sie in ihrer Kleidung den Eltern gefallen sollen und nicht in erster Linie sich selbst! *Kleidung ist Ausdruck der Persönlichkeit.* Deshalb sollte man die Kinder nach ihrer eigenen Meinung fragen, wenn man ihnen neue Kleidung kauft, was zwar nicht immer ganz einfach ist, aber die Selbstsicherheit fördert. Nicht alle Kinder sind nämlich wie Klaus, und es gibt eine ganze Reihe, die lieb und brav das anziehen, was die Mutter ihnen kauft.

Bei kleinen Mädchen kann es Probleme mit Röcken und Hosen geben. Die einen wollen nur Röcke tragen, während die anderen Hosen bevorzugen. Hier muß man auch nachgeben. *Schon kleine Mädchen* von fünf Jahren können in bezug auf ihre Kleidung sehr bockig werden, und der Kampf ist zwecklos. Schwache kleine Mädchen geben hier nach und gehen aufgeputzt nach Muttis Geschmack in den Kindergarten oder in die Schule, fühlen sich aber unglücklich und im Spielen gehemmt. Es ist kein Wunder, wenn sie sich in späteren Jahren als Teenager völlig verrückt anziehen, denn sie holen dann nach, was sie früher nie durften.

Ilse (6) mag keine Blusen tragen, da sie die Ärmel beengen. Jedesmal gibt es ein Theater, wenn sie eine Bluse anziehen muß, und das Kind quengelt den ganzen Tag. Die Mutter hat den sinnlosen Kampf längst aufgegeben und kauft dem Kind nur noch Pullis und T-Shirts.

Jochen hatte am Sonntag Erstkommunion. Heute, am Dienstag, wollen wir alle gemeinsam zur Maiandacht gehen. Selbstverständlich zieht Jochen seinen Erstkommunionanzug an. Nun soll aber auch der kleine Bruder seinen guten Anzug anziehen. Er will aber nicht und bockt. Daraufhin packt die Mutter ihn am Arm, zerrt ihn ins Bad und will ihm die Kleidung herunterreißen. Er aber wehrt sich mit Händen und Füßen und wirft sich auf den Boden. Da liegt er nun und will nicht mitgehen; wir gehen ohne ihn, sind aber bedrückt durch diesen Unfrieden. In der Kirche sehen wir ihn verbockt draußen vor der Tür stehen.

Es gibt viele Eltern, die das gepflegte und saubere Aussehen ihrer Kinder so wichtig nehmen, daß sie die Kinder damit quälen:

„Wie siehst du nur wieder aus?" – „Erst gestern hast du eine saubere Hose angezogen!" – „Ich kann immer nur waschen für euch!" – „Nein, heute darfst du nicht zum Spielen raus, wenn du dich wieder so schmutzig machst!" – „Sieh nur mal deine Hände an und deine Haare! Wie sehen die nur wieder aus!"

Immer wieder wird an den Kindern herumgemäkelt, damit die Eltern auf ihr properes Aussehen stolz sein können. *„Was sagen nur die Nachbarn, wenn du so rumläufst!"* Man kann wohl annehmen, daß die Gammel-Mode unserer Jugendlichen auch eine Reaktion auf diese Art der Erziehung ist.

„Pit hat eine blöde Mutter, die meckert dauernd an ihm rum. Immer muß der so fein aussehen. Meine Mutter tut das Gottseidank nicht!" sagt Brigitte (10) erleichtert.

Diese Art der Kritik macht die Kinder unsicher und ist deshalb schädlich. *Kinder müssen sich schmutzig machen dürfen,* und entsprechend

muß auch die Kleidung sein. Sicherlich gibt es seltene Ausnahmen, z.B. bei ganz besonderen Festen, die die Kinder dann auch akzeptieren. Es gibt kluge Muttis, die im Koffer Jeans und T-Shirts mitnehmen, damit die Kinder sich dann nach den Feierlichkeiten umziehen können und rumtoben dürfen.
Es gibt Kinder, die darüber klagen, daß Hosen oder Pullis kratzen. Auch hier müssen die Mütter kapitulieren, weil die Kinder diese Kleidung nicht anziehen und es morgens zu einem nervenaufreibenden Kampf kommt. Es gibt *Kinder, die tatsächlich sehr empfindliche, allergische Haut haben* (synthetische Stoffe!) und daher zu Recht über die kratzende Kleidung jammern.

Ähnlich kann es Eltern mit den *Frisuren* ihrer Kinder ergehen. Auch hier sollte man nachgeben, da die Kinder sich selbst sonst nicht mehr leiden mögen, wenn sie in den Spiegel sehen. Hier liegen die Probleme bei Jungen und Mädchen ähnlich. Man muß als Eltern ertragen können, daß man selbst sein Kind nicht so hübsch findet, wie man es gern haben möchte. *Über Geschmack läßt sich bekanntlich streiten!* Man darf keinesfalls sagen: „Jetzt mag Mutti dich aber gar nicht mehr leiden mit dieser häßlichen Frisur!" Mit einem derartigen Satz kränkt man das Kind und macht es unsicher, denn es möchte doch gern gerade in den Augen der Eltern schön sein.

> Werner (6) geht noch nicht in die Schule, aber er möchte gern beim Haarschneiden hinten ein kleines Schwänzchen stehen lassen wie ein „Punker". Die Mutter gibt nach und läßt das kleine Schwänzchen stehen, denn er hat ihr erklärt, daß er gern „ganz anders aussehen möchte" als die anderen Kinder. Sie hat das verstanden!

> Susi (9) fällt der Lehrerin durch ihre große Unsicherheit auf. Sie ist das einzige Kind, und die Mutter liebt sie abgöttisch und macht sie zu ihrem Traumkind, indem sie sie kleidet und frisiert wie eine Puppe. Sie näht ihr die Kleider selbst, schneidet ihr die Haare und frisiert sie gekonnt. Man muß zugeben, daß das Kind entzückend aussieht. Verglichen aber mit anderen Kindern wirkt sie unnatürlich und affig. Jetzt, mit der beginnenden Vorpubertät, fängt Susi an, sich gegen die Mutter zu wehren, was dieser zwar weh tut, aber Susi sicherer macht.

Zusammenfassend muß man sagen: Kinder dürfen ihr Aussehen, das sich in Kleidung und Frisur äußert, selbst bestimmen. Die Eltern müssen sich in bezug auf ihren eigenen Geschmack zurückstellen, weil diese Selbstbestimmung die Selbstsicherheit der Kinder stärkt – eine Selbstsicherheit, die sie für das ganze Leben brauchen.

Das Einüben von Mithilfe im Haus

Ist die Mutter zum Bedienen der Familie da?

Frau S. hat sich mit einer schweren Bronchitis am Nachmittag ins Bett gelegt; sie ist am Ende ihrer Kräfte. Sie führt nicht nur den Haushalt für vier Personen, sondern macht auch im Geschäft ihres Mannes die Buchhaltung. Ihr Sohn Boris (9) ist bei mir. Als ich zu ihm sage, daß er doch wohl heute abend das Abendbrot machen könne, damit die Mutter im Bett bleiben kann, meint er mürrisch: „Dazu ist die Mutti da! – Die muß das!“

Silvia und Beate sind 12 und 13 Jahre alt, ihr Bruder Willi ist 10 Jahre alt. Die Mutter geht nachmittags zur Arbeit, weil der Unterhalt sonst nicht für die Familie ausreichen würde. Beide Mädchen und der Junge machen aber gar nichts im Haushalt! Morgens muß die Mutter die ganze Hausarbeit erledigen und geht dann um 14 Uhr zur Arbeit. Wenn sie abends um 19 Uhr todmüde nach Hause kommt, sitzen alle drei Kinder vor dem Fernsehapparat und erwarten, daß die Mutter ihnen das Abendbrot macht. Das Geschirr steht noch vom Mittagessen der Kinder schmutzig in der Küche, das Treppenhaus ist noch nicht gewischt. So ist es auch an Samstagen, wenn alle Kinder schulfrei haben, der Vater nicht zur Arbeit geht und nur die Mutter arbeiten muß. Sie ist zwar zutiefst verbittert über die rücksichtslose Faulheit der Kinder, hat aber weder Kraft noch Mut, ihre Hilfe energisch zu fordern, zumal sie auch seitens des Vaters keinerlei Unterstützung bekommt, denn der wurde bis zu seiner Ehe von seiner Mutter bedient. Auch Oma meint: „Später haben sie es noch schwer genug“, und stopft die Wäsche. Seufzend sagte mir die Mutter: „Früher hat man sie für zu klein gehalten, daß sie mithelfen sollten, und jetzt kriegt man sie nicht mehr dazu.“

Gisela (14) ist wegen allgemeiner Ängste bei mir in Behandlung. Ich kenne die Mutter schon seit ihrer Jugend, und darum bittet sie mich, daß ich Gisela doch einmal ins Gewissen reden sollte, damit sie ein bißchen im Haushalt mithilft und sich nicht „von hinten und vorn bedienen läßt“, zumal die Mutter halbtags im Büro arbeiten muß, um Schulden der Familie abzuzahlen. Gisela aber erwidert mir, sie denke gar nicht daran zu helfen, denn das sei schließlich Sache der Mutter! „Eines Tages muß ich ja auch, wenn ich erwachsen und verheiratet bin, die ganze Hausarbeit alleine machen. Jetzt will ich meine Jugend genießen!“

Nach meiner Erfahrung sind tatsächlich sehr viele Kinder der Meinung, *die Mutter sei dazu da, ihre Familie zu bedienen.* Das sei sozusagen der Lebensinhalt der Mutter. Es geht so weit, daß sie abends beim Ausziehen ihre Kleidung einfach auf den Boden fallen lassen und es für selbstverständlich halten, daß die Mutter sich bückt und aufräumt. Väter schließen sich auch noch dieser Meinung an. Sehr viele Mütter sind über diese Einstellung ihrer Kinder eigentlich verbittert, haben aber längst resigniert! Das muß nicht sein!

> Ich frage Frau B., inwieweit die Kinder zu Hause mithelfen. Doch diese wehrt ab und meint, sie könne von ihren Kindern keine Mithilfe erwarten, da auch ihr Mann bis zum Alter von 27 Jahren von seiner Mutter bedient wurde.
> Wir sprechen über das Saubermachen des Waschbeckens nach dem Händewaschen, das niemand in der Familie praktiziert. Georg (5) sitzt daneben und langweilt sich. Eine halbe Stunde später steht er an meinem Waschbecken, das er mit Sand verschmutzt hat, und fragt mich plötzlich nach einer Bürste, um das Becken sauber zu machen. Zu Hause hat er das noch nie getan, denn es wurde ja nicht verlangt. Er hatte aber unser Gespräch mit angehört.

Kein Mensch kann auf Kosten anderer leben, sonst mißachtet er die Rechte anderer (Neill)! Wenn aber liebevolle Eltern meinen, daß sie ihren Kindern die Kindheit so schön wie möglich gestalten wollen, übersehen sie dabei, daß jeder Mensch, der in einer Gemeinschaft lebt, seinen Teil zum gemeinsamen Wohl beitragen muß. Die Familie ist die erste Gemeinschaft, in der ein Mensch lebt, und darum muß ein Kind in dieser Gemeinschaft auch lernen mitzuhelfen, damit sie gut gelingt. Ich kenne Jugendliche, die das nie gelernt haben und sich daher in einer Wohngemeinschaft sehr schwer taten. Man kann schon 4½- bis 5jährige spielerisch in die Mithilfe im Haushalt einbeziehen, zumal die Kleinen stolz darauf sind, mithelfen zu dürfen („Mutti, darf ich mithelfen?"), was im Alter ab zehn Jahren immer seltener der Fall wird. Leider aber fehlt es vielen Eltern an Geduld, diese ersten kleinen Aufgaben ihren Kindern beizubringen und dann auch freundlich und regelmäßig zu fordern. *Natürlich geht es viel schneller, wenn man alles selbst macht,* zumal kleine Kinder noch ungeschickt sind: Geschirr fällt auf den Boden, Speisen werden verschüttet ... Aber hier gilt wieder das alte Sprichwort: Was Hänschen nicht lernt – lernt Hans nimmermehr!

> Florian (5) ist der Jüngste von drei Kindern. Er hilft der Mutter beim Ausräumen der Spülmaschine. (Ich sitze daneben und beobachte ihn.) Vorsichtig stapelt er die Teller übereinander und bringt sie zum Geschirrschrank; ebenso vorsichtig macht er es mit den Gläsern. Dann legt er das Besteck in einen Korb und ordnet es in der Schublade

ein. Das tun Kinder in diesem Alter besonders gern. Nun nimmt er sich einen Korb und holt Limo und Mineralwasser aus der Speisekammer. Er kann aber auch schon die fertigen Speisen aus der Küche zum Eßzimmertisch tragen und beim Abdecken und Einräumen in die Spülmaschine helfen. Er würde auch gerne Staubsaugen, Schmutz mit dem Besen wegkehren und feucht wischen, aber das hat noch nicht viel Sinn, denn dazu ist er noch zu ungeschickt. Er kann im Garten aber die Blumen gießen, im Zimmer dagegen würde er noch zuviel Wasser verschütten. Am Vormittag hat er mir beim Autowaschen geholfen und die Scheiben erstaunlich geschickt gewischt. – Man darf aber nun nicht glauben, daß es sich bei Florian um einen besonders braven und sanften Jungen handelt. Nein! Er ist ein wilder kleiner Lausbub, der noch vor einer Viertelstunde im Garten tobte und vor Übermut nicht zu bändigen war. Natürlich hilft er nicht regelmäßig.

Matthias (4) ist Einzelkind. Er soll den Eltern bei bestimmten „Aufgaben" mithelfen. Er weiß aus einem Kinderbuch, daß Menschen und Tiere ihre Aufgaben im Leben haben. Als die Eltern ihn zur Mithilfe auffordern, erklärt er sehr bestimmt: „Wieso? Das ist nicht meine Aufgabe! Nein! Meine Aufgabe ist es, zu spielen!" – Er hat recht, aber trotzdem muß man vorsichtig damit anfangen, ihm Aufgaben zu geben, die er mag und daher als Spiel empfindet!

Immer wieder kann man in der Erziehungsberatung hören, daß Verhaltensfehler schon in früher Kindheit zu finden waren, damals aber nicht ernst genommen wurden.

Richard (11) versagt trotz guter Intelligenz in der ersten Klasse des Gymnasiums. Er drückt sich vor jeder Anforderung und geht auch nicht in die Schule! Die Mutter erzählt seufzend, daß er sich schon als Kleiner vor allem gedrückt und in der Grundschule nur den Kaspar gespielt habe. Er war nach sechsjähriger Ehe das Wunschkind und wurde nur verwöhnt.

Mithelfen ist eine neue Lebenserfahrung des Kindes

Zwischen dem Rücksichtnehmen und dem Erlernen der Mithilfe im Haushalt besteht für das Gefühlsleben der Kinder ein wesentlicher Unterschied: Rücksichtnehmen ist ein Verzichten auf das Ausleben von egoistischen Bedürfnissen und Trieben: z.B. Mutter und Vater für sich alleine beanspruchen – nach Lust und Laune Lärm machen – Neugierde befriedigen – sich selbst zum Mittelpunkt machen – Wut und Ärger herauslassen usw. Beim Mithelfen dagegen gewinnt das kleine Kind etwas Neues an Lebenserfahrung hinzu: es macht bei den

Erwachsenen mit – es gehört jetzt zur Gemeinschaft, es gewinnt einen neuen Kontakt zu Mutter und Vater.

Leo (9) wohnt in meinem Gasthof. Beiläufig „interviewe" ich ihn nach seiner Mithilfe zu Hause. Lebhaft berichtet er, daß er jeden Morgen sein Bett macht, alle 14 Tage die ganze Wohnung saugt, im Garten die Pflanzen täglich gießt, den Müllbeutel hinunterträgt und die Post aus dem Briefkasten holt. Ich gewinne den Eindruck, daß der Junge eifrig mithilft. Als ich aber später die Mutter frage, lacht diese, denn er hat sehr übertrieben und offensichtlich mit seiner Mithilfe geprotzt. Er fühlte sich mit seinen neun Jahren schon erwachsen, wenn er mithilft.

Fehler der Eltern beim Anlernen

Die meisten Erwachsenen machen einige Fehler, die den Kindern diese Mithilfe im Laufe der nächsten Jahre so verleiden werden, daß sie unlustig und unwillig werden und sich nur noch drücken.
Sie erwarten zuviel vom Kind – Ungeduld beim Anlernen – Befehlston – sie schimpfen und schreien, wenn etwas daneben geht – sie kritisieren und nörgeln („Du Trampel! Du bist eben zu blöd!") – dem Kind die Sachen wieder aus der Hand nehmen – kein Lob, kein Bitten, kein Dank, keine Anerkennung – das zeitlich überforderte Kind wird müde – eigene nervöse Hektik...
Am schwerwiegendsten ist aber folgender Fehler: Mutter und Vater nehmen gar keine Rücksicht auf die Interessen des Kindes wie z.B. lesen – spielen – basteln – Cassetten hören – fernsehen. Es ist „unmenschlich", ein Kind um Hilfe zu bitten, wenn es z.B. gerade seinen Lieblingsfilm im Fernsehen sieht oder mitten im Fußballspielen mit Freunden ist. Viele Eltern sind rücksichtslos, weil sie nicht einsehen können, daß ihr Kind sein Eigenleben haben muß, während sie sich selbst gerade für die Familie abrackern. Es heißt dann: „Wenn ich dich rufe, hast du zu kommen!" Vielen von uns Erwachsenen kommt dieser Ausspruch aus eigener Kindheit bekannt vor! Reißt man aber die Kinder immer wieder zur Mithilfe aus ihrem Eigenleben heraus, entstehen Unlustgefühle, Protest und Widerstand. Dann rufen die Kinder: „Jaaa..., gleich!" – und kommen nie.

Patrick (10) sagt zu mir: „Ich helfe meiner Mutter gerne – das bringt Spaß – aber nicht, wenn ich bei heißem Wetter zum Baden gehen möchte!"

Anders sind folgende Situationen: Viele Kinder langweilen sich besonders an Wochenenden. Kommen sie dann und klagen wegen der Langeweile, kann die Mutter sie sofort für die Hausarbeit mit einspannen. Doch dazu haben sie meistens keine Lust: „Das ist ja auch langweilig." Trotzdem sollte die Mutter jetzt die Hilfe fordern! Leider resignieren Mütter und auch Väter viel zu leicht und geben die Forderung auf Mithilfe ganz auf. Diese Hilfe zur richtigen Zeit und konsequent zu fordern, bedarf eines besonderen Fingerspitzengefühls. Es ist *häufig eine Kraftprobe, und das kostet Nerven,* besonders wenn die Kinder älter werden (ab ca. zwölf Jahren) und die Ablösung vom Elternhaus beginnt.
Mithilfe muß immer wieder als etwas völlig Selbstverständliches gefordert werden, weil nur dann das Kind an Pflichten gewöhnt wird. Vielleicht kann man das Kind (ab ca. zehn Jahren) wählen lassen: Mülleimer runtertragen oder staubwischen? – einkaufen oder staubsaugen? – Unkraut jäten oder Schuhe putzen? Dieses sind regelmäßige Pflichten. Sicherlich gibt es Ausnahmen bei Krankheit, vielen Hausaufgaben und auch Einladungen, und manches kann man auch auf den nächsten Tag verschieben: das Unkraut kann „warten".

Aufteilen der Pflichten unter den Geschwistern

Es gibt Familien, in denen die verschiedenen Aufgaben unter den Geschwistern jeden Samstag neu verteilt werden. Beispiel: Peter: Treppenhaus; Ilse: Betten machen und einkaufen; Klaus: Limo, Bier und Brennmaterial aus dem Keller holen; Ingrid: Spülmaschine, Tischdekken, Vogelkäfig und Hasenstall. Es kann dann allerdings vorkommen, daß in der einen Woche ein Kind einmal mehr zu tun hat, dafür in der nächsten Woche wieder weniger.
Man kann die Pflichten auch nach den jeweiligen Interessen und dem Alter aufteilen und demokratisch abstimmen lassen. Allerdings muß man trotz verschiedener Aufteilungen die Kinder immer wieder kontrollieren, ob sie ihre Pflichten auch erfüllen. Das ermüdet viele Eltern, sie geben auf und schimpfen nur noch. Eine Aufteilung hat aber den Vorteil, daß jedes Kind seinen eigenen Pflichtenkreis hat und sich nicht mehr drücken kann mit der Bemerkung: „Immer ich..."

Strafen bei Faulheit

Es gibt Kinder, die trotz aller Versuche sich laufend drücken und sich zu ihren Heften, zum Fernsehen, zu Computerspielen und Büchern

zurückziehen oder zu Freunden gehen. Die Mutter, oft alleinerziehend, kommt abends spät von der Arbeit heim und findet die unaufgeräumte Wohnung vor, wärend Regine (10) und Julian (12) rasch den Fernseher ausschalten, wenn sie die Mutter die Treppe heraufkommen hören. *Hier hilft leider nur strafen,* weil man in jeder Gemeinschaft gestraft wird, wenn man unkameradschaftlich nicht mithilft, z.B. im Skilager, im Ferienlager und später im Büro. Wenn die Mütter dann in ihrer Nervosität und Erschöpfung mit lautem Schimpfen und Ohrfeigen reagieren, brauchen sie deswegen wirklich *keine Schuldgefühle* zu bekommen. Aber auch an Ohrfeigen und Schimpfen können sich Kinder gewöhnen – die Faulheit ist stärker –, sodaß diese Maßnahmen auf Dauer wenig Erfolg haben!
Der Mutter bleibt nichts anderes übrig, als zu *„streiken"*, d.h., sie macht gar nichts mehr für die Kinder: kein Frühstück, kein Essen, kein Wäschewaschen, kein Bügeln. Sie macht am Abend dieses Tages nur für sich selbst ein Abendbrot, setzt sich alleine hin und ißt für sich. Sie bügelt nur sich selbst eine Bluse und schaut im Fernsehen nur ihr spezielles Programm an. Mit den Kindern redet sie kein Wort. Dieses Verhalten behält sie auch am nächsten Morgen und Abend bei, so lange, bis sie beim Heimkommen die Wohnung wieder in Ordnung findet; dann nimmt sie ohne große Worte den gewohnten Kontakt mit den Kindern wieder auf.
Die Kinder müssen erfahren, wie sehr man in der Familie aufeinander angewiesen ist. Ich kenne eine alleinerziehende Mutter, die die Kraft hatte, zu „streiken". Ihr Sohn war verdutzt und nahm sich das „Streiken" der Mutter – eine Zeitlang wenigstens – zu Herzen. Leider aber bringen das die wenigsten Mütter fertig, sie schimpfen lieber und machen dann alles selbst, wodurch die Kinder mit ihrer rücksichtslosen Faulheit ihr Ziel erreicht haben und sogar noch darüber klagen, daß die Mutter immer schimpft.

Die Väter

Solche Maßnahmen kann eine alleinerziehende Mutter leichter durchführen als eine verheiratete, weil die Väter ungern mitmachen, denn das ist ihnen zu unbequem. *Väter helfen häufig selbst nicht gern mit.*
Eine Tatsache aber versetzt mich immer wieder in Erstaunen: wenn ich den Eltern ernsthaft geraten habe, ihre Kinder ab ca. zehn Jahren regelmäßig zur Mithilfe heranzuziehen, sind die Kinder mir deswegen gar nicht böse, obgleich sie wissen, daß dieser Vorschlag von mir kam. *Die Kinder halten ihre Mithilfe insgeheim doch für richtig und selbstverständlich.*

Die Faulheit der älteren Kinder

> Ich frage Ernst (12), warum er eigentlich zu Hause so stinkfaul sei. Beide Eltern sind berufstätig, er ist Einzelkind. Offen gibt er zu, daß er früher gern geholfen habe und jetzt überhaupt keine Lust mehr habe. Er gammelt in der Wohnung herum und sitzt vor der „Glotze". Den Grund kann er nicht angeben, es wundert ihn selbst. Er ist ein lieber Junge. Neuerdings hilft er seiner Mutter beim Putzen an ihrer Arbeitsstelle.

Nach meiner Erfahrung verpassen die Eltern den Zeitpunkt, an dem die Kinder plötzlich keine Lust mehr haben, und geben nach, was sich zu einer schlechten Gewohnheit auswächst. *Die Kinder lassen sich mit 14 Jahren mehr bedienen als mit sieben,* denn mit ca. 14 Jahren beginnt die Pubertät, verbunden mit allgemeiner Lustlosigkeit und gleichzeitiger Ablösung vom Elternhaus.
Es gibt aber nicht wenige Mütter und auch Großmütter, die eigentlich gar nicht wollen, daß die Kinder selbst etwas tun. Sie bedienen sie anscheinend gern, denn ältere Jugendliche klagen bei mir, sie dürften gar nichts tun! *Mutter streicht das Frühstücksbrot und macht das Müsli.* Oma schält ihnen den Apfel oder klopft das Ei auf! Vielleicht ist das eine verborgene Art von Herrschsucht? Am schwierigsten ist es häufig mit Hausangestellten, die schon jahrelang im Haus sind:

> Martin (18) erzählt mir, er dürfe nicht einmal sein Zimmer selbst aufräumen, denn das alte Hausmädchen habe ihm mit erhobenem Staubsauger weinend den Zutritt zu seinem eigenen Zimmer verwehrt!
>
> René (16) bekommt sein Zimmer von Mutter und Putzfrau aufgeräumt, denn die Mutter findet sein Zimmer zu unordentlich. Tatsächlich wirft er seine Kleidung auf den Boden, wo diese dann tagelang rumliegt. Warum soll er sich auch bücken, denn die Putzfrau räumt ja doch auf. Er würde ihr die Existenzberechtigung nehmen!

Anscheinend empfinden auch Mütter und Großmütter ähnlich und bedienen deshalb gern die erwachsenen Kinder, weil dieses Dienen ihrem Leben einen wesentlichen Sinn gibt. Kommen dann die Söhne zur Bundeswehr oder zum Ersatzdienst, müssen sie dort selbstverständlich saubermachen und aufräumen, was ihnen sicherlich nicht leicht fällt, weil sie es nie gewohnt waren. Sind sie am Wochenende zu Hause, lassen sie sich noch mehr gehen als früher, und die Mütter spüren dann, vielleicht zum erstenmal, wie falsch ihre verwöhnende Erziehung war. Wie mir ein Militärpfarrer erzählte, klagten ihm einige Mütter, daß sie sogar die Stiefel putzen müssen!

Anita (15) muß auf ihrer Lehrstelle (im ersten Lehrjahr) ausnahmsweise das Büro vom Chef staubsaugen. Sie ist über diese Zumutung empört; zu Hause hat sie „so ein Ding“ noch nie in der Hand gehabt! Es ist wohl zu verstehen, daß sie nach der Probezeit wieder entlassen wird. Auf der nächsten Lehrstelle hatte sie es dann gelernt!

Christa ist Lehrling in der Pulloverabteilung eines Warenhauses. Als ihr die Verkäuferin erklärt, daß sie die Pullover, die ein Kunde angesehen habe, immer wieder ordentlich zusammenlegen müsse, meint sie, daß sie das nicht zu tun brauche, da diese ja doch wieder unordentlich würden! Sie bestand die Probezeit nicht. Zu Hause räumte die Mutter ihre Sachen auf.

Manche Betriebsführer haben mit Lehrlingen ähnliche Erfahrungen gemacht und daher *die Lust verloren, Lehrlinge einzustellen.*

Eine Liste geeigneter Mithilfen

Ab fünf Jahren
Spülmaschine ausräumen helfen – beim Tischdecken und Abräumen helfen – Bestecke in den Schrank einräumen helfen, ebenso das Geschirr – leichte Tasche oder Tüte der Mutter beim Einkauf tragen – beim Ein- und Ausräumen des Autos helfen – Waschbecken nach Benutzen wieder saubermachen – beim Wäscheaufhängen Wäschestücke zureichen – sich bücken, wenn Oma oder Opa etwas hinabfällt – Kleider, Strümpfe und Hosen auf die rechte Seite gedreht abends auf den Stuhl legen und ebenso in den Wäschekorb für die schmutzige Wäsche (eine Mutter sagte mir, daß sie am Wochenende 28 Paar Strümpfe umdrehen müsse) – sich morgens alleine anziehen.

Ab sechs bis sieben Jahren
Beim Schneeräumen helfen – beim Autowaschen helfen – mit dem Besen kehren – Spülmaschine einräumen – Betten morgens zum Lüften auslegen – Blumen im Garten gießen.

Ab acht Jahren
Schuhe putzen – staubsaugen – Tiere füttern – Unkraut jäten – beim Einpflanzen der Blumen helfen – einkaufen für die Eltern – Müllbeutel hinuntertragen – Post aus dem Briefkasten holen – beim Kofferpacken helfen – Koffer mit eigenen Spielsachen packen – Flaschen zum Container tragen.

Ab neun Jahren
Frischgewaschene Wäsche im eigenen Schrank einordnen – am Sonntag das Frühstück für die Familie machen – beim Kochen und Backen helfen – auf kleine Geschwister kurze Zeit aufpassen – Blumen im Haus gießen – Tierkäfig saubermachen.

Sicherlich ist diese Liste nicht vollständig, sie soll nur Hinweise geben. *Manches Kind ist früher reif und geschickter;* es gibt auch Unterschiede zwischen Jungen und Mädchen, die aber gleichermaßen für diese Arbeiten herangezogen werden müssen! Will ein Kind gar nichts tun, kann man ihm den nächsten Wunsch verweigern, nach dem Prinzip: wenn du mir nicht hilfst, dann bin ich auch nicht für dich da; das leuchtet den Kindern ein (keine Comics – keine neuen Schuhe – keine Süßigkeiten).

> Frau B. hat eingekauft, während Jochen (8) bei mir seine Therapiestunde hatte. Sie schleppt zwei schwere Tüten mühsam die Treppe herauf. Als ich die Tüten sehe, meine ich, daß Jochen ihr doch sehr gut eine Tüte abnehmen könne. Er aber wehrt sich energisch dagegen und stürmt ohne Tüte die Treppe hinunter zur Straßenbahnhaltestelle. Er ist aber auf ein Eis scharf, und es wäre nur gerecht, wenn die Mutter ihm jetzt keines kaufen würde.

Die meisten Mütter geben nach, weil sie *Angst vor der schlechten Laune und der Frechheit des Kindes* haben oder auch weil sie fürchten, die Liebe des Kindes zu verlieren. Das stimmt aber nach meiner langjährigen Erfahrung nicht, denn das Kind spürt, daß es sich schäbig benommen hat. Eine Mutter gestand mir, sie müsse immer daran denken, wie sie als Kind häufig zu kurz gekommen sei, wenn sie einmal ein Eis haben wollte, weswegen sie ihrem Kind nicht dasselbe antun möchte. *Diese Mutter sieht sich also selbst in ihrem Kind!* Hier wird aber ein falscher Vergleich gezogen: Jochen soll kein Eis bekommen als Folge seines unkameradschaftlichen Verhaltens zu seiner Mutter. Sie selbst aber bekam als Kind nur aus Lieblosigkeit und Härte kein Eis. Viele Eltern ziehen solche falschen Vergleiche, die nicht den tatsächlichen, momentanen Gegebenheiten entsprechen. Damit aber geben sie ihrem Kind ein falsches Bild vom liebevollen Zusammenleben der Menschen miteinander.

Die Mithilfe ab zehn/elf Jahren

> Geli (10) ist Einzelkind und eine sehr gute Schülerin. Ich kenne sie seit über drei Jahren und bitte sie um eine Liste ihrer Mithilfe – eingeteilt nach Vorlieben und Abneigung. Ihre Mutter ist nicht berufstätig.

Gern macht sie folgendes: abstauben, abspülen, Geschirr einräumen, Müll hinuntertragen, beim Kochen helfen (sie hat einen Kinderkochkurs mitgemacht), Blumen gießen.
Ungern hingegen: Zimmer aufräumen (macht die Mutter einmal in der Woche), einkaufen (sie brachte einmal das Falsche mit), abtrocknen.

Franz (11) kann das Mittagessen aufwärmen (Mikrowellenherd) und das Abendessen für sich und seinen kleinen Bruder machen. Er räumt die gewaschene Wäsche selbst ein, saugt sein Zimmer, putzt vier Paar Schuhe, mäht gelegentlich den Rasen, macht das Katzenklo sauber, schreibt telefonische Bestellungen auf, trägt Rechnungen für den Vater aus, geht zu Apotheke und Supermarkt. Er mag aber nicht staubwischen und schneeräumen.

Astrid (11) ist eine sehr schlechte Schülerin. Trotzdem kann sie den Haushalt alleine „managen", als die Mutter fünf Tage im Krankenhaus ist. Der Vater, der immer Nachtschicht hat, kocht das Essen vor, und sie wärmt es für sich und ihre jüngere Schwester auf. Sie macht das Frühstück und kauft ein, spült ab, wenn die Mutter arbeitet, ohne daß diese es extra angeordnet hat.

Um aber bei der Wahrheit zu bleiben, muß hervorgehoben werden, daß keines dieser eben erwähnten Kinder der Mutter regelmäßig hilft, auch wenn es gelegentlich gern hilft! *Regelmäßige Pflicht sollte es aber sein, der Mutter am Sonntag zu helfen* – nicht nur am Muttertag! Kinder müssen immer wieder freundlich zur Mithilfe herangezogen werden. *Eine Belohnung in Form von Geld wäre aber falsch,* weil das Kind lernen soll, in einer Gemeinschaft Pflichten selbstverständlich zu erfüllen. Man gehört in der Familie zusammen, und deshalb hilft man!

B) Die Eltern

Rücksichten der Eltern auf Leben und Gesundheit ihrer Kinder

Gefahren für die Kinder

Ich fahre mit der S-Bahn aufs Land, um einen Hausbesuch bei Conny (7) zu machen. Als ich aus dem Zug steige, kommt er mir mit seiner Mutter entgegengelaufen. Offensichtlich hat es Ärger zwischen den beiden gegeben, und seine Mutter berichtet auch sofort erregt, daß er an der Bahnsteigkante dem fahrenden Zug entgegengelaufen sei und sie ihn nicht habe zurückhalten können. Die Mutter und ich erklären ihm daraufhin in liebevollem Ton, wie gefährlich dieses Balancieren für ihn ist. Trotzdem macht er am Abend genau dasselbe wieder, als die beiden mich zum Zug bringen.

Jossi (6,10) hat ein neues BMX-Rad bekommen, mit dem er in der kleinen Nebenstraße, in der die Familie wohnt, fahren darf. Nachbarn aber beobachten, daß er immer vor den Autos mit dem Rad rasch auf die andere Straßenseite fährt, sozusagen als eine Art Mutprobe. Als die Mutter davon erfährt, nimmt sie dem Jungen das BMX-Rad fort. Es verschwindet eine Zeitlang auf dem Speicher.

Margret (11) rodelt leidenschaftlich gern, denn es ist die einzige Wintersportmöglichkeit in der Gegend. Nun gibt es einen steilen, meist vereisten Berg, den die größeren Jungen mit Schwung auf dem Bauch liegend herunterfahren. Als Margrets Mutter davon erfährt – sie hat den Berg nicht gesehen –, verbietet sie das Rodeln, was bei Margret einen Wutanfall auslöst.

Die Mutter kommt ins Kinderzimmer, weil es verdächtig nach Rauch riecht. Da sitzt Robert (8) und verbrennt an einer Kerze altes Papier. Die Flamme ist fast 15 Zentimeter hoch. Entsetzt erstickt die Mutter mit einer Decke die Flammen. Energisch verbietet sie ihm das Spielen mit Feuer und versucht ihm klarzumachen, daß nicht nur das Zimmer, sondern auch er selbst brennen könne und daß das sehr weh tun würde. Trotzdem spielt der Junge 14 Tage später wieder mit dem Feuer. Nun aber gibt sie ihm eine kräftige Ohrfeige.

Benjamin (11) wird von mir im Auto abgeholt, weil die Mutter keine Zeit hat, ihn zu bringen. Er weigert sich, den Gurt auf dem Rücksitz anzulegen, und behauptet, bei seinem Vater müsse er das nie tun. Ich aber sage energisch: „Bei mir im Auto wird aber angeschnallt, sonst kannst du aussteigen!" Sofort schnallt er sich an.

Ursula (11) ist Bettnässerin. Sie wehrt sich aber dagegen, im Winter eine warme Unterhose anzuziehen. Die Mutter ist sehr unsicher, ob sie Ursula zwingen soll, indem sie morgens beim Anziehen daneben steht.

Flora (5,6) ist bei mir übers Wochenende zu Besuch. Sie genießt das Kinderzimmer, das ich für die Spieltherapie benutze, und sitzt stundenlang alleine dort und spielt. Am zweiten Morgen ihres Besuches aber will sie sich nicht anziehen, sondern im Schlafanzug spielen. Sie weigert sich stur. Meine wiederholten Aufforderungen, sich nun doch endlich anzuziehen, fruchten nicht. So bleibt mir zuletzt nichts anderes übrig, als streng zu werden, und ich sage: „Wenn du dich nicht sofort anziehst, dann schließe ich das Kinderzimmer zu!" Da trottet sie ins Bad und zieht sich an.

Familie Z. will am Wochenende auf die Zugspitze fahren. Es herrschen dort zur Zeit 6 Grad minus, deshalb verlangt die Mutter von ihren Kindern, Skiunterwäsche anzuziehen. Es gibt ein fürchterliches Theater, weil auch der Vater nicht mitmachen will.

Überängstliche Eltern – unsportliche Eltern

Diese Beispiele unterscheiden sich wesentlich in bezug auf die Gefahr für unsere Kinder, denn es ist schließlich doch ein Unterschied, ob man sich einen Schnupfen oder einen Blasenkatarrh holen kann oder ob man sich ernsthaft verletzen oder sogar sterben kann. Wenn moderne Eltern meinen, daß man durch eine zu große Sorge um die Gesundheit des Kindes dessen freie Entfaltung hemmen kann, so hat dieser Gedanke sicher seine Berechtigung, denn es gibt *überängstliche Mütter und Väter,* die ihre eigene Lebensangst durch übertriebene Verbote und Fürsorge ihren Kindern aufzwingen.
Das gilt ganz besonders für kleine Kinder, die anfangen, überall herumzuturnen. Man soll dann lieber mit angehaltenem Atem und offenen Armen im Hintergrund stehen, anstatt das Kind vom Tisch oder vom Klettergerüst fernzuhalten. *Großmütter* sind hier aufgrund ihrer nachlassenden Lebenskraft häufig überängstlich. Dies ist für das kleine Kind schädlich, denn so bekommt es in frühen Jahren das Gefühl eingeimpft, das Ausleben sei gefährlich.

Zur Zeit der autoritären Erziehung gaben Lebensmut und Lebensangst der Eltern den Spielraum der Freiheit für das Kind. Heute aber weiß man, daß Kinder sich körperlich ausleben müssen und *nicht durch übertriebene Verbote gehemmt werden dürfen.* Ein gebrochener Arm oder ein aufgeschürftes Knie heilen schneller als eine gehemmte Seele, wie wir heute aus der Praxis der Psychotherapeuten wissen. Natürlich fragt sich nun, wann man verbieten soll und wie. *Bei bedrohlichen Situationen* hängt das meist vom Alter, vom Temperament und der Einsichtsfähigkeit des Kindes ab. Es gibt auch Kinder, die von Natur aus körperlich sehr geschickt veranlagt sind.

> David (5) ist ein sehr gehemmtes Kind, das Angst vor dem Kindergarten hat und sich an seine Mutter klammert. Sportlich ist er außerordentlich begabt und erstaunlich mutig. Wie ein kleine Katze klettert er auf dem Klettergerüst, und ich stehe zitternd und staunend daneben. Ebenso geschickt kann er mit seinem BMX-Rad die Garageneinfahrt bei mir rauf- und runterfahren. Diesem Kind kann man mehr erlauben als einem körperlich ungeschickten Kind. Man konnte bei David durch Anerkennung sogar einen wesentlichen Teil seiner allgemeinen Angst beheben.

Ein Kind von drei Jahren kann Gefahren noch nicht erkennen und auch seinen kindlichen Lebensdrang noch nicht steuern. Man kann bei ihm noch nicht an die Vernunft appellieren und es durch kluge Ermahnungen wie „Paß auf!“ – „Sei doch vernünftig!“ vor ernsthafter Gefahr schützen, denn es ist noch zu sehr von seinen Antrieben beherrscht. Deshalb müssen wir Erwachsenen es bremsen, um es vor sich selbst zu schützen. Man muß also energisch zugreifen und bei Nichtbefolgen dem Kind einen kleinen Schlag auf den Po geben – den sogenannten Denkzettel.

Conny (7) – unser erstes Beispiel – ist ein Junge mit ungewöhnlichem Bewegungsdrang. Er muß immer hin- und herrennen und ist nicht zu bremsen. Durch diesen Bewegungsdrang ist aber seine Einsichtsfähigkeit blockiert, was sich daran zeigt, daß er an demselben Tag abends wieder an der Bahnsteigkante hin- und herläuft. Mit energischen Worten müssen wir ihn daher zurückhalten, erlauben ihm aber, sich jenseits eines Gitters auszutoben, wo kein Zug fährt. Er begreift zwar die Gefahr, die wir ihm erklären, kann sich selbst aber nicht zügeln. *Notfalls müßte man ihn fest an die Hand nehmen.*

Bei Jossi (6,10) – unserem zweiten Beispiel – handelt es sich um *eine Mutprobe* und ein Angeben vor seinen Freunden. Vielleicht finden einige Eltern die Strafe zu hart und meinen, man müsse *erst einmal vernünftig mit dem Kind reden,* aber es handelt sich hier um eine Lebensgefahr, und bei dem temperamentvollen Charakter Jossis ist es fraglich, ob er die vernünftigen Erklärungen seiner Mutter akzeptieren würde, denn schließlich hatte der Junge diese Mutprobe gemacht, gerade weil sie gefährlich war. Er suchte also den Reiz der Gefahr! Man mußte ihn durch vorübergehendes Wegnehmen des Rades vor sich selbst schützen.

Anders liegt der dritte Fall von Margret (11), denn die Mutter hatte ihr das Rodeln *verboten, ohne die Gefahr begutachtet zu haben.* Sie hätte sich eine Zeitlang daneben stellen müssen, um festzustellen, wie gefährlich dieser Berg war. Viele Väter und Mütter nehmen sich nicht die Zeit, die Gefahren, vor denen sie ihre Kinder schützen wollen, zu kontrollieren oder mit erfahrenen Leuten zu besprechen. Margret wurde autoritär in ihrem Lebensschwung gebremst. Bei einer derartigen Erziehung darf man sich nicht wundern, *wenn sich starke Kinder heimlich den verbotenen Gefahren aussetzen,* denn sie spüren instinktiv selbst, daß sie diese bestehen können.

Man kann daher als Kind von Glück sagen, wenn man sportliche Eltern hat, die einen nicht bremsen. So geht es Dietrich (11). Er darf seit letztem Sommer surfen, Mutter und Vater surfen selbst. Zwar steht die Mutter mit Herzklopfen am Ufer, ist aber trotzdem stolz auf seinen Mut und sein Können. Karl (9) hingegen hat Angst vor dem Wasser; denn beide Eltern können nicht schwimmen und gehen nur ungern ins Wasser. Aber gerade dann, wenn die Eltern unsportlich sind, sollte man dem Kind helfen, diese Lebensfreude zu finden, und nicht etwa denken: *„Wozu soll mein Kind skilaufen, ich kann es ja auch nicht!“* Häufig kann man sich auch an den Freunden des Kindes orientieren, denn wenn alle Kinder in der Klasse zum Baden gehen, braucht das eigene Kind diesen Spaß auch.

Es ist kaum anzunehmen, daß antiautoritäre Eltern ihren Kindern erlauben, im Zimmer mit Feuer zu spielen, wie es Robert (8) tut. Aber auch eine Ohrfeige kann bei einem Kind, das vom Spielen mit Feuer fasziniert ist, nichts nützen. Deswegen sollte man in diesem Fall eine Möglichkeit suchen, wie der Junge seiner Leidenschaft gefahrlos freien Lauf lassen kann: bei einem Lagerfeuer zusammen mit einem Erwachsenen an einem Platz, wo es erlaubt und ungefährlich ist. In einem mir bekannten Fall mußte ein zehnjähriger Junge in psychotherapeutische Behandlung, weil er im Internat mit Feuer spielte und die Leitung Sorge um die anderen Kinder und das Haus hatte.

> Herbert (9) kommt mit Knallkörpern (sog. „Wilden Hummeln“) zu mir und will sie im Zimmer loslassen. Er meint, sie seien ganz ungefährlich! Ich wehre aber ab und gehe mit ihm auf den Balkon. Er wirft

einen Knallkörper auf den Steinfußboden. Die „Hummel" fängt an zu brennen und rotiert durch eine Spalte vom Balkon hinunter auf den Garagenhof, wo glücklicherweise kein Mensch ist. Der Junge selbst ist verblüfft über die Dynamik des kleinen Knallkörpers, denn damit hatte er nicht gerechnet. Er hatte die Knallfrösche im Geschäft gekauft und meinte, sie seien für Kinder ungefährlich.

Angurten im Auto – Tiere im Auto

Beim Angurten im Auto geht es um Leben und Gesundheit unserer Kinder, außerdem ggfs. um viel Geld (Versicherung). Es ist erstaunlich, wie nachlässig und gleichgültig hier viele Eltern sind.

Herr P. hat eine Fahrschule und ist Fahrlehrer. Er meint, er würde so gut fahren, daß seiner kleinen Tochter (5) nichts passieren könne und sie sich deshalb nicht anzuschnallen brauche. Er vergißt aber dabei, daß andere nicht so gut fahren wie er und deshalb das Kind doch gefährdet ist.

Kinder selbst mögen sich meist nicht anschnallen, und es gibt häufig einen Machtkampf. *Nach einer Erhebung des ADAC fährt nur jedes fünfte Kind angeschnallt.*

Frau H. meint beim Einsteigen ihrer Tochter Astrid (11), daß Kinder sich im Straßenverkehr nicht anschnallen brauchen, sondern nur auf der Autobahn. Sie ist eine Mutter, die sich bei ihren Kindern nicht gut durchsetzen kann und daher den Kampf mit den Kindern scheut.

Bei Auffahrunfällen im Stadtverkehr werden die Kinder aber nach vorn geschleudert, wenn sie hinten nicht angegurtet sind, vor allem weil sie sich dann gern zwischen die Vordersitze klemmen.

Die Eltern von Juliane (3,11) haben Sorge, *daß durch das Anschnallen der Wille des Kindes gebrochen werden könne,* denn sie wehrt sich sehr heftig. Aus diesem Grunde fährt das kleine Kind ohne Gurt hinten im Auto mit und darf auch herumtoben.

Ein Kind muß aber lernen, daß es unter lebensgefährlichen Bedingungen seinen Willen nicht bekommen kann, weil der in diesem Fall falsch ist! Schließlich würden diese antiautoritären Eltern das kleine Kind auch nicht bei Rotlicht auf die Fahrbahn laufen lassen, wenn es sich losreißen möchte. Geht es tatsächlich um das Leben unserer Kinder, müssen wir sie vor der Gefahr mit allen Mitteln schützen, notfalls mit einem Klaps. Dies ist keine autoritäre Erziehung, sondern lebensnotwendiger Schutz. Man kann mit einfachen Worten, bei denen man aber konsequent bleibt, die Kinder zum Anschnallen zwingen: *„Wenn ihr euch nicht anschnallt, fahre ich nicht los."*

In vielen Familien gibt es Haustiere, die die Lieblinge der Kinder sind und oft im Auto mitreisen. Hunde machen im allgemeinen keine besonderen Probleme, Katzen aber sind unberechenbar. Man sollte sie daher nur in einem Transportkorb mitnehmen und ihnen einen sog. Bauchgurt umlegen. *Keinesfalls dürfen Katzen frei im Auto mitfahren,* da sie sich z.B. unter der Bremse verkriechen oder Schreckreaktionen zeigen können.

> In der Familie P. gibt es drei Katzen – für jedes Kind eine eigene. Alle drei fahren immer mit ins Ferienhaus und sitzen auf dem Schoß der Kinder.

Das ist sehr leichtsinnig! *Keine Versicherung zahlt* bei einem Unfall, der durch eine Katze verursacht wird.

Verweichlichung durch zu warme Kleidung

Anders sieht es bei den übrigen Kindern unserer Beispiele aus, die sich nur einen Schnupfen holen können. *Viele Mütter (Großmütter!) verweichlichen ihre Kinder,* indem sie diese viel zu warm anziehen und im geheizten Zimmer schlafen lassen. Das Schlafzimmer muß nachts ungeheizt sein. Zu warme Kleidung beengt Kinder in ihrem Bewegungsdrang. Sie wehren sich zu Recht dagegen und fühlen sich dadurch „vergewaltigt". Außerdem frieren Kinder nicht so leicht wie Erwachsene, vor allem weniger als Großeltern! Man sollte über dieses Problem *mit dem Kinderarzt sprechen,* vor allem wenn das Kind sehr anfällig ist. Virusinfekte (Grippe) bekommt man nicht durch zu leichte Kleidung, sondern durch Ansteckung. Eine zu warme Kleidung härtet die Kinder zu wenig ab, und sie erkälten sich leichter. Hinter den Ermahnungen: „Zieh dich warm an!" – „Vergiß auch deine Handschuhe nicht!" – „Hast du auch eine Wollmütze auf?" – „Bind den Schal fest um!" usw. steckt eine verborgene Herrschsucht, die mit ihrer Überängstlichkeit den Kindern so lästig werden kann, daß sie sich *aus Protest nicht warm anziehen.*

Das war in der Familie Z. der Fall, die Skiunterwäsche auf die Zugspitze anziehen sollte. Nasse Schuhe und Strümpfe sollten allerdings immer ausgezogen werden, denn das mindert die Resistenz des Kindes. Es ist also Unsinn, wenn Frau H. den vierjährigen Christoph fragt: *„Möchtest du deine nassen Schuhe ausziehen?“* Das kann das Kind noch gar nicht beurteilen, sondern allein die Mutter (Vater).
Bei der verweichlichenden Erziehung besteht noch eine andere Gefahr. Wir können Kinder nämlich auf diese Art und Weise zu Hypochondern erziehen, d.h. zu Menschen, die überbesorgt um ihre Gesundheit sind und bei jedem Schnupfen schon meinen, sie bekämen eine Lungenentzündung. Bei jeder Schnittwunde denken sie an Blutvergiftung und Sterben und machen *bei jeder Spritze oder Blutentnahme ein hysterisches Theater* oder wollen erst gar nicht zum Arzt. Hier handelt es sich häufig um Einzelkinder, die zuviel Fürsorge der Mütter erlebten, denn bei mehreren Kindern gewöhnt man sich ein dickeres Fell an. Aber auch Mütter, die den Tod eines Kindes erlebten oder mehrere Abgänge hatten, sind – verständlicherweise – häufig überbesorgt.
Es gibt Kinder, die von Natur aus lebensängstlich veranlagt sind. Deshalb muß man bei ihnen vorsichtig sein, seine Sorgen zu deutlich zu zeigen. Man sollte ihre Krankheiten herunterspielen und bei einer heftig blutenden Schnittwunde z.B. lachend sagen: *„Ach, bis du heiratest, ist das wieder gut!“* Leider ist Müttern und Vätern ihre falsche, überbesorgte Erziehung häufig nicht bewußt. Deshalb sollten Eltern ihre Kinder mit anderen Kindern in Kindergarten und Schule vergleichen, um so herauszufinden, ob sie nicht zu weichlich erziehen. Viele Mütter und Großmütter entschuldigen gern – beleidigt – ihre Verweichlichung mit dem bekannten Satz: *„Ich meine es ja nur gut!“* Sicherlich meinen sie es nicht bewußt schlecht, trotzdem ist ihre Verweichlichung schlecht für den Lebensmut ihrer Kinder.

> Hans (8) war wegen großer Angst bei mir in Behandlung. Er konnte vor Angst morgens nicht in die Schule gehen und blieb im Bett der Eltern liegen. Bei einem Hausbesuch hörte ich dann, daß die Mutter hinter ihm her rief: „Paß auf dich auf!“, als er zum Spielen auf die Straße ging. Das tat sie immer! So wurde dem Jungen eingeimpft, daß es draußen im Leben gefährlich ist.

Hat ein Kind tatsächlich ein Leiden wie im Fall von Ursula, unserer Bettnässerin, muß man das natürlich ernst nehmen, aber gleichzeitig darauf bedacht sein, das Kind nicht noch mehr zu verunsichern. Dasselbe gilt auch für Kinder mit chronischer Bronchitis und chronisch vereiterten Mandeln. *Kinder dürfen nicht das Gefühl bekommen, daß sie Versager sind.* Ursula sah auch ein, daß in ihrem besonderen Fall eine warme Hose notwendig war. Bei Flora, die sich morgens nicht anziehen wollte, lag die Sache anders. Es gibt Kinder, die sich an Sonn- und Feiertagen nicht gern anziehen, sondern im Schlafanzug den ganzen Tag herumgammeln möchten. Es geht hier weniger um die Gesundheit der Kinder, sondern um den natürlichen Tagesablauf. Diese Kinder wollen noch nicht so richtig aufwachen und die Entspanntheit und Gelöstheit der Nacht den ganzen Tag über beibehalten. Es handelt sich hier also um eine seelisch ungesunde Tageseinteilung, weswegen sie freundlich und konsequent verboten werden muß. Läßt man es durchgehen, wollen es diese Kinder immer wieder tun. Der Hinweis auf die Eltern, die schon angezogen sind, genügt meistens: „Babies ziehen sich nicht an! Vati und Mutti sind schon angezogen!"

Einschlaf- und Durchschlafprobleme

Es gibt heutzutage viele Kinder, die Einschlaf- und Durchschlafprobleme haben. Sie kommen ins Wohnzimmer, was aber verboten werden muß, weil sie dadurch zu wach werden, besonders wenn sie dann noch fernsehen dürfen. Ganz abgesehen davon, daß Fernsehen spätabends Gift ist. Keinesfalls dürfen Kindern mit Schlafstörungen schon Tabletten gegeben werden. Zum einen sind chemische Mittel für Kinder noch schädlicher als für die Erwachsenen, und zum anderen erziehen wir unsere Kinder zum Drogenkonsum, denn das Kind erfährt sehr früh, daß man bei jedem Wehwehchen sofort eine Medizin einnehmen kann, und bemüht sich erst gar nicht, mit dem Unlustgefühl, der Langeweile und der Angst, die durch das Nichteinschlafenkönnen entstehen, selbständig fertig zu werden. Eine Tasse heiße Milch mit einem Eßlöffel Honig kurz vor dem Einschlafen oder ein nicht zu heißes Beruhigungsbad mit Hopfenextrakt zwei- bis dreimal pro Woche können eine Hilfe sein. Kleine Kinder kann man in den Schlaf singen, wozu man keine Cassette verwenden darf, denn das Kind braucht die beruhigende Stimme von Mutter oder Vater. Auch eine kurze, nicht aufregende Geschichte kann helfen.

Im Bett der Eltern

Es kommt häufiger vor, daß Kinder nur im Bett der Eltern, bzw. der Mutter, einschlafen können, wobei sicherlich auch der Geruch der Eltern beruhigend wirkt, weswegen manchmal auch das Kopfkissen

der Mutter allein genügt. Immer wieder aber erlebe ich, daß die Kinder die ganze Nacht im Bett der Eltern schlafen, häufig sogar noch mit acht oder sogar zehn Jahren. Solche Einschlafstörungen sind häufig mit Kindergarten- oder Schulangst verbunden, denn überall, wo das Kind auf sich selbst gestellt ist, hat es Angst vor Selbständigkeit, wie in seinem Bett im Dunkeln. Diese Kinder sind häufig von Natur aus ängstlich und bedürfen im alltäglichen Leben laufend einer besonderen Ermutigung, etwa in der Art: „Mach das mal alleine, das kannst du doch schon!" (z.B. alleine einkaufen, zum Briefkasten gehen, zum Nachbarn, allein mit dem Bus fahren u.ä.). Häufig wurden sie auch durch eine zu große Fürsorge zu lange unselbständig gehalten: beim Anziehen, beim Waschen, beim Essen (Füttern!) und sogar beim Spielen. Die Eltern kamen bei jedem kleinen Muckser nachts angerannt, um nach dem Kind zu schauen, so daß das Kind gar keine Zeit hatte, Eigenkräfte zu entwickeln. Eine offene Tür, ein Licht im Gang oder ein kleines Licht in der Steckdose können eine gute Hilfe sein, um im eigenen Bett einschlafen zu können.
Auf die Bitte: „Darf ich in eurem Bett schlafen?" muß man immer mit einem klaren „Nein" antworten. Stattdessen kann man sich ca. 20 Minuten an das Bett des Kindes setzen, bei kleinen Kindern die Hand halten, aber nicht zum Kind ins Bett legen.
Es ist verständlich, daß man das ängstliche Kind zu sich ins Bett nehmen will, um ihm Liebe und Geborgenheit zu geben, aber es wird im allgemeinen zu einer Angewohnheit, so daß das Kind gar nicht mehr alleine einschlafen kann und bei jedem leichten Unlustgefühl kommt. Ich kenne eine Familie, in der sich das älteste Kind angewöhnt hat, bei den Eltern einzuschlafen. Die Mutter trägt das Kind dann nachts in sein eigenes Bett. Das jüngere Kind aber schläft ohne weiteres alleine ein, ist aber eifersüchtig geworden. Beim zweiten Kind reagierten die Eltern nicht mehr überängstlich auf jeden Muckser. Ein Kind sollte schon möglichst früh in seinem Zimmer alleine schlafen, damit es unabhängig von der elterlichen Atmosphäre sein eigenes Ich entfalten kann. Leider aber gibt es Mütter und auch Väter, die ihr Baby als „Knutschpuppe" nachts gern bei sich im Bett haben.

Auch eine eigene Katze kann einem Kind die Selbstunsicherheit im Dunkeln nehmen. Jakob (9) hatte Schwierigkeiten einzuschlafen und kam abends immer mehrere Male ins Wohnzimmer. Einmal mußte er etwas trinken, einmal etwas essen, das andere Mal mußte er noch einmal aufs Klo, wobei er klagte, daß er nicht einschlafen könne. Seitdem die Katze aber bei ihm ist, schläft er ruhig ein. Allerdings hatten die Eltern auch gar nicht erst den Fehler gemacht, ihn in ihrem Bett einschlafen zu lassen oder ihn im Wohnzimmer fernsehen zu lassen.

Schlechte Träume

Bei schlechten Träumen und plötzlichem Schreien im Schlaf oder bei Krankheit kann ein Kind für kurze Zeit ins Bett der Eltern kommen, muß aber nach ca. 30 Minuten wieder in sein Bett zurückgeschickt werden mit ermutigenden Worten: „Ich glaube, jetzt kannst du wieder alleine schlafen – jetzt ist die Angst vorbei!" Das gibt dem Kind Sicherheit.

Es gibt aber Mütter und Väter, die *bei Ehekonflikten,* nachdem der Partner sie verlassen hat, das Kind zu sich ins Bett holen oder im Ehebett neben sich schlafen lassen, um sich mit ihm zu trösten. Das ist eine große Belastung für die Kinder, die man von diesen Konflikten möglichst fernhalten sollte. Ersatzpartner zu sein, ist für das Kind eine Überforderung. Dasselbe gilt in einem solchen Fall für zu große Zärtlichkeiten. Eine Junge oder ein Mädchen von elf / zwölf Jahren gehört nicht mehr auf den Schoß der Mutter oder des Vaters zum Schmusen und Kuscheln, weil sich in diesem Alter schon die Vorpubertät anmeldet und das Kind sich normalerweise von den kindlichen Zärtlichkeiten mit den Eltern ablösen soll. Wenn Kinder das in diesem Alter noch gern tun, steckt dahinter der ungesunde Wunsch, Kind bleiben zu wollen und nicht in die kommende Stufe der Reifung hineinzuwachsen. Das kann sich auch im Versagen in Schulleistungen zeigen. Man muß daher sehr liebevoll das Kind darauf hinweisen, daß es für ein Sitzen auf dem Schoß nun schon zu erwachsen ist (umarmtes Sitzen auf der Couch ist etwas anderes). Väter schmusen gern mit ihren Töchtern – Mütter mit den Söhnen! Damit das Kind sich nicht etwa weggestoßen fühlt, muß man das Zärtlichkeitsbedürfnis durch häufigeres Streicheln über den Kopf, durch herzliche Umarmung beim Kommen und Gehen und auch Küsse beim Einschlafen ausgleichen!

Selbstverständlich kann man ein Kind, das bisher jahrelang bei den Eltern schlief, nicht von heute auf morgen in sein Bett zurückschicken. Zuerst könnte man eine Liege aufstellen und mit der Bemerkung: „Du bist jetzt zu groß und nimmst zuviel Platz in meinem Bett ein!" das Kind im Elternschlafzimmer auf der Liege schlafen lassen. Dann könnte man einen Freund oder eine Freundin zum gemeinsamen Schlafen im Kinderzimmer einladen, damit sich das Kind an sein eigenes Zimmer gewöhnt. Beim ersten Alleinschlafen muß man selbstverständlich die Tür zum Elternschlafzimmer offen lassen.

Es gibt Kinder, die sich angewöhnt haben, immer zu einer bestimmten Zeit nachts aufzuwachen und dann ins Elternbett zu schlüpfen. Diese Kinder muß man freundlich zurückschicken. Manche Mütter bemerken das aber gar nicht und sind erstaunt, wenn am nächsten Morgen das Kind bei ihnen liegt. Wenn es auch hart klingt: Beide Eltern müssen dafür sorgen, daß das Kind allmählich alleine schläft, denn sonst entwickelt es sich zu einem lebensschwachen Menschen, der allen Schwierigkeiten aus dem Wege gehen will. Daran sollten alle diejenigen Eltern immer wieder denken, denen es schwerfällt, ihr Kind in sein eigenes Bett zurückzuschicken, vor allem, wenn das Kind herzerweichend jammert. Eines Tages ist es selbst froh, wenn es alleine einschlafen kann, wie mir ängstliche Kinder meiner Praxis später erleichtert eingestanden haben. Man hatte aber auch die Selbstsicherheit dieser Kinder tagsüber durch kleine Aufgaben, Pflichten und häufiges Loben immer wieder gestärkt.

Bei diesem Problem ist auch noch etwas anderes zu bedenken: Das Kind, das im Bett der Eltern schläft, nimmt hautnah an den Problemen der Eltern teil und kann alleine durch dieses Mitempfinden nervös und aggressiv werden, denn es empfindet auch tagsüber die Probleme der Eltern, weil es durch das gemeinsame Schlafen feinfühlig für ihre Spannungen geworden ist. Ein Kind, das ich zwei Jahre lang wegen nächtlicher Angst und Einschlafstörungen in Behandlung hatte, konnte erst dann ohne Angst und offene Tür einschlafen, als die Eltern ihre Eheprobleme bei einem Psychotherapeuten aus dem Weg geräumt hatten.

> Ich treffe auf der Straße Herrn T. Er lebt mit seiner Frau in Scheidung. Vor zehn Jahren war das Ehepaar mit seinem Kind Marietta (2) wegen nächtlicher Schlafstörungen in Beratung gewesen. Das Kind wachte jede Nacht um 1 Uhr auf und verlangte die Flasche, die ihm aber nur die Mutter geben durfte. Die Eltern fühlten sich durch dieses nächtliche Schreien sehr gestört. Als ich den Eltern riet, dem Kind nachts keine Milch und auch keine Flasche zu geben, sondern nur Wasser oder Kamillentee, schlief das Kind durch. Die Mutter aber hatte Mitleid mit ihm und fand es grausam, beim Schreien keine Milch zu geben. Sie hatte das Kind neun Monate lang gestillt, bis sie wieder schwanger war. Das Schreien fing sofort wieder an, als die Mutter einmal nachgab. Heute, nach zehn Jahren, sagt mir Herr T., daß seine Frau sich schon damals von ihm distanzieren wollte und sich an das Kind klammerte. Auch das nächste Kind machte nachts dasselbe Theater. Marietta aber hörte mit der Geburt des zweiten Kindes spontan auf, denn die Mutter klammerte sich jetzt an das Baby.

Wann abends ins Bett?

Ein weiteres Problem ist der Zeitpunkt, wann ein Kind ins Bett gehört. Auch hier sind die Eltern häufig nachgiebig und lassen aus Bequemlichkeit das Kind zu lange auf. Ein Kind braucht zehn bis zwölf Stun-

den Schlaf, und es ist kein Wunder, daß Kinder in der Schule vor sich hin dösen, wenn sie abends erst um 21 oder 22 Uhr im Bett waren. Sicherlich kostet es häufig viel Kraft, die Kinder konsequent darauf einzustellen, daß sie pünktlich im Bett sein müssen; zumindest unter der Woche darf man nicht nachgeben, und es gibt keine Ausnahmen! In der Zeit der autoritären Erziehung hieß es nur: „Keine Widerrede!", denn darin sind Kinder sehr erfinderisch.
Viele Kinder werden erst abends munter, während sie morgens nicht aus dem Bett finden können und muffig am Frühstückstisch sitzen. Bei diesen Kindern darf abends eine Stunde vor dem Einschlafen möglichst nichts Aufregendes mehr geschehen, wozu natürlich auch das Fernsehen gehört. Marietta z.B. durfte mit 2 ½ Jahren noch bis 20.30 Uhr beim Fernsehen dabei sein! Sollten aber die Kinder gar nicht folgen und immer noch weiter trödeln, muß man abschalten, d.h., man muß so tun, als wären sie schon im Bett, und gar nicht mehr auf sie eingehen: man stellt sich taub und gibt keinerlei Kontakt. Das ist wichtig, denn Kinder suchen den Kontakt, und es ist ihnen unheimlich, gar nicht mehr beachtet zu werden. Dies ist zwar auch kein sicheres Mittel, aber dauerndes Schimpfen vergiftet das Verhältnis zwischen Eltern und Kindern. Sicherlich gibt es beim Zu-Bett-Gehen Unterschiede zwischen Geschwistern. Als Anhaltspunkt kann gelten: ab vier Jahren zwischen 19 und 19.30 Uhr, ab neun Jahren um 20.30 Uhr. Können Kinder bei Eintritt der Sommerzeit wegen Helligkeit nicht einschlafen, muß man versuchen, die Fenster mit dicken Wolldecken o.ä. zu verdunkeln.

Morgens immer langsam

Ein entsprechendes Problem ist das Aufstehen. Sehr viele Kinder können morgens nicht aus dem Bett finden, und Mutter oder Vater müssen immer wieder wecken, wobei der Ton beim dritten Wecken nicht mehr so freundlich klingt. Ab acht Jahren sollte man dem Kind einen Wecker ans Bett stellen, der das erste Wecken besorgt, dann fällt das zweite Wecken der Eltern nicht so ungeduldig aus, und das Kind wird allmählich selbständiger. Ich kenne eine Reihe von 18jährigen, die noch jeden Morgen von den Eltern geweckt werden; das ist kindisch!

> Knut (8) ist heute morgen nicht aus dem Bett zu treiben. Er ist verschlafen und schlechter Laune. Die Mutter muß dauernd antreiben, schimpfen und ermahnen. Er trödelt trotzdem den ganzen Morgen und wird wütend, als die Mutter ihm die strubbeligen Haare kämmen

will, damit es rascher geht. Als die Mutter ihn zuletzt an der Haustür liebevoll verabschieden will, damit er nicht mit einem unguten Gefühl in die Schule geht, meint er: „Einen Kuß hast du eigentlich gar nicht verdient!" Über diese Frechheit ist die Mutter empört. Sie hatte aber mit ihren Ermahnungen den Jungen zusätzlich nervös gemacht, denn viele Menschen können morgens das Gequatsche anderer nicht ertragen.

Das Beispiel von Knut ist typisch für zahllose Familien. Ich höre seit Jahren immer wieder diesselbe Klagen: nicht aufstehen – Muffigkeit – trödeln – Schulsachen nicht beieinander – Turnschuhe nicht zu finden – und „Immer muß ich antreiben"... Kinder verlassen sich in den meisten Fällen auf diese antreibende Kraft der Mutter, wodurch ihre Lahmheit noch verstärkt wird. Um diesen Teufelskreis aufzulösen, haben wir es gelegentlich schon so gehandhabt, daß die Mutter der Lehrerin sagt, das Kind werde voraussichtlich einige Tage unpünktlich kommen, weil die Mutter es nicht mehr antreibt. Das Kind lernt so von sich aus pünktlich zu werden, denn Kinder fühlen sich blamiert, wenn sie nach dem Läuten als Letzte in die volle Klasse kommen. Dieses Mittel hilft allerdings nur, wenn die Eltern den Mut haben, nicht zu treiben und das Kind im letzten Moment nicht doch noch mit dem Auto in die Schule zu fahren. Schul- und Turnsachen müssen abends fertig gepackt auf dem Schreibtisch liegen, dann nimmt das morgens nicht zuviel Zeit in Anspruch, zumal das Kind noch verschlafen ist.

Das Frühstück

Man muß bedenken, daß ein nervöser Krach kein guter Start für den Schultag ist und die Lernfähigkeit behindern kann. Bei Trödelei kommt häufig auch das Frühstück zu kurz. Es gibt eine ganze Reihe von Kindern, die morgens nichts hinunterbringen. „Das hat es von mir!", meinen viele Mütter und Väter.

Selbstverständlich ist es ungesund, wenn das Kind die ersten Schulstunden nüchtern ist. Kein Wunder, daß es sich nicht konzentrieren kann und noch halb schläft. Aber welcher Mensch kann schon frühstücken, wenn es morgens nur miese Stimmung und Gehetze gibt! Das Frühstück sollte gemütlich sein und nicht von nervösem Gequatsche der Eltern begleitet werden, die das Kind mit gutgemeinten, aber nervenden Ermahnungen in die Schule schicken wollen. Man muß das Kind dazu erziehen, daß es morgens wenigstens eine Tasse warme Milch (wegen des Kalzium- und Phosphorgehaltes), Kaba oder notfalls Kräutertee trinkt, am besten ist natürlich ein Müsli.

Das Pausenbrot soll nahrhaft sein: Vollkornbrot und Obst, kein Weißbrot, keine Süßigkeiten, weder Cola noch Limo, wohl aber Milch und Kakao. Viele Kinder erpressen ihre Eltern mit dem Satz: „Andere Kinder haben aber immer Schokolade dabei!“ Auf diese Erpressung darf man nicht hereinfallen, denn es geht um die Gesundheit der Kinder. Man kann antworten: „Den Eltern dieser Kinder ist es wohl gleich, wenn ihre Kinder häßliche Zähne bekommen; die haben ihre Kinder nicht lieb!“ Viele Kinder kaufen sich lieber selbst eine Semmel oder Brezel, die aber nicht so nahrhaft sind und auch nicht so liebevoll gemacht wie das Brot der Mutter. Sicherlich kaufen sich einige Kinder auch nur Süßigkeiten.

Kein Appetit bei den Mahlzeiten

Damit kommen wir zu den Essensproblemen unserer Kinder. Früher hieß es: „Es wird gegessen, was auf den Tisch kommt!“ Das war die Methode der alten autoritären Erziehung und sicherlich für die Gesundheit der Kinder nicht schlecht. Man mußte damals von allem etwas essen und gewöhnte sich so allmählich an unbeliebte Speisen. Heute dagegen gibt es Mütter, die immer nur Gerichte kochen, die das Kind essen mag, und sogar etwas extra kochen, wenn sie wissen, daß das Kind die allgemeine Mahlzeit der Familie nicht ißt. Es kann vorkommen, daß sich ein Kind nur von Spaghetti, nur von Würstchen, Pfannkuchen, Pommes frites oder Schnitzel ernährt, aber keinen Salat, kein Obst, kein Gemüse, kein Fleisch und keine Milchprodukte ißt. Verlangt man von diesen Kindern, auch nur ein Salatblatt zu essen, gibt es ein mörderisches Theater, und das Kind verschwindet unter dem Tisch, wie mir berichtet wurde. Statt Salat kann man z.B. einen Apfel anbieten, denn selbstverständlich ist einseitige Ernährung für Kinder ungesund.
Wie ich beobachten konnte, haben sich in den meisten Fällen Mütter schon sehr früh von ihren Kindern überrumpeln lassen und sich nicht durchgesetzt, weil es bequemer war, sich nach den Wünschen des Kindes zu richten und extra zu kochen, als sich auf einen nervenaufreibenden Machtkampf einzulassen. Nun ist Extrakochen für dieses Kind zu einer ungesunden Angewohnheit geworden, denn es ist inzwischen acht Jahre alt, und seine Geschwister essen alles. Die Eltern waren in Sorge, das Kind könnte verhungern oder krank werden, und sie gaben nach. Kinderärzte sind sich einig, daß noch kein Kind, das nicht essen wollte, verhungert ist. Viel ungesünder leben die zu dicken Kinder!

Natürlich fällt es Eltern schwer, das Nichtessen des Kindes zu ertragen und ganz sachlich zu sagen: „Gut! Dann ißt du eben nichts, aber es gibt später nur trockenes Brot, wenn du Hunger hast!“ Kinder dürfen dann am Nachmittag keine saftigen Wurstbrote bekommen, weil ihnen das allgemeine Essen nicht zusagte. Sie spüren die Macht, die sie durch ihr Nichtessen über Mutter und auch Vater haben. Manche Eltern stopfen die Kinder überbesorgt voll und legen ihnen zu viel auf den Teller. Ab sechs / sieben Jahren sollten die Kinder sich selbst nehmen dürfen.

> Lars (5) erbrach das Essen fast jeden Mittag, woraufhin der Vater ihn zwang, das Erbrochene wieder zu essen. Das ist eine brutale und böse Erziehungsmethode und nützt zudem gar nichts, wie überhaupt jede Gewaltanwendung zwecklos ist. Keine Ohrfeige! Kein Schlag mit dem Löffel auf die Hand, wie es Großmütter früher taten!

Vorsicht: Süßigkeiten!

Solche Kinder dürfen zwischendurch nichts zu essen bekomen, vor allem keine Süßigkeiten, die den Appetit verderben und Vitamine verbrauchen. Sie sind dann ungesund satt. Viele dieser Kinder gehen heimlich an den Kühlschrank und essen sich mit dem voll, was ihnen gerade schmeckt. Ebenso gehen sie heimlich an Süßigkeiten, die die Mutter irgendwo aufbewahrt. Man muß also schon hart sein und einiges wegschließen, um das Kind zu einem gesunden Essen anzuregen. Es kann vorkommen, daß solch ein Kind auf einem Klassenausflug, im Schullandheim oder bei Freunden ganz normal ißt, was erkennen läßt, daß es sich nur um eine Angewohnheit innerhalb der Familie handelt, in der es eine Sonderstellung genießt, weil es sich sonst nicht genug beachtet fühlt.

> Neben mir im Gasthaus sitzt eine Familie mit einem vierjährigen Mädchen, Rita. Es dauert lange, bis das bestellte Essen kommt, und das Kind fängt an zu jammern, weil es Hunger hat. „Sie hat heute früh nicht gefrühstückt“, sagt mir die Mutter als Erklärung für die Ungeduld des Kindes. Als das bestellte Essen kommt, hat das Kind nur ein Schnitzel auf seinem Teller, und die Mutter fragt: „Möchtest du Kartoffeln?“ Das Kind schüttelt den Kopf. „Möchtest du Salat?“ Wieder schüttelt das Kind den Kopf und ißt nur das Schnitzel. Das ist natürlich viel zu wenig, zumal das Kind nicht gefrühstückt hatte und sicherlich genauso gefragt wird, ob es frühstücken mag. Dieses Befragen ist falsch, denn ein Kind muß bestimmte Grundnahrungsmittel wie Gemüse, Kartoffeln und Salat wegen der Vitamine essen. Da wird gar nicht erst gefragt! Das gehört zu einer gesunden Erziehung, ebenso wie ein Frühstück.

Ich konnte auch beobachten, daß Kinder mit Essensschwierigkeiten häufig empfindsam und sensibel sind und durch ihr Nichtessen ihre allgemeine Lebensunlust ausdrücken: den Kindern schmeckt das ganze Leben nicht! Sie sind leicht mutlos und verunsichert, im Kontakt mit anderen Kindern, bei Schulleistungen und im Sport, schwanken in ihren Stimmungen und sind leicht beleidigt. Das Nichtessen drückt tiefere Probleme aus, z.B. beim Tod einer lieben Oma, die man bereinigen muß, was am besten dadurch erreicht werden kann, daß man dem Kind zu größerer Lebensfreude verhilft.

Einnehmen von Medizin

Frau W. ist Apothekerin. Als ich sie nach den Essensgewohnheiten ihrer Kinder frage, meint sie, bei ihnen esse jeder etwas anderes: Peter ißt keinen Salat und kein Gemüse, Christel ißt kein Fleisch und keine Milchprodukte. Sie findet das ganz in Ordnung, da auch ihr Mann und sie vieles nicht mögen, weswegen sie dies den Kindern auch zugesteht. Da sie Apothekerin ist, frage ich sie, ob sie mit ihren Kindern Probleme beim Einnehmen von Medikamenten habe, da andere Mütter bei mir immer wieder darüber klagen. Hier meint sie, sie habe mit ihren Kindern gar keine Schwierigkeiten; die würden alles einnehmen, was sie ihnen gibt.

An diesem Fall sieht man deutlich, daß es sich letztlich doch um die innere Einstellung der Mutter handelt, denn jeder wird einsehen, daß es wesentlich unangenehmer ist, eine bittere Medizin einzunehmen, als grünen Salat oder Fleisch zu essen. Ist die Mutter selbst davon überzeugt, daß es für das Kind notwendig ist, Medizin einzunehmen, hat sie auch mehr Kraft, sich beim Kind durchzusetzen. Die Eltern müssen eine Überzeugungskraft ausstrahlen, auch beim Durchsetzen eines abwechslungsreichen Speisezettels.
Beim Einnehmen von Medizin sind viele Mütter unsicher; gerade ängstliche Kinder spüren das.
Droht der Arzt mit der Spritze, geht es plötzlich ohne weiteres.

Rudi (12) klagt bei mir über Kopfschmerzen. Als ich ihm eine Vitamin-C-Brausetablette in Wasser aufgelöst gebe, macht er ein Gesicht, als wollte ich ihn vergiften. Ich lasse aber nicht locker und fordere ihn immer wieder auf, das Glas auszutrinken, denn ich weiß, daß er auch zu Hause die Mutter bei jeder Kleinigkeit mit seiner Überempfindlichkeit nervt. Mühsam trinkt er das Glas Schlückchen für Schlückchen leer. Als er einige Wochen später wieder Kopfweh hat, fordert er von sich aus die Brausetablette und trinkt das Glas leer, obwohl es ihm wieder nicht sonderlich schmeckt. Er hatte aber erfahren, daß die Tablette ihm gut tat, wenn sie ihm auch nicht schmeckte.

Anders liegt folgender Fall:

> Ernst (11) ist wegen Magen- und Bauchweh bei mir in Behandlung. Er kann häufig morgens nicht in die Schule gehen, weil er Schmerzen hat. Er trinkt sehr viel Limo. Als ich ihm vorschlage, eine Zeitlang auf Limo zu verzichten, damit wir herausfinden, ob er nicht dadurch Magenschmerzen bekommt, erklärt er mir: „Die schmeckt mir aber!" Die Mutter akzeptiert seine Weigerung und läßt ihn weiterhin viel Limo trinken, obwohl ich sie in seinem Fall für schädlich halte.

Hier haben wir also das Gegenteil: Mütter lassen die Kinder etwas trinken oder essen, das für das Kind schädlich ist, weil sie nicht die Kraft aufbringen, es zu verbieten. Im Fall von Ernst hätte die Mutter keine Limonade, sondern Mineralwasser kaufen müssen. Sie hat aber Angst vor dem Maulen des Jungen, zumal sie in Scheidung lebt und den Kontakt mit dem Sohn als Ersatz braucht. Das Argument: „Es schmeckt mir aber!" wird von vielen Jugendlichen später auch für das Rauchen gebraucht. Tim (17) sagt zu mir: „Zigaretten schmecken mir, warum soll ich sie mir dann abgewöhnen?" Die Tatsache, daß etwas schmeckt, ist anscheinend für den jungen Menschen ein Beweis, daß es gut und gesund ist, während eine Medizin, die nicht schmeckt, schädlich ist! Ich habe mir daher bei diesen Kindern angewöhnt zu sagen: „Eine Medizin, die gut schmeckt, nützt meist nichts, dann bleiben die Bauchschmerzen oder der Husten."
Es gibt Kinder, die keine Tabletten schlucken wollen. Auch hier kann die eindeutige Haltung der Mutter, zu der das Kind Vertrauen hat, helfen, die Angst vor der manchmal lebensnotwendigen Tablette (Antibiotikum) zu überwinden. Vielleicht könnte man es dem Kind auch folgendermaßen vormachen: die Mutter nimmt eine Tablette in den Mund (u.U. ein Placebo), trinkt ein Glas Wasser und fordert das Kind auf, das nachzumachen. Die Mutter muß aber deutlich schlucken. Das Kind kann seine Hand an den Hals der Mutter legen, um dies zu spüren. Diese Haltung hat für das Kind Überzeugungskraft und kann es zum Nachahmen anregen. Selbstverständlich muß man das Kind dann auch loben! Das Kind kann auf ein Ablehnen von Medikamenten programmiert werden, wenn die Eltern auch nur einmal nachgeben. Eltern, die es nicht schaffen, sind meistens auch gegen sich selbst zu nachgiebig und wollen das Kind nicht quälen. Wenn es aber um das Wohl eines Kindes geht, muß man hart bleiben.

Angst vor dem Zahnarzt (Spange, Zähneputzen)

Ähnliches gilt auch für den Zahnarzt. Ein ängstliches Kind sollte Mutter oder Vater begleiten, wenn diese zum Zahnarzt gehen, damit es sieht, daß sie den Zahnarzt ertragen können. Es geht häufig nur um die Angst, daß jemand mit einem Instrument in einen eindringt. Es gibt einfühlsame Zahnärzte, aber auch erstaunlich robuste und autoritäre, bei denen ein Kind mit Recht Angst hat. Man muß also einen kinderfreundlichen Zahnarzt suchen. Es geht nicht, daß die Mutter sagt: „Er (sie) geht mir nicht zum Zahnarzt!“ und im Gebiß des Kindes sind schon Löcher zu sehen. Elisabeth (8) ging erst dann zum Zahnarzt, als sie eine dicke Backe und starke Schmerzen bekam.

Es gibt aber auch Kinder, die ihre Zahnspange nicht tragen wollen. Die Mütter sagen dann nur achselzuckend: „Er (sie) mag die Spange nicht tragen!“ Selbstverständlich ist es Aufgabe der Mutter, das Kind immer wieder an das Tragen der Zahnspange zu erinnern. Wie mir Kinder sagten, ist die Spange nur in den ersten Tagen unbequem und schmerzhaft. Kluge Mütter bereiten die Kinder auf die Zahnspange vor, indem sie ihnen schon Wochen vorher Menschen zeigen, die schlecht stehende Zähne haben und beim Lachen häßlich aussehen. „Guck mal, der hat als Kind keine Spange getragen!“ Es gibt auch Mütter und Väter, die meinen, daß man sein Kind nicht mit einer Spange quälen dürfe. Dies ist eine lebensfremde Verweichlichung, denn das Kind wird den Eltern später Vorwürfe machen, wenn es häßlich aussieht, in einer Welt, die großen Wert auf ästhetisches Aussehen legt.

Es geht aber auch anders:

> Theo (8) stottert so sehr, daß man ihn kaum verstehen kann. Stotternd erzählt er mir, daß er heute eine Zahnspange bekommt – seine große Schwester (11) bekommt heute auch eine. Ich bin erschrocken, weil ich mir nicht vorstellen kann, daß der Junge dann überhaupt noch ein Wort herausbringt. Als ich die Mutter darauf aufmerksam mache, meint diese, er freue sich so sehr auf die Spange, daß sie ihm diese Freude nicht nehmen dürfe, denn auch die Schwester bekomme eine. In der nächsten Stunde zeigt er mir glückstrahlend seine Spange (oben und unten), die sein Sprechen in keiner Weise verschlechtert hat! Er ist richtig stolz.

An diesem Fall sieht man, daß auch die innere Einstellung eine wichtige Rolle spielt. Hat das Kind allerdings Schmerzen, müssen die Eltern helfen (eventuell mit Kamille spülen).

Vorsichtig muß man dagegen mit dem Verbieten des Daumenlutschens sein (bis zu drei Jahren ist das normal!), denn hier handelt es sich um eine Notlösung, die das Kind für sich gefunden hat. Es fühlt sich vielleicht einsam, braucht mehr Zärtlichkeit und mehr Ruhe in einer hektischen, problemgeladenen Familie. Es ist daher seelische Roheit, die Kinder zu bestrafen, ihnen die Hände einzubinden oder einzuschmieren. Das stammt noch aus der Zeit der autoritären Erziehung! Manche Kinder lutschen auch nur gelegentlich bei Krankheiten am Daumen, wenn sie sich offensichtlich unwohl fühlen. Das soll man ihnen auch erlauben. Mit Schuleintritt hört es meistens von selbst auf.

Es wird wohl kaum Eltern geben, die meinen, ihr Kind zu autoritär zu erziehen, wenn sie fordern, daß es abends und morgens die Zähne putzt. Viele Kinder halten das Putzen am Morgen für völlig überflüssig, und man muß täglich hinter ihnen her sein und sie kontrollieren, so daß es zu einem Machtkampf kommen kann, wie mir genervte Mütter berichteten. Eine nasse Zahnbürste ist noch kein Beweis! Süßigkeiten sind selbstverständlich abends nach dem Zähneputzen verboten, denn warum putzt man sonst? Susi (10) nimmt sich heimlich Bonbons mit ins Bett, die sie schon tagsüber versteckt!

Leider habe ich feststellen müssen, daß Kinder, die in der eben erwähnten Hinsicht (Essen, Medikamente, Zahnarzt, Zahnspange) Schwierigkeiten machen, sich auch sonst gern vor jeder Unannehmlichkeit drükken wollen und die Eltern mit ihrem Gejammere nerven. Die Eltern kommen sich dann brutal vor. Dieses Ausweichen erstreckt sich später auch auf Probleme in der Schule und im Beruf. Man spricht heute von einer „weinerlichen Generation", die nur Genußsucht kennt – nach dem Motto: „Nur was mir schmeckt, paßt mir!"

Bei diesen Kindern ist es falsche Liebe, wenn man ihnen nachgibt. Man muß ihnen aber helfen und darf nicht autoritär befehlen. Hierzu gehört eine gewisse Phantasie! Es ist nicht auszuschließen, daß sich solche Kinder die falsche Haltung angewöhnt haben, weil man ihnen immer nachgab. Sind die Kinder außerordentlich hartnäckig im Ausweichen, hilft wohl nur entsprechende Sturheit der Eltern.

Rücksichten auf die geistige Entwicklung der Kinder

Angst vor dem Kindergarten

Kindergarten und Schule geben jedem Kind die Möglichkeit, sich geistig zu entwickeln, weil es dort mehr altersgemäße Anregungen bekommt als im Elternhaus. Der Kindergarten ist der erste Schritt aus der Geborgenheit des Elternhauses in die Welt hinaus, weswegen er auch einigen Kindern schwerfällt.

> Dieter (4,9) bleibt nicht im Kindergarten, sondern klammert sich an die Mutter, die nicht fortgehen darf, und brüllt auch auf ihrem Schoß. Geht die Mutter trotzdem fort, sitzt er nur in der Ecke, weint vor sich hin und ist nicht zu bewegen, sich am gemeinsamen Spiel zu beteiligen. Zuletzt nimmt die Mutter ihn aus dem Kindergarten heraus, weil die Erzieherin meint, er sei noch zu jung. Dabei ist er schon fast fünf Jahre alt, und seine Intelligenz ist sehr entwickelt. Er ist unkindlich schlau, spricht eine unkindliche Sprache und spielt auch zu Hause nie mit gleichaltrigen Kindern.

Nach einem halben Jahr psychotherapeutischer Behandlung und Beratung der Eltern bleibt Dieter bei mir alleine. Er klammerte sich die erste Zeit an die Mutter oder den Vater, die im Spielzimmer bleiben mußten, und wollte nicht spielen, außer wenn ich mit der Mutter oder mit dem Vater ein Spiel gemeinsam spielte. Man merkte dabei deutlich, daß er unter großer Lebensangst litt, denn er spürte wohl, daß man ihn „abnabeln“ wollte. Erst nach 30 Stunden – also nach einem halben Jahr – entspannte er sich; nun kommt er gern zu mir und bastelt mit Lego so originell und kreativ, wie ich es noch bei keinem Kind seines Alters erlebt habe!

Als er 14 Tage in einem neuen Kindergarten war, erklärte er abends, daß er jetzt Ferien machen wolle. Er hatte genug! Die Eltern waren ratlos, sie riefen mich an und erklärten ihm nach unserem Gespräch, daß die große Schwester auch keine Ferien machen würde, weswegen auch er gehen müsse. „Da gibt es gar nicht anderes!“ Er ging maulend – ohne zu weinen. Kürzlich gestand er mir aber, er gehe jetzt gerne (nach vier Monaten).

Dieter war nicht zu jung für den Kindergarten, aber zu selbstunsicher! Er war ein Nachkömmling, und man hatte ihn daher nicht kindlich genug, sondern wie die große Schwester behandelt, die sechs Jahre

älter war; daher seine altkluge Sprache und unkindliche Schlauheit. Sicherlich war er aber auch von Natur aus sehr sensibel und empfindlich.
Glücklicherweise gehen die meisten Kinder gern in den Kindergarten. Manche wollen sogar in den Ferien hingehen und sind ärgerlich, wenn sie wegen eines Arztbesuches o.ä. den Kindergarten versäumen müssen. Das ist eine gesunde und normale Einstellung, denn die Kinder spüren, daß sie sich im Kindergarten entfalten können, was in diesem Umfang zu Hause nicht möglich ist.
Es ist daher falsch, wenn man ein Kind, das Angst hat, aus dem Kindergarten herausnimmt. Es gibt einige Mütter, die das sogar ganz gern tun, weil sie unbewußt Angst davor haben, ihr Kind herzugeben. Dies ist häufig bei Einzelkindern, beim Jüngsten, nach der Scheidung oder nach dem Tod eines Kindes der Fall. Gerade Einzelkinder brauchen aber den Kindergarten besonders als Vorbereitung für die Gemeinschaft mit anderen Kindern in der Schule.
Es gibt viele Kindergärtnerinnen, die genau wissen, wie man sich einem ängstlichen und weinenden Kind gegenüber verhalten soll. Zu energische Erzieherinnen, die diese kleinen Wesen einfach autoritär überfahren, verstärken die Angst noch. Erstaunlicherweise gibt es sogar junge Kindergärtnerinnen, die sich altmodisch autoritär verhalten! Bringt ein Gespräch nichts, kann man vielleicht den Kindergarten wechseln. Ab etwa vier Jahren braucht das Kind die Anregungen des Kindergartens und das Zusammensein mit anderen Kindern, deshalb soll man nicht nachgeben.

Der erste Schultag

Eine ähnliche Angst kann man beim Schuleintritt erleben.

> Helga ist im Herbst mit sieben Jahren eingeschult worden. Seitdem schreit sie nachts im Schlaf und hat Alpträume; sie geht nicht mehr in den dunklen Keller und nicht mehr durchs finstere Treppenhaus. Im Kindergarten gab es keinerlei Probleme und keine Angst. Sie ist ein lebhaftes und kluges Kind, das noch einen älteren Bruder hat. Die Mutter meint, die Lehrerin würde sehr viel verlangen. Helga muß immer unter den Besten sein, sonst ist sie unzufrieden. Leider hat sie aber auch noch keine Freundin gefunden, weil kein Kind ihres Kindergartens mit ihr zusammen eingeschult wurde. Sie fühlt sich daher in der neuen Umgebung fremd, und das noch nach vier Monaten. Den Schulstoff bewältigt sie ohne weiteres. Man muß Umschau nach einer passenden Freundin halten, eventuell mit Hilfe der Lehrerin, die auf

alle Fälle von der Schulangst des Kindes wissen muß, um ihm durch Anerkennung Mut zu machen. Hat nämlich ein Kind einen persönlichen Kontakt zur Lehrerin gefunden, fühlt es sich in der Klasse geborgen.

Es gibt Kinder, die intellektuell schon schulreif sind. Sie können bereits ein wenig lesen, schreiben und rechnen. Vielleicht aber haben sie das von den älteren Geschwistern abgeguckt und sind trotzdem seelisch und körperlich den Anforderungen eines Schultages noch nicht gewachsen: Sie sind zu unruhig, um stundenlang stillsitzen zu können, träumen vor sich hin und können sich nicht auf den Lernstoff konzentrieren, fühlen sich in der Masse der anderen Kinder erdrückt und fremd und können sogar anfangen zu weinen. Sie haben morgens vor der Schule Bauchweh und müssen sich manchmal sogar übergeben. Im Kindergarten wurde noch gespielt und wenig gefordert. Die Erzieherin kümmerte sich um jedes Kind einzeln, die Lehrerin jedoch kann das nicht mehr. Man sagt in solchen Fällen: „Das Kind ist noch zu verspielt!“ Das hat immer einen abwertenden Klang und ist ungerecht.

Schulversagen bei hoher Intelligenz

Viele Eltern lassen sich von der Intelligenz ihrer Kinder blenden und sind stolz darauf. Sie schicken ihr Kind deshalb in die Schule, auch wenn es altersmäßig nur knapp reif ist. Das Kind hätte noch ein Jahr Spielzeit gebraucht, um seine inneren Kräfte zu entwickeln, denn Lesen-, Schreiben- und Rechnenkönnen allein machen noch keinen klugen Menschen. Ein nervöses, zappeliges und selbstunsicheres Kind, das auch körperlich leicht erschöpfbar ist, kann seine Intelligenz nicht voll einsetzen. Psychologen kennen zahllose Kinder mit hoher Intelligenz, die aber trotzdem Schulversager sind. Diese Kinder werden dann laufend geschimpft und für faul gehalten. „Richard könnte, wenn er nur wollte!“ Oder: „Ilse könnte eine der Besten sein!“ heißt es dann. Das ist sehr ungerecht, denn man übersieht ihre seelische Schwäche und quält das Kind die ganze Schulzeit über mit dieser falschen Erwartung. Es lebt dann in den entscheidenden Jahren seiner Kindheit unter einem ungesunden Druck.
Man hat in den letzten Jahren die Erfahrung gemacht, daß es besser für die Entwicklung mancher Kinder ist, wenn man ihnen noch ein Jahr Kindheit gönnt, denn sie reifen dann harmonischer. Erfahrene Erzieherinnen haben meist einen guten Blick für die Schulreife ihres Schützlings, vorausgesetzt, daß sie ihn länger in ihrer Obhut hatten. Man

sollte daher auf ihren Rat hören. Es gibt leider Eltern, die eine späte Einschulung ihres Kindes als Makel an der Familienehre empfinden und nicht einsehen können, daß auch draußen in der Natur nicht jeder Baum nach demselben Schema wächst und sie ihr Kind überfordern. Schickt man das Kind zu früh in die Schule, wird es vermutlich hinterherhinken in seinen Leistungen, die Schule wird zum Ort dauernder Niederlagen, und das Kind wird sich für dumm halten, was wiederum zu lebenslangen Minderwertigkeitsgefühlen führen muß. Manche Eltern fürchten, ihr Kind komme zu spät ins Berufsleben, aber mit Minderwertigkeitsgefühlen hat man im Berufsleben wenig Chancen.

Karli wurde am 12. August sechs Jahre alt. Er kam am 12. September vorzeitig in die Schule, da ihn die Schulreifetests positiv bewertet hatten. Zuerst versagte er in Lesen und Schreiben, was er aber bald aufholte. Dann aber versagte er im Rechnen katastrophal, so daß man an eine Minderbegabung im Rechnen denken mußte. Er störte im Unterricht, indem er dazwischenredete und vor sich hin murmelte; er hatte die Hände laufend im Mund und kaute an den Fingernägeln. Auch boxte er andere Kinder aggressiv. Im Kindergarten war er kontaktfreudig und aufgeschlossen gewesen. Er war gerne hingegangen, und zwar schon mit drei Jahren, weil die Mutter berufstätig war. Vor dem Schuleintritt war er sehr wißbegierig gewesen und wollte schon alles lesen können. Als Karli im zweiten Schuljahr überhaupt nicht rechnen konnte, entschlossen sich die Eltern, ihn die Klasse wiederholen zu lassen; er langweilte sich zwar anfangs, holte dann aber ganz allmählich auf, so daß er heute in der vierten Klasse die Note 1 in Mathematik hat und auch sonst ein so guter Schüler ist, daß er ohne weiteres aufs Gymnasium gehen kann. Die Eltern aber meinten zunächst, der Junge wolle sich nur nicht anstrengen, weswegen er bei seinem Versagen im Rechnen laufend geschimpft wurde. Er hatte ja so einen guten Intelligenztest gehabt! Er ist heute noch immer sehr sensibel und leicht zu verunsichern. Das ist seine Charakterstruktur.

Torsten wurde am 30. April sechs Jahre alt, und es bestanden überhaupt keine Bedenken, ihn einzuschulen, zumal er ein wacher kleiner Junge war, der auch schon etwas rechnen konnte. Zur Überraschung der Mutter aber sagte die Lehrerin nach kurzer Zeit, daß er noch sehr kindlich sei und die Schule nicht genügend ernst nehme. Als er mit dreieinhalb Jahren in den Kindergarten kam, war das ein „Drama“, und er wachte nachts mit Angst auf und wollte nicht wieder hingehen, so daß die Mutter ihn nach sechs Wochen herausnahm. Als sie ihn dann mit fünf Jahren wieder in den Kindergarten gab, ging er gerne hin. Nachdem die Eltern jetzt zweimal schlechte Erfahrungen mit seiner Reife gemacht hatten, schickten sie den Jungen nach der vierten Klasse nicht auf das Gymnasium, obgleich der Notendurchschnitt ausgereicht hätte und er auch sonst allgemein reifer geworden war, aber „wahnsinnig schlampig". Im letzten Jahr wäre nun die kleine Schwester Bärbel für den Schuleintritt fällig gewesen. Sie wurde aber erst am 26. Juli sechs Jahre alt, weswegen die Mutter das Kind weiterhin im Kindergarten ließ, obwohl ihr Intelligenztest dem einer achtjährigen entsprach! Sie ist aber noch sehr leicht zu verunsichern und geltungsbedürftig und kann es gar nicht ertragen, wenn jemand etwas besser kann als sie. Dann gibt es Tränen und Wutanfälle. Jetzt im zusätzlichen Kindergartenjahr wird sie allmählich ausgeglichener und lacht viel, sie „blüht geradezu auf", auch geht sie „unwahrscheinlich gern" in den Kindergarten. Ich frage sie, ob sie sich nicht langweile, weil sie doch schon alles kennt. Da meint sie: „Manchmal schon – aber eigentlich nicht!" Kürzlich erklärte sie der Mutter, sie wolle heute nicht gehen, weil man ein Lied für den Martinszug üben würde, das sie schon auswendig können. Die Mutter ließ sie daraufhin zu Hause: dann ging sie aber sehr zufrieden am nächsten Tag im Martinszug des Kindergartens mit.

Manche Eltern befürchten, das Kind würde bei Wiederholung des Kindergartenjahres nicht genügend gefordert. Spielzeit bedeutet aber gerade Freiheit zur Entfaltung des eigenen kreativen Denkens und Fühlens. Auch tut es den Kindern gut, wenn sie jetzt zu den ältesten gehören und führend sein dürfen. Das stärkt ihr Selbstvertrauen.

Hausaufgaben sind erste Pflichten

Die ersten Pflichten, die mit dem Schuleintritt gefordert werden, sind die Hausaufgaben, die auch von den Eltern selbst ernst genommen werden müssen. Das Kind sollte seinen bestimmten Arbeitsplatz haben, möglichst einen eigenen Tisch, aber zumindest ein Regal oder Fach, wo alle Schulsachen ordentlich beieinander liegen. Sie dürfen nicht zwischen den Spielsachen herumliegen.
Es gibt viele gewissenhafte und pflichtbewußte Kinder, die sich sofort nach dem Mittagessen ohne besondere Aufforderung hinsetzen und ihre Hausaufgaben selbständig machen. Es herrscht aber Unklarheit darüber, wann die Hausaufgaben zu machen sind. Wissenschaftler meinen, ein Kind habe nach dem Mittagessen einen Tiefpunkt und solle deshalb erst spielen. Kinder selbst aber haben mich eines Besseren belehrt: Sie wollen die leidigen Hausaufgaben am liebsten rasch hinter sich bringen, weswegen sie diese gleich nach dem Essen machen möchten. Am Abend aber, wenn sie müde vom Spielen sind, kostet es mehr Anstrengung, sich wieder aufzuraffen, als wenn sie noch im Training

und Arbeitsrhythmus der Schule sind. Natürlich kann sich das Kind eine kleine Erholungspause gönnen, ca. 30 Minuten, was aber viele gar nicht wollen. „Das ist Zeitverschwendung!“ sagt Gisela (10). Sie fühlt sich entlasteter, wenn sie ihre alltäglichen Pflichten hinter sich gebracht hat. Deshalb sollte man nur in seltenen Ausnahmefällen die Hausaufgaben auf den Abend verschieben lassen. Das alte Sprichwort: *„Erst die Arbeit, dann das Vergnügen!“* sollte hier gelten.

> Robert (12) soll eine Katze geschenkt bekommen. Der Vater will heute nachmittag mit ihm aufs Land fahren, um sie zu holen. Doch er verlangt, daß erst die Hausaufgaben gemacht werden müssen, denn es gibt immer Theater, und der Junge drückt sich. Robert ruft mich an, weil er sich von mir Unterstützung erhofft, denn er will, daß man ihm eine Entschuldigung schreibt, daß er heute seine Hausaufgaben nicht machen konnte. Er schlägt mir vor, man solle einen Arztbesuch vorgeben. Als ich das rundweg abschlage, weil es gelogen ist, meint er, die Lehrerin wisse das ja nicht, und heult wütend los, als auch ich von ihm zuerst die Hausaufgaben fordere. Er schreit ins Telefon: „Dann klaue ich mir eben eine Katze aus dem Tierheim!“ worauf ich ganz trocken sage: „Dann tu das!“ Ich weiß allerdings, daß das gar nicht möglich ist.

> Jens (10) hat seine Hausaufgaben nicht gemacht, als die Mutter abends um 18 Uhr von der Arbeit nach Hause kommt. Er hat ferngesehen und gespielt, obgleich die große Schwester ihn gemahnt hatte. Die Mutter ist erst seit 14 Tagen berufstätig, und er war daran gewöhnt, daß sie daneben sitzt und ihn antreibt. Weil es nun zu spät ist, muß er den Rest der Hausaufgaben am nächsten Morgen machen und eine halbe Stunde früher aufstehen. Er findet das sehr schön, und es ist daher anzunehmen, daß er in den nächsten Tagen wieder damit rechnet, seine Hausaufgaben erst am nächsten Morgen machen zu können. Dann muß er aber eine halbe Stunde früher ins Bett, damit er genug Schlaf bekommt und sich diese Unregelmäßigkeit abgewöhnt. Natürlich müssen Hausaufgaben am Nachmittag gemacht werden!

Leider gibt es heute Eltern, die der Meinung sind, *Hausaufgaben seien für die Kinder „ein Streß“.* Sie bedauern deshalb die Kinder, was zu Unlustgefühlen führen muß. „In unserer Jugend war das anders, da brauchte man nicht so viel zu arbeiten“, sagt Oma. Hausaufgaben sind aber selbstverständliche Pflichten, die jedes normale Kind erfüllen kann.

Die Art und Weise, wie die Eltern *Aufsicht über die Hausaufgaben* führen, ist eine entscheidende Hilfe für die geistige Entwicklung des Kindes. Es gibt Mütter und Väter, die sich überhaupt nicht um die Hausaufgaben kümmern, weil sie selbst beruflich zu sehr angespannt sind und sich abends nicht noch damit ärgern wollen. Jedes Kind soll seine Hausaufgaben ohne jede Hilfe, selbständig und alleine machen! Das ist auch von der Schule so geplant. *Das Kind muß aber kontrolliert werden,* ob es die Hausaufgaben gemacht hat. Viele drücken sich hier raffiniert: *„Nein, wir haben heute nichts auf!“* Notfalls sollte man bei Klassenkameraden telefonisch anfragen. Es muß auch nachgeschaut werden, ob die Arbeiten richtig und ordentlich gemacht sind (Schrift!). Hier kann es allerdings wieder zu einem Machtkampf kommen, weil das Kind nicht einsehen will, daß eine Arbeit noch einmal geschrieben werden muß oder die Zeichnung so verschmiert nicht abgegeben werden kann. Man muß sich dann notfalls *auf die Kritik des Lehrers verlassen.*

Mithilfe der Eltern

Nicht zuletzt muß mit manchen Kindern auch geübt werden: bei schlechter Rechtschreibung Diktate üben, das Einmaleins abfragen, Gedichte abhören, unverständliche Rechenaufgaben erklären usw. *Das Kind hat ein Recht auf unsere Hilfe.* Ab der fünften Klasse müssen auf alle Fälle englische Vokabeln abgefragt werden, auch wenn die Eltern kein Englisch können; man kann sich die Worte vorbuchstabieren lassen.

Heute wird soviel von sozialer Ungerechtigkeit gesprochen. Eine der größten sozialen Ungerechtigkeiten liegt nach meiner Erfahrung in der unterschiedlichen Hilfe und Unterstützung, die ein Kind bei seinen Hausaufgaben von den Eltern bekommt. Manche Eltern kümmern sich viel zuwenig um ihr Kind und überlassen es ganz sich selbst, was bei begabten Kindern nicht schadet, bei unbegabten aber in einem Chaos endet. *„Jetzt muß sich mein Mann auch einmal hinsetzen* und mit Esther (11) am Wochenende Mathematik machen. Der drückt sich nämlich immer davor!“ sagt Frau S. verärgert zu mir. Leider stimmt das. Väter drücken sich im allgemeinen vor der Hilfe bei den Hausaufgaben und haben offenbar das Gefühl, auch die Hausaufgabenüberwachung sei Sache der Mutter; sie schimpfen aber dann doch über schlechte Zeugnisnoten.

> Uwe (7) ist dieses Jahr in die Schule gekommen. Er konnte schon schreiben, lesen und rechnen und findet die Schreibübungen langweilig und schmiert daher seine Hausaufgaben unordentlich hin. Als die Mutter von ihm verlangt, daß er sie noch einmal machen soll, schreibt er die Worte aus Trotz einfach ineinander. Er muß nun die Arbeit zum

dritten Mal schreiben. Dieser Kampf dauert ein Vierteljahr, dann gibt Uwe nach und bekommt auch in der Schule Sternchen von der Lehrerin, auf die er sehr stolz ist.

Bernd (10) bekam von seiner Lehrerin dieselbe Hausarbeit viermal durchgestrichen, weil er immer wieder unter die Linien und über den Rand schmiert. Bei der Mutter hatte er sich geweigert, noch einmal zu schreiben.

Sigi (11) schrieb grundsätzlich über den Seitenrand und trennte aus Bequemlichkeit die Worte nicht. Hier verlangte der Vater, daß der Junge noch einmal schrieb. Er tut es aber immer wieder – aus Bequemlichkeit.

Kerstin (12) war in der Grundschule sitzengeblieben, obwohl ihr Intelligenzquotient durchschnittlich war und somit für mittelmäßige Noten auf der Grundschule ausgereicht hätte. Jetzt sollte sie zum zweiten Mal sitzenbleiben. Die Mutter, die berufstätig und alleinerziehend war, kümmerte sich nicht um die Hausaufgaben, da die ältere Schwester auf die Oberschule ging und ohne jede Hilfe der Mutter eine sehr gute Schülerin war. Erst als die Mutter täglich die Hausaufgaben kontrollierte und jede Woche einmal mit dem Klassenlehrer telefonierte, um sich nach den Aufgaben zu erkundigen, fing das Mädchen an zu arbeiten. Vorher hatte sie in der Schule nur geträumt. Kümmerte sich aber die Mutter einige Tage nicht um die Hausaufgaben, drückte sich Kerstin wieder.

Neill, der Begründer der antiautoritären Erziehung, meinte, Kinder brauchten keine Hausaufgaben zu machen, weil „sie sie hassen"! Das stimmt nicht, wenn sie von Anfang ihrer Schulzeit an diese als selbstverständlichen und notwendigen Teil des Schulunterrichts erfahren haben. Es gibt Privatschulen, in denen das Kind gemeinsam mit anderen anschließend an den Unterricht seine Hausaufgaben macht und sich also zu Hause nicht noch einmal hinsetzen muß. Das ist aber oft ein Trugschluß, denn in Fächern, in denen das Kind Lücken hat und nicht mitkommt, muß es zu Hause doch noch extra üben. Unsere öffentlichen Schulen erwarten vom Kind selbständiges Arbeiten zu Hause und nochmaliges und alleiniges Durchgehen des Lernstoffes, *um die eigene Denkfähigkeit zu entfalten.*

Die Hilfe, die die Eltern den Kindern geben, darf nicht nervös und ungeduldig sein. Ruhe und Geduld von Mutter und Vater sind hier eine wesentliche Hilfe, in der auch immer wieder Anerkennung und Lob enthalten sein muß. Ehrlicherweise muß man aber zugeben, daß es auch Eltern nicht immer Spaß bringt, mit den Kindern Hausaufgaben zu machen, besonders wenn die Kinder bockig und lustlos sind und man sie ewig anschieben muß. *Die Eltern opfern schließlich ihre Freizeit!* Die Hilfe aber, die wir den Kindern hier geben, ist ebenso wichtig wie Essen und Trinken. Sehr intelligente Mütter und Väter verlieren häufig leichter die Nerven, weil sie nicht verstehen, warum ausgerechnet *das eigene Kind so „blöd und dämlich"* ist! Die älteren Geschwister haben vielleicht leichter gelernt; und deshalb überfordert man nun das „dümmere" Kind, das dann trotzig wird. „Ich verstehe das gar nicht, Beate hat doch alles viel leichter gelernt als Thomas." Solche Ungerechtigkeit und Überforderung allein kann zum Versagen in der Schule führen, wie man aus der Erziehungsberatung allgemein weiß. Die Kinder müssen aber auch *Hilfe bekommen, wenn sie im Recht sind:*

> Klaus (10) gesteht am Montagmorgen heulend, daß er noch etwas in Religion auswendigzulernen habe. Die Mutter schimpft verärgert los, denn er hatte das ganze Wochenende über Zeit gehabt und immer wieder behauptet, daß er keine Hausaufgaben zu machen habe. Dann fällt der Mutter aber auf, daß es sich um sechs Strophen eines Gedichtes handelt, das von Klaus zum großen Teil falsch von der Wandtafel abgeschrieben wurde und gar nicht verstanden werden konnte, weil der Inhalt schwierige, unkindliche Worte enthält. Der Religionslehrer hatte den Inhalt mit den Kindern nicht besprochen. Es war also verständlich, daß Klaus das Gedicht nicht lernen mochte. Einzig die erste Strophe entsprach seinem kindlichen Vorstellungsvermögen, weswegen ihn die Mutter auch die anderen Strophen nicht lernen ließ und ihm eine Entschuldigung schrieb.

> Brigitte (10) kommt mit ihrem Zeugnis nach Hause und weint, weil sie dieses Jahr in Religion nicht wieder die Note 1 bekam, sondern eine 3. Wütend erklärt sie, sie werde nicht mehr ministrieren! Die Mutter geht zum Lehrer, der das stille Kind lediglich nach seiner mündlichen Mitarbeit bewertet hatte. Eine Arbeit hatte er nicht schreiben lassen. Er wußte auch gar nicht, daß sie ministriert, weil er neu in der Pfarrei war.

> Hansi (11) hat im Aufsatz (Nacherzählung) die Note 5 bekommen. Er hatte bisher nur die Note 2. Die Mutter und auch ich finden diese Note viel zu streng und meinen, daß Note 3 angemessen gewesen wäre. Die Mutter geht zum Lehrer, um zu erfahren, warum der Junge diese schlechte Note bekam, und vor allem, was er beim nächsten Aufsatz besser machen kann. Man darf natürlich nicht erwarten, daß der Lehrer die Note heraufsetzt.

> Erik (11) hat im Privat-Gymnasium einen sehr alten Lateinlehrer, der im Stoff viel schneller vorangeht als der Lehrer der Parallelklasse. Erik ist ein fleißiger und guter Schüler und erklärt eines Morgens der Mut-

ter, er gehe heute nicht in die Schule, weil der Lateinlehrer in der Schularbeit den Stoff von gestern drannehmen würde, den sie alle nicht verstanden hätten. Seine drei Freunde würden auch nicht gehen. Die Mutter läßt das aber nicht durchgehen, und Erik schreibt tatsächlich die Note 5. Daraufhin geht die Mutter zum Direktor und beschwert sich über den zu raschen Unterrichtsstil des Lehrers. Das tat dem Jungen sehr gut, denn er hatte sich der Willkür des Lehrers ausgesetzt gefühlt!

Rechtschreibschwäche

Das Schulkind muß auch erfahren, *daß es Dinge im Leben gibt, denen man nicht bequem ausweichen kann,* wenn man sie selbst auch langweilig und blöd findet. Ich spreche hier aus langjähriger Erfahrung mit schulschwierigen Kindern. Kinder, die eine Rechtschreibschwäche haben, aber keine ausgesprochenen Legastheniker sind und keinen Sonderkurs besuchen, müssen für mich zu Hause zwei Seiten aus einem interessanten Buch *abschreiben.* Das bringt ihnen natürlich keinen Spaß! Deshalb kommen die meisten von ihnen erst einmal ohne die zwei Seiten in die nächste Therapiestunde. Vielleicht meinen sie auch, daß die freundliche Psychologin es vergessen würde! Ich frage sie nach dem Heft und äußere dann mit Bedauern, daß wir nun leider nicht spielen können, weil sie erst einmal die zwei Seiten bei mir abschreiben müssen. Haben die Kinder immer wieder die Erfahrung gemacht, daß ich nicht locker lasse, kommen die meisten spätestens nach vier Stunden mit den abgeschriebenen Seiten in die Stunde, und auch die Fehler lassen allmählich nach. Die Eltern dürfen die Seiten aber nicht anschauen, damit ihr nervöses Kritisieren ausgeschaltet ist.
Kürzlich schickte mir Klaus seine zwei Seiten mit der Post, weil er sie zu Hause vergessen hatte, mit einem Zettel, auf dem er mir ohne Fehler „Spaß beim Berichtigen“ wünschte! *Die Kinder sind selbst froh* und erleichtert, wenn ihre Rechtschreibung besser wird. Allerdings habe ich auch feststellen müssen, daß es bei einigen Kindern außerordentlich viel Willenskraft der Eltern kostet, sie zum Abschreiben anzuhalten, was zu harten Auseinandersetzungen führen kann. Dabei muß man sich hüten, nicht die Kontrolle zu verlieren und zu schlagen.
Andererseits gibt es Eltern und auch Großeltern, die sich zuviel um die Hausaufgaben kümmern. Sie sitzen ständig daneben, so daß das Kind keinen Strich ohne Aufsicht machen kann. *Das Kind braucht Kontrolle, aber keine aktive Hilfe,* denn es soll lernen, selbständig zu denken. Mütter meinen – unbewußt –, daß ihr energisches „Anschieben“ bei den Hausaufgaben dem Kind hilft, ein intelligenter Mensch zu

werden. Das Kind muß lernen, sich in der Schule auf den Stoff zu konzentrieren, und darf sich nicht träge darauf verlassen, daß Mutti, Vati, Oma, Opa oder Geschwister ihm den Stoff zu Hause noch einmal eintrichtern und ihm damit das eigene Denken abnehmen. Deshalb muß das Kind *erst einmal die Aufgaben alleine machen,* hinterher müssen sie dann kontrolliert werden, also nachdem das Kind für sich alleine nachgedacht hat. Bei einem unbegabten Kind kostet das viel Geduld. Sicherlich kommt es immer wieder vor, daß ein Kind im Unterricht etwas nicht verstanden hat oder träumte. Dann sollte man ihm die Aufgaben erst recht nicht „einsagen", sondern das Kind durch Fragen zum eigenen Denken anregen. „Überlege mal: $4 \times 4 = 12$? Rechne mal das 1×4 durch!" Oder: „Lies diese Reihe noch einmal durch, da sind zwei Fehler drin." Mit anderen Worten: *Das Kind muß seine Fehler selbst finden.*

Ich habe Schulversager in Behandlung gehabt, die durch zuviel Hilfe zu Hause in der Schule nicht alleine denken konnten, denn dort saß niemand neben ihnen, der ihnen Sicherheit gab. Solche Kinder können zu Hause alles sehr gut, versagen aber in der Schule. Die Eltern geben dann der Lehrerin die Schuld: *„Bei mir zu Hause kann er alles."*

> Christa (9,6) versagt zu Beginn der dritten Klasse plötzlich in der Schule. Sie hat Angst bei den Klassenarbeiten. Vorher war sie eine sehr gute Schülerin. Sie hat auch nachts Angst. Die Mutter gibt der neuen Lehrerin die Schuld, denn diese würde zuviel fordern. (Ab der dritten Klasse wird natürlich mehr gefordert als in der ersten und zweiten Klasse!) Die Mutter hatte aber immer neben Christa gesessen – vom ersten Schultag an – und alle Aufgaben mit ihr gemeinsam gemacht. Das Kind konnte gar nicht selbständig arbeiten. Nur sehr schwer und langsam entschließt sich die Mutter auf meinen Rat hin, nicht mehr daneben zu sitzen und die Arbeiten nur hinterher zu kontrollieren. Sie kann nicht glauben, daß das Kind ohne sie arbeiten kann. Schon alleine dieses Mißtrauen, das ständig in der Luft liegt, führt bei einem Kind zu Selbstunsicherheit und Angst. Ganz allmählich, im Laufe eines halben Jahres, besserten sich die Leistungen von Christa. Jetzt, nach einem Jahr, ist die Angst verschwunden, und Christa ist ein fröhliches Mädchen geworden. Hierbei half auch die sehr verständnisvolle Lehrerin, die das Kind viel lobte und anerkannte.

Trödelnde Kinder

Ein besonderes Problem sind trödelnde Kinder, die über fünf Stunden bei den Hausaufgaben sitzen können, während Klassenkameraden höchstens eine Stunde benötigen. Sie nerven jede Mutter und können das ganze Nachmittagsprogramm der Familie durcheinanderbringen.

Christoph (10) sitzt seit zwei Stunden an den Hausaufgaben. Als die Mutter ins Zimmer kommt, hat er nichts als drei Reihen geschrieben. Die Mutter ärgert sich seit Jahren mit seiner Trödelei herum. Häufig hat abends der Vater dem „armen Jungen" bei den Hausaufgaben geholfen und ihm sogar einiges diktiert. Christoph ist nämlich der Jüngste und ein Nachkömmling. Jetzt fragt ihn die Mutter, ob er vielleicht gespielt, ferngesehen oder Cassetten gehört hat, weil er nichts gearbeitet hat. Er schüttelt den Kopf. Da sieht die Mutter aber den Kopfhörer liegen, aus dem leise Musik kommt. Jetzt platzt der Mutter aber doch die Geduld und sie haut ihm mit dem Kochlöffel mehrmals auf den Po. Das ist natürlich kein geeignetes Mittel, den Jungen zum Arbeiten zu motivieren, aber seitens der Mutter letztlich verständlich, da sie bisher viel Geduld in seine Hausaufgabenüberwachung gesteckt hatte.

Die Hausaufgabenzeit ist von der Schulbehörde aus festgesetzt: für die 1. Klasse ½ Stunde – für die 2. Klasse ¾ Stunde – für die 3. Klasse 1 Stunde – für die 4. Klasse höchstens 1½ Stunden. Die Hausaufgaben müssen von den Lehrern entsprechend aufgegeben werden. Man soll nicht glauben, daß trödelnde Kinder wirklich arbeiten. Sie dösen und träumen vor sich hin. Einige lesen heimlich Hefte und spielen. Für diese Kinder ist es natürlich eine große Versuchung, den Fernsehapparat anzustellen, weswegen keinesfalls im Zimmer, in dem der Fernsehapparat steht, Hausarbeiten gemacht werden sollen. Jede Unterbrechung bei den Hausaufgaben hindert die Konzentration auf den Stoff. Viele rechnen unbewußt damit, daß Mutter oder Vater zuletzt doch die Arbeit diktieren, was man in seiner Verzweiflung auch manchmal tut. Das hilft aber gar nichts!
Bei einem solchen Kind muß man sich daneben setzen und dafür sorgen, daß es wirklich etwas tut, wobei man sich aber hüten sollte, ihm die Arbeit nicht doch abzunehmen. Am besten geht man zwischendurch immer wieder hinaus und erledigt eine andere Arbeit, um dann nach 10 Minuten wieder zu kontrollieren. *Keinesfalls aber darf man Medikamente geben oder vielleicht Cola, um das Kind „anzuregen".* Diese Kinder müssen lernen, sich zu konzentrieren, und man kann annehmen, daß sie auch in der Schule nur träumen, wie mir kürzlich eine Elfjährige gestand. *„Ich kann die Gedanken nicht wieder ranholen!"* Diese Kinder wissen häufig auch nicht, welche Hausaufgaben sie aufhaben, und benötigen daher ein Hausaufgabenheft, das von der Lehrerin abgezeichnet werden muß, weil manche auch nicht alles eintragen. Schimpfen nützt gar nichts und macht die Kinder nur nervös. Verzweifelten Eltern sei zum Trost gesagt, daß der große Physiker Albert Einstein von seiner Erzieherin „Pater Langweil", Thomas Edi-

son, der Erfinder der Glühbirne und Schallplatte, von seinen Lehrern sogar „Hohlkopf“ genannt wurde.
Kinder brauchen Zeit zum Träumen, wozu sie in unserer hektischen Zeit wenig Möglichkeiten haben, zumal wenn sie eine ewig ermahnende und antreibende Mutter haben, die *alles* besser weiß. Schon dieser zu aktive Muttertyp kann ein Kind zur Flucht ins Träumen treiben. Ich habe auch feststellen können, daß man sich in den Familien der trödelnden Kinder mit diesen zu wenig beschäftigt, mit Ausnahme der Hausaufgaben. Bei den gemeinsamen Mahlzeiten, bei Spaziergängen, beim Autofahren und nach dem Fernsehen zeigen die Eltern oft kaum Interesse für das, was das Kind von sich aus zu sagen hat. Das Kind hat sich in seine eigene Traumwelt zurückgezogen, in der es wie auf einer einsamen Insel sitzt. Bei einigen Kindern, die ich in Behandlung hatte, endete das Trödeln von selbst, nachdem die Kinder in der Therapiestunde ein offenes Ohr für jede kleine Frage, für Freuden und Probleme aus ihrem ganz persönlichen Bereich fanden.

Gemeinsam spielen

Gewinnen lassen – verlieren können – mogeln

Vor allem aber halfen *die gemeinsamen Gesellschaftsspiele,* das Kind aus seiner Isolation herauszulocken, denn es muß sich konzentrieren, um zu gewinnen. Viele Mütter und Väter gestehen mir immer wieder seufzend, daß sie diese Spiele für todlangweilig halten und sich deshalb davor drücken. Man sollte das Opfer bringen, das allerdings erst nach ca. 1/2 Jahr auch wirkt. Man kann dann z.B. sagen: „Wenn du schnell fertig bist mit den Hausaufgaben, dann spielen wir noch Mühle!“
Sollen diese Spiele dem Kind auch wirklich helfen, muß man es gewinnen lassen, denn *Gewinnen baut das Selbstvertrauen auf.* Darum gilt dieser Rat nicht nur für trödelnde Kinder, sondern für jedes Spielen mit Kindern! „Wieso muß ich Christl gewinnen lassen? Wozu sind dann die Spielregeln da?“ fragt eine Mutter. Es kommt beim Spielen mit Kindern nicht auf das Spiel selbst an; das ist nur Mittel zum Zweck! Im Spielen trifft sich das Kind mit dem Erwachsenen auf seiner eigenen, kindlichen Ebene, und deshalb will es hier stärker sein als der Erwachsene; trotzdem aber will es nicht, daß man es absichtlich gewinnen läßt; darum sollte man *das Gewinnen diplomatisch verteilen.*

> Susi (10) hat bei mir ein Kartenkunststück gelernt. Nun möchte sie damit zu Hause dem Vater imponieren, der immer alles viel besser

weiß. Als sie anfängt, die Karten auszulegen, lacht der Vater, nimmt ihr die Karten weg und legt sie selbst. Nun weiß er wieder etwas besser und hat ihr die Show gestohlen!

Frau G. spielt mit ihrem neunjährigen Sohn gern „Saga-Land", wobei sie immer gewinnt, weil sie ein besseres Gedächtnis hat. Sie genießt diese Überlegenheit! Pit aber mag das Spiel nun nicht mehr spielen.

Es gibt viele Eltern, die sich selbst beim Spielen mit ihren Kindern durch Gewinnen aufbauen. Dabei ist es nicht verwunderlich, wenn wir Erwachsenen gewinnen!

Ich spiele mit zwei Mädchen von fünf und acht Jahren und mit den Großeltern das „Malefizspiel". Offenbar packt Opa die Spielleidenschaft, denn er wirft bei jeder günstigen Gelegenheit die Steine der Kleinen raus, obgleich ihm Oma laufend unter dem Tisch einen Tritt gibt.

Viele Eltern sind der Meinung, man dürfe Kinder nicht gewinnen lassen, weil sie durchdrehen, wenn sie einmal verlieren. *„Er muß doch lernen, verlieren zu können!"* heißt es dann. Die meisten Kinder können schlecht verlieren, und nur wenige Kinder gönnen dem Erwachsenen den Sieg und sagen altklug: „Es ist ja nur ein Spiel!" Reagieren die Kinder mit Weinen und Wutanfällen auf ihre Niederlage, schlagen den Bruder, der gewinnt, oder geben sogar das Spiel auf, ist das ein Zeichen dafür, daß ihr Selbstvertrauen gestört ist und man ihnen helfen muß.
Läßt man sie dann längere Zeit gewinnen, gibt sich diese Unsicherheit; allerdings muß man ihnen *auch sonst im alltäglichen Leben mehr Anerkennung geben.* Bei mehreren Kindern muß ein Elternteil mit diesem Kind alleine spielen. Stefan (8) stottert stark und ist auch sonst sehr labil. Der Vater läßt ihn beim Schachspielen laufend gewinnen, und der Junge erzählt mir voller Stolz von seinen Siegen. Das ist kein Betrug dem Kind gegenüber, wie manche Eltern meinen, sondern eine Stütze!
Anders verhält es sich dagegen mit dem *Mogeln:* hier müssen Kinder lernen, daß es Regeln gibt, nach denen sich alle richten müssen. Christa (5) erklärt einfach, daß sie gewonnen habe, obgleich das Spiel noch gar nicht zu Ende ist, aber es steht gerade so günstig für sie. Sicherlich soll man ein Auge zudrücken und es nicht zu genau nehmen, aber *wenn ein Kind nur mogelt,* muß man bremsen, weil es ja auch mit anderen Kindern fair spielen soll. Vielleicht muß man sogar einmal aufhören, mit ihm zu spielen. „Nein, wenn du nur mogelst, hab' ich keine Lust mehr! Ich mogle auch nicht!" Eines aber kann man sich als Faustregel für das

Spielen mit Kindern sagen: sowie einen selbst die Spielleidenschaft packt und man sich nur am eigenen Gewinn freut, nützt und hilft das gemeinsame Spielen unseren Kindern nichts, weil wir nur egoistisch uns selbst aufbauen!

Zeugnisse

In Rolfs (11) Hauptschulzeugnis steht folgende Bemerkung: „Er verhält sich entweder gleichgültig und teilnahmslos oder aber auffällig störend. Der Fleiß stellt nicht zufrieden." Laufend hatten sich die gutwilligen Eltern mit seinen Hausaufgaben herumärgern müssen, vor denen er sich nur drücken wollte. Abends saß der Vater noch und arbeitete mit ihm. Morgens hatte Rolf keine Lust, in die Schule zu gehen, und ließ sich wegen angeblicher Kopfschmerzen aus dem Unterricht nach Hause schicken (er hatte eine verständnisvolle Lehrerin). Er war sehr überrascht, als ich ihm sagte, es gebe eine „Schulpflicht" und die Eltern müßten Strafe zahlen, wenn sie nicht dafür sorgen, daß er in die Schule geht. Viele Kinder meinen nämlich, daß sie nur gehen müssen, weil die Eltern es wollen! Rolf erwartet aber trotzdem für das miserable Zeugnis eine *Belohnung.*
Sicherlich sollten Kinder für ein *gutes Zeugnis eine kleine Anerkennung* bekommen und für ein außerordentlich gutes Zeugnis eine größere. Ist aber das Zeugnis so miserabel ausgefallen wie bei Rolf, wäre es wirklichkeitsblind, wenn man das Kind für seine Trägheit noch belohnen würde. Angela (11) dagegen hatte im vergangenen Jahr in den Hauptfächern nur Note 5. Dieses Jahr war sie aber in diesen Fächern auf Note 4 gekommen. Sie hatte wirklich mehr gearbeitet, allerdings unter Druck der Mutter. Sie verdiente also eine Anerkennung, was in ihrem Fall ein Zirkusbesuch war.
Man sollte den Kindern *zur Anerkennung kein Geld geben,* sondern kleine Wünsche erfüllen wie: Bücher, Cassetten, Püppchen, Lego, kleines Auto, Ring, Kleidung, Kinobesuch o.ä. Schließlich kann man ein Kind für seine Schulleistungen nicht entlohnen wie einen Arbeiter, denn das Kind muß wissen, daß es für sich selbst lernt und nicht etwa für die Eltern. *Auch Großeltern* sollten aus diesem Grund die Kinder *nicht mit Geld* entlohnen. Sonja (11) bekam dieses Jahr von der Oma für jede Note 1 DM 2,- und für jede Note 2 DM 1,-, so daß sie dieses Jahr auf DM 12,- kam, was für ein Kind in diesem Alter viel Geld ist. Der kleine Bruder bekam aus Gerechtigkeitsgründen auch DM 12,-, denn in seinem Zeugnis standen noch keine Noten, dafür eine sehr gute Bemerkung.

Ingo (11) geht auf die Hauptschule. Dieses Jahr kommt es zu einer kleinen Familienkatastrophe, denn er bringt ein sehr viel schlechteres Zeugnis als im vergangenen Jahr, obgleich er für teures Geld jeden Nachmittag mit dem Bus von der Schule in eine Hausaufgabenüberwachung gefahren wird, wo er Mittagessen bekommt und auch Spielstunde hat. Seine Intelligenz ist überdurchschnittlich. Er hat die schlechten Noten seiner Schularbeiten einfach unterschlagen und sie weder den Eltern, noch dem Erzieher der Hausaufgabenüberwachung, noch der dortigen Psychologin gestanden, obgleich er genau wußte, daß er keinerlei Strafen bekommt. Allerdings hätte er mehr üben müssen, was für diese Kinder die schlimmste Strafe ist! Jetzt aber ist der Vater sehr verärgert und erklärt: „Zu Ostern bekommst du kein BMX-Rad, bring erst einmal bessere Noten nach Hause!" Ingo aber hält das für eine „Erpressung".

Sicherlich wird jetzt Druck auf ihn ausgeübt, weil er bisher trotz aller Hilfen nichts getan hat. Kinder nennen es häufig *„Erpressung"*, wenn sie etwas unter Druck tun müssen, und Eltern fühlen sich durch dieses Wort verunsichert. Es ist aber leider manches Mal notwendig, Druck auszuüben, denn das ist keine autoritäre Erziehung, sondern die natürliche Folge des falschen Verhaltens der Kinder.
Selbstverständlich kann man aber ein Kind nur dann *wegen „Faulheit" strafen,* wenn man vorher alle erdenklichen Hilfen angewandt hat: die Eltern haben ihm bei den Hausaufgaben geholfen – es hat Nachhilfestunden bekommen – die Lehrer haben sich um das Kind bemüht – ein Psychologe ist eingeschaltet worden und hat eine normale Intelligenz festgestellt – und nicht zuletzt ist es auch vom Arzt untersucht worden. Erst dann kann man Druck auf das Kind in Form von „Strafen" ausüben, damit das Kind begreift, daß man im Leben auch dann arbeiten muß, wenn man keine Lust hat. Das Kind muß spüren, daß eine Strafe die natürliche Folge seines falschen Verhaltens ist. *Schläge sind daher immer falsch!* Kinder kennen das Märchen „Frau Holle" und wissen, daß die faule Marie nicht mit Gold, sondern mit schmutzigem Pech nach Hause kommt!

Schule schwänzen

Es gibt aber Kinder, die sich nicht nur vor ihren Hausaufgaben drükken, sondern den Unterricht schwänzen. Sie gehen morgens pünktlich aus dem Haus, aber nicht in die Schule! Es wird wohl kaum Eltern geben, denen das gleichgültig ist, denn man weiß ja nicht, wo sich die Kinder herumtreiben. U-Bahnen, Warenhäuser und Jahrmärkte sind sehr beliebt! Die Kinder sind so schlau, daß sie nach Schulschluß pünktlich wieder zu Hause sind, so daß die Eltern erst durch die Anfrage der Schule erfahren, daß ihr Kind tagelang geschwänzt hat. Hier sind Prügel und Strafen völlig sinnlos, denn man muß herausfinden, warum das Kind nicht gehen mag. Das kann verschiedene Gründe haben: Schwierigkeiten mit Klassenkameraden, mit der Lehrerin oder auch mit dem Lernstoff. Meistens muß ein Psychologe eingeschaltet werden, denn das Kind kann häufig selbst nicht genau sagen, warum es streunt.

Ähnlich ist es auch mit dem Schwänzen einzelner Schulstunden. Es gäbe ein großes Durcheinander, *wenn jeder die öden Schulstunden schwänzen würde.* Die Eltern sollten mit dem Lehrer, dessen Stunde geschwänzt wurde, sprechen, damit dieser sich des Kindes besonders annimmt, womit die Stunde auch interessanter wird. Meistens sind es jedoch nicht Lernfächer, die geschwänzt werden, sondern Zeichnen, Werken oder Musik, wofür das Kind vielleicht nicht besonders begabt ist und deshalb die Hilfe des Lehrers braucht. *Turnen wird häufig aus Angst geschwänzt,* was der Lehrer unbedingt wissen muß.

Ganz anders aber liegt folgendes Schwänzen:

> Familie X. hat in den Bergen ein Wochenendhaus. Vater und Mutter haben die Woche draußen verbracht, und am Donnerstag fährt ein Freund der Familie hinaus und nimmt das Kind mit, das die Woche über bei der Oma war. Das Kind schwänzt am Freitag die Schule und bekommt von der Mutter eine Entschuldigung, daß es krank war. Diese Lüge wird von dem Kind natürlich gelesen.

Viele Eltern denken sich bei derartigen Schwindeleien gar nichts. Am Montag kommt das Kind braun gebrannt in die Schule, hat aber eine Entschuldigung seiner Eltern, daß es krank war. Die Lehrerin durchschaut natürlich den Trick. Ebenso werden die Kinder mancher Eltern einen Tag früher aus der Schule genommen, wenn die Ferien beginnen und die Familie noch vor dem großen Stau im Auto nach Italien kommen will. Auf den Gedanken, daß man viel ausgeruhter zwei Tage nach Ferienbeginn fahren kann, kommen die Eltern gar nicht. Anscheinend machen sie sich nicht klar, daß sie sich letztlich ins eigene Fleisch schneiden, weil sie ihre *Kinder zum Lügen erziehen,* was eines Tages auch gegen die Eltern angewandt werden kann. Eltern, die die Schulpflicht ihrer Kinder so leicht nehmen, können auch nicht erwarten, daß ihre Kinder eine gute Arbeitsmoral für das spätere Leben entwickeln. Anders verhält es sich, wenn die Familie ein Flugzeug z.B. nach Amerika oder Afrika erreichen muß. Dann aber kann man vorher die Genehmigung der Schule einholen.

Abschreiben

Ein weiterer strittiger Punkt! Es gibt Eltern, die Abschreiben für normal halten, weil sie selbst in der Schule abgeschrieben haben. Gerade dann wissen sie aus eigener Erfahrung, daß das ein Zeichen dafür war, daß sie den Stoff nicht richtig gelernt hatten. Wenn sich ein Kind immer wieder darauf verläßt, daß der Nachbar den Stoff liefert, führt das eines Tages in einen Abgrund von Nichtwissen; außerdem ist der Nachbar keine zuverlässige Quelle, denn manchem Schüler ist es schon passiert, daß er selbst die richtige Lösung wußte, aber aus Unsicherheit das Falsche vom Nachbarn abschrieb!
Abschreiben ist nämlich nicht immer ein Zeichen von Faulheit, sondern vielleicht auch von *Angst und Unsicherheit.* Man kann als Erwachsener dem Kind gegenüber ruhig zugeben: „Natürlich habe ich als Schüler auch mal abgeschrieben, aber dabei habe ich dann gemerkt, daß ich den Stoff besser wissen müßte, und habe ihn mir hinterher noch einmal angesehen!"
Hier hat es auch keinen Sinn, das Kind zu strafen oder zu schimpfen, denn *sachliche Hilfe ist notwendig,* indem man z.B. Vokabeln abfragt oder die Rechenaufgaben noch einmal durchspricht. Schimpfen und Strafen ist für die Nerven der Eltern aber bequemer als Helfen. Dann wird beim Üben etwa so kritisiert: „Du kannst dich wieder einmal gar nicht konzentrieren!" – „Halt die Hände ruhig!" – „Zapple nicht mit den Füßen!" – „Du kannst gar nicht realistisch denken!" usw. Diese Art von Kritik ist Gift und baut nichts auf.

Wie schon erwähnt, müssen Lehrerin oder Lehrer über die verschiedenen Schwierigkeiten des Kindes informiert werden. Sie sind für das Kind eine wichtige Bezugsperson und können ihm daher auch möglicherweise helfen. Viele Eltern aber neigen dazu, *bei Schulschwierigkeiten der Lehrkraft die Schuld zuzuweisen,* denn es fällt ihnen vermutlich schwer, den Fehler bei ihrem Kind oder bei sich selbst zu suchen. Ich habe immer wieder feststellen müssen, daß sehr selten die Lehrkraft schuld war, wenn das Kind Angst hatte, im Unterricht versagte oder sogenannte Verhaltensstörungen zeigte, d.h. im Unterricht nicht mitschrieb, sich auf den Boden warf, während des Unterrichts durch die Klasse lief, laut durch die Klasse rief und redete, andere Kinder grundlos angriff und ihnen ihre Arbeiten durchstrich, ja sogar die Füße auf den Tisch legte. *Durch die Schuldzuweisung an die Lehrkraft wird wertvolle Zeit vertan.* Richtig wäre es, dem Kind zu helfen und es u.U. in eine psychotherapeutische Behandlung zu geben.

Das Abitur für den Ehrgeiz der Eltern?

„Natürlich soll Gabi einmal Abitur machen!" sagt Frau E. zu mir, als ihre neunjährige Tochter wegen Schulangst und schlechter Noten zu mir kommt. Es gibt eine Reihe von Eltern, die schon beim Schuleintritt ihres Kindes an das Abitur denken, auch wenn sie selbst nicht einmal die Mittlere Reife haben! Diese Erwartungshaltung der Eltern kann für ein Kind *eine bedrückende Belastung* sein und zu Schulversagen und Schulangst führen, weil das Kind spürt, daß es den hochgestellten Wünschen der Eltern nicht entspricht. Die Kinder meinen, daß ihre Eltern sie *bei schlechten Noten nicht mehr liebhaben.* Starke Kinder aber wehren sich mit Trotz dagegen.

Oswald (18) hat Eltern, die beide Lehrer sind. Er ist ihr einziges Kind. Schon auf der Grundschule machte der Vater laufend mit ihm Hausaufgaben. Beide Eltern wollten, daß ihr Sohn auch Abitur machen sollte. Auf dem Gymnasium wurden die Noten in Latein und Mathematik zu einer Katastrophe. Der Junge sah nicht ein, warum man für die Schule arbeiten müsse, und drückte sich vor dem Lernen. Er litt morgens an Magenschmerzen, biß an den Fingernägeln, hatte häufig Bronchitis, und bis zum Alter von 10 Jahren lutschte er noch am Daumen. Alles deutete auf schwere seelische Störungen hin. Beide Eltern waren der festen Überzeugung: „Der Junge ist nicht dumm!" Das stimmte, denn bei allen außerschulischen Arbeiten war er „Spitze", aber im Intelligenztest zeigte er unterdurchschnittliche Leistung; er blieb in der 7. Klasse trotz laufender Hausaufgabenkontrolle durch den Vater sitzen. Wir hörten mit der psychotherapeutischen Behandlung auf, weil sie keinen Erfolg brachte. Zufällig aber bekam die Familie einen Studenten als Untermieter, der lebendig, sportlich und lustig war und sich des Jungen annahm. Mit dieser Freundschaft stiegen die Schulleistungen von Oswald an, so daß er das Abitur mit einem Notendurchschnitt von 1,7 schaffte. Die intellektuelle und fordernde Haltung des Vaters und der Mutter hatten in dem Jungen eine eiserne Trotzhaltung gegen die Schule hervorgerufen, denn auch in der Schule traf er unter den Lehrern auf den Typ seiner Eltern. Er litt unter diesem Druck, der zu seinen körperlichen Störungen führte. Im Praktischen jedoch war er hervorragend, denn hier wurde er von seinen Eltern nicht gepreßt, das konnten sie selbst nicht! Seine Trotzhaltung konnte erst durch das Vorbild des jungen, lebendigen Studenten aufgelöst werden. – Oswald besuchte mich vor einiger Zeit, weil er Schulpsychologe werden will und sich für die Hintergründe seines damaligen Versagens interessierte.

Allem Anschein nach ist das Abitur für viele Eltern so etwas wie *ein „Garantieschein" für eine sichere Zukunft* („Mein Kind soll es einmal besser haben“). Für andere Eltern steht ein Mensch mit Abitur auf einer höheren sozialen Stufe. Diese Einstellung ist aber heute durch die Arbeitslosigkeit überholt, die Akademiker und Arbeiter gleichermaßen bedroht. Die Hauptsache ist daher, daß das Kind sich zu einer selbstsicheren und lebensfrohen Persönlichkeit entwickelt und nicht durch jahrelangen Leistungsdruck und *Mißerfolge auf dem Gymnasium ein seelischer Krüppel wird* und dann im späteren Berufsleben versagt. Schließlich kann man auch noch auf dem zweiten Bildungsweg zum Abitur aufsteigen, und ein Aufstieg ist für das Selbstwertgefühl und die innere Sicherheit eines Menschen immer besser als ein Abstieg!

Franz (16) ist mir als schwieriges Kind bekannt, seit seinem fünften Lebensjahr. Er ist Einzelkind, und die Eltern schickten ihn auf teure Privatschulen. Das Gymnasium wurde für ihn zu einem Ort dauernder Niederlagen. Nachdem er die neunte Klasse mit Hilfe von Privatschulen geschafft hatte, aber in Latein immer wieder total versagte, entschlossen sich die Eltern, ihn in eine Lehre zu geben. Nach kurzer Zeit war der Junge wie verwandelt. Er ist jetzt fleißig und arbeitet auch zu Hause noch freiwillig für die Berufsschule, wo man ihn nach kurzer Zeit die erste Klasse überspringen ließ. Im Betrieb ist der Junge beliebt und paßt sich gut an, während er seit seiner Kindergartenzeit immer Anpassungsprobleme hatte. Hätten die Eltern ihn aus sozialem Ehrgeiz weiterhin auf dem Gymnasium gelassen, so wäre dieser Junge durch die dauernden Mißerfolge vielleicht allmählich zum Gammler geworden.

Matthias (12) bestand im vergangenen Jahr die Probezeit auf dem Gymnasium nicht. Schon den Probeunterricht auf dem Gymnasium vorher hatte er nur knapp bestanden. Die Eltern hatten ihn nicht auf das Gymnasium gezwungen, obwohl sie beide Akademiker sind. Er wollte es selbst! Ab Weihnachten mußte er dann zurück in die Hauptschule, allerdings nicht zu seinen alten Klassenkameraden, damit er sich nicht blamiert fühlte. Im Herbst darauf versuchte er es in der 5. Klasse Gymnasium noch einmal und hat jetzt im ersten Zeugnis erträgliche Noten. Doch die Eltern meinen, daß sie ihn doch auf die Realschule schicken wollen, da er kein theoretischer Denker sei, sondern ein Praktiker. Er hat zwar einen sehr hohen Intelligenzquotienten, aber eine Rechtschreibeschwäche, die den Einsatz seiner Intelligenz beeinträchtigt. Im Werken hat er Note 1 und bastelt zu Hause für sich allein komplizierte Gebilde. „Er wird seinen Weg schon machen, aber nicht den Weg der Masse!“ meint der Vater voll Vertrauen.

Viele Eltern hoffen, daß ihr Kind geistig noch „aufwachen“ wird; deshalb quälen sie es *mit Hilfe von Nachhilfestunden* und Härte durch die ersten Gymnasiumsjahre. Es ist möglich, daß sich ein Kind geistig später entwickelt, aber nicht unter Druck und Härte, denn dann wird die Schule zur Qual, was auch das Verhältnis zwischen Eltern und Kindern vergiftet. Für diese Kinder gibt es die Realschule und den zweiten Bildungsweg. Manche Eltern meinen, ihr Kind würde zu alt, wenn es *mit zwölf Jahren in die 5. Klasse Gymnasium* kommt. Aber auch hier gilt, daß ein seelisch gesundes Kind voller Selbstvertrauen und Lebensschwung das Leben besser bewältigt als ein jüngeres, unsicheres und nervöses Kind. *Ein hoher Intelligenzquotient ist keine Garantie dafür,* daß das Kind das Gymnasium gut schafft, wenn es seelisch gehemmt und nervlich labil ist.

Barbara (21) kam mit 15 Jahren zu mir, weil sie auf dem Gymnasium zum zweiten Mal sitzenblieb. Wieder hatte sie in Latein und Mathematik eine 5. Ihr Intelligenztest reichte auch gar nicht für das Gymnasium. Die Eltern aber empfanden dieses Testergebnis als persönliche Beleidigung, vor allem, als ich zur Hauptschule riet. Schon das Wort „Hauptschule" war für die Eltern wie ein rotes Tuch. Der Vater war Akademiker, die Mutter hatte Mittlere Reife. Die Eltern versuchten es mit privaten Gymnasien, in denen Barbara nichts arbeitete und sogar die Schule schwänzte, denn sie war für abstraktes Denken völlig unbegabt, dafür aber praktisch und künstlerisch über dem Durchschnitt. Heute ist sie mit 21 Jahren ohne Schulabschluß und ohne Beruf. Die jahrelangen Mißerfolge in der Schule haben ihr Selbstwertgefühl und ihre Arbeitsmoral im Kern zerstört.

Heinz (30) ist der Sohn meiner früheren Nachbarin. Schon in den ersten Grundschulklassen gab es Schwierigkeiten in Deutsch und Rechnen. Wenn ich in den folgenden Jahren die Mutter traf, klagte sie ständig über seine schlechten Schulnoten, während die große Schwester spielend ihr Abitur machte. Nachdem Heinz auf dem Gymnasium sitzenblieb, drängte er von sich aus in eine Schreinerlehre, was den Eltern etwas peinlich war. Von dem Tage an entwickelte sich der Junge zu einem tüchtigen und zufriedenen Menschen, der ab 18 Jahren keinen Pfennig Geld mehr von den Eltern annehmen mußte. Heute ist er selbständig und hat ein Planungsbüro für Möbeleinrichtungen. Seine Freunde, die alle Abitur haben, achten und schätzen ihn wegen seiner beruflichen Tüchtigkeit.

Die Erwartungshaltung der Eltern zeigt sich am deutlichsten in der 4. Klasse der Grundschule, wenn *die Auslese für das Gymnasium* fällig wird. Man kann dann folgende Bemerkungen der Eltern hören:
„Da bleiben doch nur die Dummen übrig auf der Hauptschule!"
„Nein, was da noch in der Schule bleibt, das ist ja so mies, da kann ich doch mein Kind nicht lassen."

„Sie müssen sich nur einmal ansehen, was da alles noch rumläuft!" Die Kinder hören natürlich diese Bemerkungen und werden entsprechend nervös. Die „Dummen" kommen sich noch dümmer vor und weinen sogar! „Meine Mutti sagt, ich bin nicht intelligent!" berichtet Susi (10) schluchzend, weil ihr Notendurchschnitt nicht fürs Gymnasium reicht. Es gibt Mütter, die anfangen, mit ihren Kindern extra zu üben, damit sie den Probeunterricht und die Probezeit auf dem Gymnasium bestehen. Damit setzen sie die Kinder *unter ungesunden Leistungsdruck* und quälen sie. Sicherlich kann man mit einem begabten Kind in einem Fach, in dem es unsicher ist, extra üben. Es ist aber sicher ungut, wenn Eltern dem Kind schon *vor der ersten Klasse Gymnasium Nachhilfeunterricht* geben lassen. – Für die erste Fremdsprache gibt es Cassetten zum Eingewöhnen, die Kindern Spaß machen.

Der „Oberschul-Schock"

> Norbert (10) war ein sehr guter Schüler auf der Grundschule mit Note 2 in Deutsch und 1 in Mathematik. Obgleich die Mutter Lehrerin war, fiel es ihr nicht im Traum ein, den Jungen fürs Gymnasium extra zu präparieren. Zu unserer beider Überraschung hagelt es auf dem Gymnasium miserable Noten. In Englisch bekommt er sogar Note 5. Der Junge blockt ab und drückt sich vor jedem Lernen. Die Tatsache, daß man die englischen Vokabeln mehrmals pauken muß, bis sie sitzen, ist ihm unbegreiflich. Daß man vor Schulaufgaben (Klassenarbeiten) zu Hause extra lernen muß, erscheint ihm als eine Kräfteverschwendung. Auf der Grundschule fiel ihm ohne jedes Pauken der Stoff zu, und er gehörte zu den Besten der Klasse.

Diesen Schock erleben viele begabte Kinder, denn *wieder ist eine neue Stufe zu erreichen:* zuerst war es der Kindergarten, dann der Schuleintritt und nun das Gymnasium. Gleichzeitig mit dem Übertritt beginnt die Vorpubertät, die zur Unruhe mancher Kinder beiträgt. Man muß diesen begabten Kindern helfen, damit sie nicht durch ihre Mißerfolge entmutigt werden und *den Kampf frühzeitig aufgeben.*
Auch hier darf man keinerlei Vorwürfe machen, sondern mit Sätzen wie: „Das wirst du schon schaffen! Das ist nur am Anfang so schwer!" die Kinder aufbauen. Die Vokabeln der ersten neuen Fremdsprache müssen abgehört und die Hausaufgaben kontrolliert werden. Diese Kinder waren auf der Grundschule ohne Mühe unter den Besten; sie brauchten nicht lernen, denn es flog ihnen zu. Nun erleben sie plötzlich, daß andere Kinder schneller und richtiger denken als sie; andere melden sich rascher und geben trotzdem richtige Antworten, die sie

selbst noch gar nicht im Kopf haben. Das entmutigt sehr! *Sie sind von sich selbst enttäuscht* und meinen, daß sie auf einmal zu den „Dummen" in der Klasse gehören.
Vielen fällt auch deshalb das Lernen schwer, weil sie sich jetzt in jeder Stunde auf einen anderen Lehrer einstellen müssen und eine feste Beziehung zu einer einzigen Person wie in der Grundschule fehlt. Erstaunlicherweise aber gehen doch die meisten gern weiter aufs Gymnasium – zumindest in den ersten Jahren –, weil sie spüren, daß ihre Intelligenz angeregt wird und das Denken Spaß bringt. Fred (11) sagt mir z.B., daß er sich lieber seinen neuen Atlas ansieht, als fernzusehen, der Atlas sei „so interessant"!
Natürlich sinken die Zeugnisnoten nach dem ersten Halbjahr teilweise bis zu zwei Stufen ab, und *die Glanzleistungen der frühen Kindheit werden häufig nie mehr erreicht,* was aber kein Grund zu laufender Kritik und Nörgelei sein darf. Man darf auch nicht annehmen, daß nach einer „Ehrenrunde" erstklassige Noten erreicht werden; meistens werden die Noten nur um eine Stufe besser.

Die Hauptsache aber ist, daß das Kind selbständig arbeitet und ihm nicht durch Vater, Mutter, Geschwister oder einen Nachhilfelehrer das selbständige Denken abgenommen wird. Das eigene Denken wird dann nämlich nicht genügend trainiert. Diese Kinder sind also nicht ungeeignet für das Gymnasium, sondern brauchen nur mehr Zeit, um sich umzustellen. Auch *die Vorpubertät macht manche müde und lustlos zum Arbeiten.*

> Paul hatte in der Grundschule immer mit Hilfe seiner Mutter die Hausaufgaben gemacht, denn er mußte ständig angeschoben werden. Die Lehrer merkten das aber nicht und hielten ihn für „geeignet". Gute Noten sind allein kein Kriterium, wenn Anstrengungsbereitschaft, Ausdauer und die Fähigkeit zum selbständigen Denken fehlen! Mit Paul ging es sieben Monate auf dem Gymnasium gut, vor allem aber lernte er gern Englisch. Dann aber fielen seine Leistungen rapide ab. Er paßte überhaupt nicht mehr auf und störte nur mit Unfug den Unterricht, womit er seine Unsicherheit abreagierte. Die Mutter konnte ihm nicht mehr helfen, denn sie hatte nur die Hauptschule besucht. Vor allem aber begriff er gar nichts mehr im Rechnen, so daß der Vater, der ihm auch nicht mehr helfen konnte, sich für Nachhilfestunden entschied. Als Paul dann aber nach mehrmaligen Nachhilfestunden auch nur Note 5 schrieb, entschlossen sich die Eltern schweren Herzens, ihn zu Beginn der 6. Klasse auf die Hauptschule zu geben. Die erste Klasse Gymnasium hatte er noch knapp geschafft.

Wenn wir das Kapitel über Rücksicht auf die geistige Entwicklung unserer Kinder abschließen, muß man sagen, daß Eltern eine schwere Schuld auf sich laden, wenn sie ihr Kind aufs Gymnasium zwingen, weil es ihr eigener ungesunder Ehrgeiz ist und *weil sie damit protzen wollen, daß sie ein so kluges Kind haben;* oder aber, weil sie sich in ihrem Kind ihren Wunschtraum vom Abitur erfüllen wollen. Ein junger Mensch, der echten Bildungshunger hat, kann diesen Hunger mit Hilfe von Büchern, Privatstunden oder Kursen befriedigen, z.B. an der Volkshochschule (Philosophie, Latein, Griechisch, Musik); dazu braucht er sich nicht durch ein Humanistisches Gymnasium zu quälen. In der Hauptschule ist das allerdings anders, denn hier wird ein Stoff geliefert, den jedes durchschnittlich intelligente Kind schaffen kann, wenn es nicht schwere seelische Hemmungen hat. Diesen Stoff kann man vom Kind ohne weiteres fordern. Aber auch beim Hauptschüler kann man sagen: *sehr gute Noten sind kein Garantieschein für eine erfolgreiche und glückliche Zukunft.*

Gute Charaktereigenschaften sind entscheidend

> Frau M. hat vier Kinder. Ihre ersten drei Kinder waren auf der Sonderschule, weil sie nicht sehr schulbegabt waren. Trotzdem bekamen sie alle eine Lehrstelle und verdienen heute relativ gut, denn sie sind fleißig, zuverlässig, ehrlich, pünktlich und freundlich in der Arbeit. Der Jüngste war auf der Hauptschule und hatte ein sehr gutes Abgangszeugnis nach der neunten Klasse. Die Eltern waren deshalb sehr stolz auf ihn. Er bekam auch sofort eine gute Lehrstelle in einer Autowerkstatt. Aber schon im zweiten Lehrjahr warf er die Arbeit hin, denn ihm paßte vieles nicht. Er war unter schlechten Einfluß gekommen und hatte daher keine Lust mehr zum Arbeiten. Jahrelang gammelte er trotz seiner guten Intelligenz nur herum, kam auch mit der Polizei in Konflikt, nahm Drogen und lag den Eltern als Sorgenkind nur auf der Tasche. Nicht einmal einen Fortbildungskurs für arbeitslose Jugendliche, der ihm vom Arbeitsamt angeboten wurde, wollte er machen. Er schloß seine Lehre nie ab und jobbt sich heute durchs Leben, wobei er die Arbeitsstellen laufend wieder wechselt.

Eine noch so gute Intelligenz nützt nichts, wenn nicht auch *gute Charaktereigenschaften* hinzukommen. Erstaunlicherweise aber klagen Eltern in Erziehungs- und Berufsberatung meist nur über die Fehler ihrer Kinder, während ihre guten Seiten nicht erwähnt werden. Die guten Eigenschaften sollte man aber viel mehr loben, um die Kinder aufzubauen, und nicht aus eigener Nervosität, Lebens- und Zukunfts-

angst ewig auf schlechten Noten herumhacken. Gute Eigenschaften sind nicht selbstverständlich, z.B.:
Güte – Warmherzigkeit – Gerechtigkeitssinn – Verträglichkeit – Fairneß bei Spiel und Sport – Treue – Mitleid – Mut und Einsatzbereitschaft für andere – Opferbereitschaft – Hilfsbereitschaft – Verantwortungsgefühl für jüngere Geschwister – Zuverlässigkeit – Fleiß – Ordnungssinn – Offenheit und Ehrlichkeit – Frohsinn und Ausgeglichenheit der Stimmungen – Tier- und Pflanzenliebe ...

> Rosemarie (7) ist dieses Jahr in die Schule gekommen. Sie erzählt bei Tisch, in ihrer Klasse sei ein Mädchen, das niemand leiden könne, und keiner wolle neben ihr sitzen. „Jetzt werde ich mich einmal neben sie setzen!" meint sie zu Hause. Sie ist aber nur eine mittelmäßige Schülerin und hat Note 4 in Mathematik im Zeugnis. Doch sie hat ein mitleidiges Herz und ein Gefühl für die Nöte anderer. Die Mutter, die selbst Lehrerin ist, meint, daß sie kein Abitur zu machen brauche.

Frechheiten und Schimpfworte

Wie steht es aber nun mit den Frechheiten unserer Kinder? „Man kann sich doch nicht alles gefallen lassen; was sich die Kinder heute gegenüber ihren Eltern erlauben, hätten wir uns nie getraut!" so reden viele Erwachsene und haben dabei nicht einmal unrecht.

> Carsten (7) geht in die erste Klasse. Als er nach Hause kommt, wirft er wie üblich seine Schulmappe in der Diele auf den Boden, woraufhin die Mutter schimpft. „Ach du alte Fickerin", mault er frech zurück. Der Mutter verschlägt es die Sprache. Empört gibt sie dem Jungen etwas auf sein freches Mundwerk, woraufhin dieser heulend in seinem Zimmer verschwindet. Als aber am Abend der Vater der Sache auf den Grund geht, stellt sich heraus, daß der Junge natürlich die Bedeutung des Wortes gar nicht kennt, sondern daß es ein allgemein beliebtes Schimpfwort der Kinder in der Schule ist, was ich auch von anderen Schulkindern her weiß.

Das Kind fühlte sich zu hart bestraft. Sicherlich wußte der Junge, daß es ein Schimpfwort war, aber er kannte nicht die Bedeutung. Der Vater sagte dem Kleinen, eine Fickerin sei eine Frau, die nur schmusen wolle und nicht arbeiten. Er hatte gedacht, das sei jemand, der immer mekkern müsse.
Jüngere Kinder, *die Schimpfworte aus dem Kindergarten und aus der Schule mit nach Hause bringen,* denken sich meist nicht soviel dabei, wie wir Erwachsenen es tun. Daher ist es übertrieben, wenn wir gekränkt und beleidigt reagieren und die Kinder sogar schlagen. Ande-

rerseits aber muß man auf diese Schimpfworte reagieren, damit die Kinder lernen, daß man Erwachsene nicht wie Gleichaltrige benennen kann, und vor allem nicht Menschen, die man liebhat.

Klaus (10) nennt seinen kleinen Bruder „schwule Sau", wenn dieser zu ihm ins Bett kommen will, um sich anzukuscheln. Er brachte dieses Schimpfwort aus der Schule mit nach Hause, und die Mutter erklärte ihm dann, daß Schwule Männer seien, die Männer lieben und keine Frauen. Da er nun weiß, daß es sich um ein böses, herzloses Schimpfwort handelt, kann die Mutter den Ausdruck mit Recht verbieten.

Da gibt es nun die verschiedensten Ausdrücke und „Namen", mit denen die Kinder uns aus Wut beschimpfen:
Idiot – Depp – Blödmann – Arschloch – blöde Sau – blöder Hund – Leck mich am Arsch – Halt's Maul – Scheiß-Mami – Scheiß-Papi – den Vogel zeigen usw.
Die meisten Eltern sagen dann: *„Wie sprichst du mit deinem Vater (deiner Mutter)!* Das lasse ich mir doch von dir nicht bieten!" Die Eltern sind beleidigt und gekränkt, weil sie Nichtachtung heraushören. Sie berufen sich dann auf ihre Elternrolle und verlangen Respekt. Sie geben dem Kind aber gar keine Erklärung, warum man eigentlich mit ihnen nicht so reden darf.
Es ist besser, wenn man ganz ruhig bleibt und zu ihnen sagt: „Ich rede doch auch nicht so mit dir! Hast du das schon einmal von mir gehört? Also laß das mal bleiben!" Manche sagen aber auch: „Überleg dir gut, was du sagst!" Bei dieser Bemerkung spürt das Kind nur die Ablehnung seines Verhaltens, weiß aber den eigentlichen Grund nicht.

Kritik an den Erwachsenen ist nicht immer nur frech

„Siehst du aber blöd aus, wenn du deine Brille abnimmst!" sagt Ulla (8) zu mir. Die Oma sitzt daneben und ist entsetzt über die Frechheit ihrer Enkelin. Nun kann ich mich aber erinnern, daß ich meinen Vater auch blöd fand, wenn er seine Brille abnahm, um sie zu putzen. Man traute sich nur damals als Kind nicht, das so offen zu sagen. Ich gebe ihr recht und versuche ihr zu erklären, woher der blöde Ausdruck im Gesicht kommt, wenn ein Kurzsichtiger seine Brille abnimmt.

Ich spiele mit dem achtjährigen Dieter. Durch eine ungeschickte Bewegung fallen mir sämtliche Limodosen um, woraufhin er sagt: „Das kommt davon, wenn man so hektisch ist!" Ich bin zuerst verblüfft – er hatte aber recht, was ich ihm auch zugestehen mußte. Es wäre doch albern von mir gewesen, wenn ich gesagt hätte: „Wie redest du mit einem Erwachsenen!“

Manfred (5), seine Eltern und ich haben zusammen gefrühstückt und uns gut unterhalten. Jetzt gehen wir zur Garage, um fortzufahren. Da sagt Manfred plötzlich zu mir: „Plapper nicht soviel!“ Der Vater, der Lehrer ist, murmelt mir leise zu: „Eigentlich kann man das ja nicht durchgehen lassen!“ Ich aber bin betroffen, weil ich mich frage, ob wir nicht am Frühstückstisch diesen sehr sensiblen Jungen irritiert haben, der unseren Gesprächen gar nicht folgen konnte. Für sein Gefühl hatte ich „geplappert“, und darum drückte er es so aus. Wir wären also ungerecht gewesen, wenn wir ihn geschimpft hätten.

Tante Margret kommt zu Besuch. Sie hat beiden Schwestern (4 und 6) etwas mitgebracht, bevorzugt aber doch wohl deutlich die Ältere. Die Jüngere guckt sie eine Zeitlang genau an und sagt dann: „Du siehst aus wie eine Hexe!“ Tante Margret hat diese Kritik dem vierjährigen Kind nie verziehen und sich auch gar keine Gedanken darüber gemacht, warum das kleine Kind sie als Hexe empfunden hat. Der Mutter war es peinlich, und das Kind wurde aus dem Zimmer geschickt. Da „Hexe“ kein allgemein übliches Schimpfwort ist, wäre es wichtig gewesen, daß die Mutter am Abend das Kind gefragt hätte, wieso denn die Tante eine Hexe sei.

In der *„Frechheit“ der Kinder kann eine berechtigte Kritik* (wie bei Ulla, Dieter und Manfred) enthalten sein oder aber ein Gekränktsein (wie bei der Vierjährigen), was wir nicht einfach als Frechheit abtun und bestrafen dürfen, denn das wäre ungerecht, und das Kind würde sich unverstanden fühlen. In der beginnenden Pubertät, schon ab 9/10 Jahren, beginnen *die ersten echten Kritiken an den Eltern,* die diese besonders ärgern, weil sie spüren, daß eigentlich etwas Wahres daran ist.

Susi (10) sieht, wie die Mutter vor dem Spiegel im Bad herumtanzt und in den Spiegel hineinlacht. Daraufhin sagt Susi zur Mutter gönnerhaft: „Na du kleine Spinnerin!“ Die Mutter fühlt sich durch die herablassende Kritik des Kindes gekränkt, denn so hatte ihr einziges Kind bisher noch nie mit ihr gesprochen. Doch beim Nachdenken wird ihr allmählich klar. daß ihr Kind sie plötzlich kritischer sieht und dies das erste Anzeichen der Ablösung ist.

Edi (10) soll am Sonntagnachmittag wieder einmal mit den Eltern zusammen spazierengehen. Er erklärt aber zum ersten Mal, daß er dazu gar keine Lust habe und lieber zu Hause bleiben möchte. Er sagt, Spazierengehen mit den Eltern finde er „doof und blöd“. Wegen dieser Frechheit verhaut ihn der Vater mit dem Kochlöffel. Jetzt geht Edi ohne weitere Widerrede mit. Die Mutter hält sein Nachgeben für ein

Zeichen, daß die Prügel angebracht waren. Edi ist aber weich, resigniert leicht und läßt sich auch in der Schule von Stärkeren alles gefallen, was den Eltern Sorge macht. Der Vater aber hat wohl gespürt, daß sich der Jüngste von den Eltern ablösen will, wogegen er sich mit dem Kochlöffel wehrte. Wohl kaum ein taugliches Mittel!

Rudi (12) hilft dem Vater beim Autowaschen, wobei auch etwas repariert werden muß, was dem Vater aber erst nach längerem Herumprobieren gelingt. Daraufhin sagt Rudi zum Vater: „Das hättest du doch sehen müssen, wenn du aufgepaßt hättest!" Der Vater ist über diese respektlose „Frechheit" empört und verbittet sich so etwas!

Seine *Empörung verrät Schwäche und gekränkte Eitelkeit,* und man kann schon voraussagen, welche Auseinandersetzungen es in Kürze geben wird, denn Rudi ist in der Pubertät, in der Kritik an Vater und Mutter etwas Alltägliches werden wird. Überlegener hätte der Vater reagiert, wenn er gesagt hätte: „Stimmt! Ich habe nicht richtig aufgepaßt; das passiert dir wohl nie?" Eltern müssen sich eines Tages daran gewöhnen, daß die Kinder sie kritisch sehen, was schmerzlich ist, weil man bisher die bedingungslose Achtung und Bewunderung der Kinder besessen hat, zumal man sich selbst *eine offene und direkte Kritik an seinen eigenen Eltern nie erlaubte.*

Ingrid (14) steht dabei, als der Vater die Gäste verabschiedet, wobei er eine Reihe von üblichen Phrasen von sich gibt, woraufhin Ingrid sagt: „Red nicht so blöd!" Ich stehe daneben und ärgere mich für den Vater, den ich als Kollegen sehr schätze, und sage deshalb zu ihr: „Du redest wohl nie blöd?"

Ich selbst kann mich sehr gut an die letzte Ohrfeige erinnern, die ich mit 24 Jahren bekam (!), als ich „frech" zu meiner Mutter sagte: „Das ist wieder einmal so ein dämlicher Vorschlag von dir, der gar nicht zu verwirklichen ist." Ich empfand damals meine Mutter als dumm und ungerecht, denn ich war sachlich im Recht. Wir müssen also klar unterscheiden zwischen Frechheiten und kritischen Äußerungen. In den Frechheiten machen Kinder ihrem Unmut Luft, wenn sie z.B. mithelfen müssen, aufräumen sollen oder zu den Hausaufgaben herangeholt werden. So sagte kürzlich Bernd (11) zu seiner Mutter: *„Ich könnte dich ermorden!",* als sie ihn wieder einmal zu den Hausaufgaben trieb. Dabei ist gerade dieser Junge wegen Lebensangst bei mir in Behandlung und kommt wegen dieser Angst fast jede Nacht ans Bett der Mutter! An diesem Beispiel sieht man deutlich, wie wenig „Frechheiten" mit dem wahren Gefühl der Kinder für ihre Eltern zu tun haben. Trotzdem aber soll man *sich solche Frechheiten keinesfalls stillschwei-*

gend gefallen lassen, weil Menschen nicht auf diese brutale Art und Weise ihrem Unmut über andere Luft machen sollten. Allerdings muß man sich als Eltern selbst hüten, nicht ähnliche Worte zu den Kindern zu sagen wie: Schaf, Dummkopf, Rindvieh usw. Manche gebildeten Eltern sind im Krach untereinander mit Schimpfworten auch nicht gerade zimperlich!
Handelt es sich bei den Worten der Kinder nicht um einzelne Schimpfworte, sondern um kritische Äußerungen, muß man sich Gedanken darüber machen, ob das Kind nicht letztlich im Recht ist, und darf nicht aus gekränkter Eitelkeit schimpfen, strafen oder schlagen. Man unterdrückt dann bei den Kindern die Fähigkeit zum kritischen Denken. Die Kinder empfinden sehr wohl unsere Ungerechtigkeit und Eitelkeit, und *wir verlieren in ihren Augen an Achtung,* ganz abgesehen davon, daß man durch die Kritik der Kinder auch etwas lernen kann.

> Es war Ende der sechziger Jahre, als die 14jährige Heidi zu mir sagte: „Können Sie denn überhaupt streng sein?“ Sie kritisierte meine antiautoritäre Haltung, auf die ich damals stolz war. Ich war verärgert, daß ich von ihr kritisiert wurde, und wollte schon mit einer heftigen Bemerkung reagieren, als mir einfiel, daß sie doch wohl nicht ganz unrecht hatte!

Lehrer und Erzieher sollten auch nicht allergisch und eitel auf Schimpfworte und Kritik der Kinder reagieren; letztlich wollen sie uns ärgern, und diesen Spaß kann man ihnen nur dadurch verderben, daß man gelassen reagiert und z.B. auf Worte wie „Idiot“, „Trottel“ u.ä. nur sagt: „Gelegentlich ist jeder von uns einmal ein Idiot (Trottel usw.), auch du!“ Man muß also immer eine Rückantwort geben und *nicht etwa feige schweigen.*

Rücksichten auf die Freuden der Kinder

Gekaufte Freuden sind keine echten Freuden

Ein Kinderleben, in dessen Mittelpunkt nur die Schule mit den Hausaufgaben steht, ist öde und trostlos! Schon der Philosoph Plato hat vor über 2400 Jahren gesagt: *„Niemand taugt ohne Freude!"* Die Schule ist letztlich doch eine Pflicht, selten eine Freude. Es gibt aber leider Eltern, die kein Gespür dafür haben, daß ein Kind auch Freuden haben muß, die jedoch nicht nur in materiellen Dingen bestehen dürfen wie Eisessen, Gummibärchen, Comics, Kino, Puppen, Autos ... Das sind *gekaufte Freuden!* Das Kind kann sich darüber zwar oberflächlich freuen, dabei aber nicht sich selbst entfalten und verwirklichen, was vermutlich der Grund dafür ist, daß Kinder häufig erstaunlich undankbar sind, was uns Erwachsene dann ärgert: „Du kannst wenigstens danke zur Oma sagen, wenn sie mit euch im Kino war!"

Freies Spielen ist notwendig zur Selbstentfaltung

Um sich selbst zu verwirklichen, braucht das Kind das freie Spielen. Nur hier kann es sein ureigenes schöpferisches Tun und Denken, seine persönliche Vorstellung von der Welt ausleben. Ein Kind, das nicht alleine spielen kann oder mag und nur über Langweile klagt, ist entweder krank, wird krank oder ist seelisch in seinen schöpferischen Kräften gestört. Ohne Entwicklung der eigenen schöpferischen Phantasie kann ein Mensch auch sein schulisches Wissen im Leben nicht fruchtbar verwerten, denn *der eigene Geist und die eigene Seele entwickeln sich erst im Spielen frei.* Spielen ist so etwas wie die Meditation des Kindes, wozu aber auch Basteln, Werken und Malen gehören. Um seine persönliche Entfaltung nicht zu stören, darf man dem Kind sein Spiel nicht vormachen, was am deutlichsten beim Malen und Werken zum Ausdruck kommt. „Ich habe ihm vorgemacht, wie ein Baum richtig gezeichnet wird!" Oder: „Jetzt baut Vater dir einmal ein richtiges Haus!"

> Macky (5) fällt der Kindergärtnerin durch sein schlechtes Malen auf; er kann praktisch gar nicht zeichnen und schmiert nur rum. Nach längerem Befragen der Mutter gibt diese zu, daß sie ihm das richtige Malen und Zeichnen hat beibringen wollen, ihm die Hand geführt hat und seine ersten kindlichen Versuche durchgestrichen hat. Mit dieser Methode aber hat sie die freie Entfaltung des Kindes zerstört.

Man soll *Kinder nicht sofort verbessern,* wenn ihnen beim Spielen, Werken und Zeichnen etwas nicht gelungen ist, denn sie sollen selbstkritisch ihre Fehler von sich aus verbessern. Auch ältere Geschwister können mit ihrer altklugen Kritik die jüngeren verunsichern. Wir müssen also Rücksicht auf das Spielen und Werken unserer Kinder nehmen und Sorge tragen, daß sie genügend Spielzeit und Ruhe für sich selbst haben.

> Gernot (10) ist ein sehr schwacher Schüler, der wegen schlechter Rechtschreibung täglich mit seiner Mutter übt und für seine Hausaufgaben viel zuviel Zeit vertrödelt. Nun hat er auch noch Orgelstunden bekommen, für die er täglich mindestens 30 Minuten üben muß. Die Eltern sehen ihn schon als großen Organisten! Dem Jungen bleibt sehr wenig Zeit zum Spielen übrig. Dieses Kind ist zu sehr durch Lernen belastet, und die Musikstunden sind für ihn zuviel. Schon nach wenigen Wochen fängt der Junge an, sich vor dem Üben zu drücken, was natürlich Krach gibt! Er hatte zwar selbst den Wunsch geäußert, Orgel zu spielen, weil ihm die Musik Freude machte, aber das Üben war ihm zu lästig. Auch das tägliche Üben der Rechtschreibung ist zuviel und muß zu Überdruß und Trotz führen, wodurch sich die schlechte Rechtschreibung eher noch verschlimmert. Er ist aber ein sehr geschickter Bastler, wobei er sich endlich einmal entfalten und sich selbst bestätigen kann. Die Mutter aber nimmt leider diese Arbeiten nicht ernst und verbeißt sich in das Üben der Rechtschreibung: „Schreib erst mal deine Diktate ohne die vielen Fehler, dann darfst du spielen!" – So ergeht es leider vielen Kindern.

Anders ist folgender Fall:

> Frau L. kommt zu mir, weil ihre Tochter Anke (6) plötzlich überhaupt nicht mehr folgt und nur tut, was sie will. Die Ärztin sagt mir, die Mutter läßt sich viel zuviel vom dem Kind gefallen! Frau L. ist vor einigen Wochen mit ihr von zu Hause ausgezogen, weil ihr Mann wieder einmal eine Geliebte hat und sie das nun nicht mehr ertragen kann. Anke hat zwar ihre Puppen und Tiere mitnehmen dürfen, hat aber in der neuen Zwei-Zimmer-Wohnung kein eigenes Spielzimmer mehr und keine ruhige Zeit mehr zum Spielen, denn sie muß den ganzen Tag mit der Mutter im Auto rumfahren, wenn diese zu Behörden und zum Anwalt fährt oder sich neue Wohnungen ansieht. – Darf ein Kind seine eigenen Kräfte nicht im Spielen entfalten, kann das zu nervöser Unruhe, Ungezogenheit und auch zu Angst führen, zumal die Trennung der Eltern das Kind ohnehin ängstigte. Frau L. war ungerecht, als sie Anke wegen Unfolgsamkeit schimpfte.

Spielen hilft, Probleme zu bewältigen

Wir wissen heute, daß ein Kind im Spielen nicht nur seine ureigenen Phantasiekräfte entfaltet oder sich im Rollenspiel auf seine zukünftigen Lebensaufgaben vorbereitet (z.B. Vater und Mutter spielen), sondern daß es auch seine *Probleme und Ängste im Spielen verarbeitet.* Kinder können sich nämlich noch nicht aussprechen, aber sie können sich „ausspielen", wenn wir Erwachsene auch den Sinn des Spieles selten durchschauen und darum nicht ernst genug nehmen.

Cornelia (9) hat sich im Hobbykeller mit ihren Puppen und Stofftieren eine Schulklasse aufgebaut, mit der sie tagtäglich nach der Schule Lehrerin spielt. Sie unterrichtet den Stoff ihrer vorherigen Klasse, den sie gut beherrscht. Jeden Tag, wenn sie aus der Schule kommt, geht sie als erstes in den Hobbyraum und spielt noch vor dem Mittagessen Schule. Sie ist aber nicht etwa eine gute Schülerin, sondern sehr gehemmt und daher nur mittelmäßig. Hört man ihr beim Spielen zu, ist man geschockt, mit welcher autoritären Härte sie ihre Puppen und Tiere unterrichtet, dabei hat sie aber eine freundliche Lehrerin. Sie möchte selbst gern Lehrerin werden. Die Eltern und ich vermuten, daß sie ihre Hemmungen in der Schule zu Hause im Spielen abreagiert. Es wäre daher falsch, dem Kind dieses Spielen zu verbieten oder es wegen seiner Härte zu kritisieren.

Andrea (8) hat panische Angst vor dem Zahnarzt. Ich spiele deshalb jede Stunde mit ihr Zahnarzt. Sie ist der Arzt, ich bin der Patient. Sie darf mit einem Löffelstiel und einem kleinen Spiegel in meinem Mund herumarbeiten und mir auch die Zähne putzen. Ich muß auch ausspülen und in eine Schüssel spucken. Das bringt ihr viel Spaß, und nach einigen Stunden hat sie die Angst überwunden. Beim Spielen hatte ich ihre Rolle übernommen und ihre Angst gespielt, wobei sie mich tröstete und beruhigte. Mit diesem Trösten machte sie sich selbst unbewußt Mut, so daß sie dann zum Zahnarzt gehen konnte. – Ebenso kann man Kinder auf Operationen und auf das Krankenhaus vorbereiten. Härte, Strenge und Verbote verstärken nur die Angst.

Finden Sie „Barbie-Puppen" gräßlich?

Katja (5,11) wünscht sich zum Geburtstag eine Barbie-Puppe, die in nichts mehr an die süßen „knuddeligen" Puppenkinder unserer eigenen Kindheit erinnert, denn sie ist eine schicke Dame mit spitzem Busen, langen seidigen Haaren, blauem Lidschatten und tollen Kleidern. Die Mutter fragt mich unsicher, ob sie dem Kind diese scheußliche Puppe schenken soll. Katja bringt sie mir dann im weißen Brautkleid in die nächste Stunde mit.

Eine Barbie-Puppe ist heutzutage der Traum vieler Mädchen, sogar dreijährige wünschen sie sich schon. Eine Verkäuferin sagte mir, daß für die Finger der Kleinen die Kleider zu kompliziert zum Umkleiden sind. Zehn- oder Elfjährige spielen fantasiereich mit ihnen, und kürzlich erfuhr ich, daß sogar eine Abiturientin ihre Barbie-Puppen noch wie einen Augapfel hütet, ihnen Kleider näht und Pullis häkelt. Offenbar entspricht diese Puppe dem Wunschbild der kleinen Mädchen von der erwachsenen jungen Frau, denn die Kinder sehen diesen Typ laufend in Walt-Disney-Filmen, Asterix-Filmen, in Comics und in der Werbung. Diana (11) sagt zu mir: *„Wäre ich bloß auch eine Barbie,* dann hätte ich auch so schöne Kleider und Schuhe!" Viele Eltern meinen besorgt, ihre kleine Tochter könnte sich zu einem oberflächlichen, koketten Mädchentyp entwickeln, und schenken ihnen aus diesem Grunde die Barbie nicht. Aber die Erfahrung belehrt die Eltern meist eines anderen: Dianas Mutter z.B. fand die Puppe auch gräßlich. Als sich Diana aber die Puppen der Freundinnen auslieh, merkte die Mutter, daß sie „nicht darum herumkommt", dem Kind die Puppe zu kaufen. Diese Erfahrung machen alle Mütter, deren Töchter sich die Puppe wünschen. Omas meinen allerdings, man könne auch mit anderen Puppen schön spielen. Das ist aber nicht in gleicher Weise der Fall, denn *andere Puppen sind nicht so schön erwachsen.*

Johanna (11) ist eine sehr gute Schülerin. Sie spielt schon seit vier Jahren Klavier und singt im Schulchor mit. Der Vater hat gesagt: „Diese Puppen kommen mir nicht ins Haus!" Aber Johanna kaufte sich trotzdem vom Taschengeld die „Petra", die eine billige Ausgabe der Barbie ist. Sie sparte dann auf eine „Echte" und hat jetzt sieben Barbies, die sie zum Teil im Sonderangebot kaufte. Beim Spielen ist die Barbie nicht etwa ihr Kind, wie es in früheren Puppenspielen üblich war, sondern sie ist ein junges Mädchen, das allerlei Abenteuer erlebt. Einmal ist sie eine römische Sklavin, als in der Schule römische Geschichte durchgenommen wird, einmal eine russische Prinzessin. Zur Ergänzung sind die Spieltiere der früheren Kindheit wieder aus dem Keller geholt worden. Der Vater hat längst seine Abneigung gegen die Barbie aufgegeben, nachdem er seine Tochter mit ihren Freundinnen beim Spielen beobachtet hatte und über den Fantasiereichtum der Kinder überrascht war. Das Verbieten war also überflüssig gewesen.

Diana (11) hat jetzt fünf Barbie-Puppen. Eine bekam sie sogar vom Vater, der nichts gegen die Barbie hatte. Auch sie spielt mit ihren Freundinnen abenteuerliche Geschichten, angeregt durch Fernsehfilme. Zur Zeit wird „Barbie auf der Ranch" gespielt, denn Barbie hat auch drei Pferde, so daß man mit den Pferden von Dianas Freundin einen Pferdestall zusammenbekommt.

Diese Puppen sind also eine Möglichkeit, Zukunftsfantasien auszuleben, wobei es auf den Charakter des einzelnen Mädchens ankommt, was diese Puppe erlebt. Man kann also sagen, daß auch diese Puppe eine Möglichkeit zur Selbstentfaltung bietet.

Das Problem „Kriegsspielzeug"

Über *Kriegsspielzeug* unserer Jungen ist schon viel diskutiert und geschrieben worden. Dabei ist aber ganz übersehen worden, daß sich kleine Jungen dieses Spielzeug häufig selber machen aus Bauklötzen, Legosteinen und Holzstückchen. Sie rennen dann „peng-peng" schreiend durch die Gegend, und das manchmal schon mit drei Jahren. Diese kleinen Kerle wissen aber schon, daß wir Erwachsenen das nicht gern sehen; es kann dann vorkommen, daß sie scheinheilig erklären, es handle sich nicht um einen Revolver, sondern um einen Feuerlöscher oder ein Funkgerät. In einem privaten Kindergarten wurde jedes Indianerspielen streng verboten. Dominik (5), der diesen Kindergarten besucht, ist aber hinter jeder Pistole her, die er erwischen kann, und steckt sie sich in den Gürtel.

> Frau G. sagt zu mir: „Klaus (10) interessiert sich gar nicht für diese wilden Spiele. Aber im Fasching, wenn 20 Buben auf der Straße knallend rumlaufen, kann ich ihm das doch nicht verbieten!" Er hat sich ein eigenes Gewehr geschnitzt, womit er allerdings nicht schießt; es war nur Freude am Werken. Er legt sein Gewehr abends auf die Fensterbank, seitdem bei ihnen eingebrochen wurde.

Es gibt *wesentliche Unterschiede in bezug auf Kriegsspielzeug:* Panzer, Kriegsschiffe, Flugzeuge und Soldaten, die haargenau den echten nachgemacht sind, sollte man den Kindern nicht zur Anregung schenken, denn das ist tatsächlich „Kriegsspielzeug". So etwas tat man vor dem Zweiten Weltkrieg, um die Jungen zur „Männlichkeit" zu erziehen. Diese winzigen Kopien echter Waffen und Soldaten dienen nicht dem jungenhaften Austoben und Ausleben der eigenen Fantasie, in der man sich in der Rolle des Cowboys und Indianers oder auch Ritters als *starker Held* fühlt und mit Knallpistolen, Gummipfeilen und Wasserpistolen um sich schießt.

> Ich treffe Frau L. beim Spazierengehen mit ihrem zehnjährigen Sohn Philipp. Begeistert erzählt er mir von seinen Bombern und Kriegsschiffen, wobei er meint, daß ich ja schon so alt sei, daß ich den Zweiten Weltkrieg miterlebt hätte und daher etwas davon verstehen würde.

Erstaunt sehe ich die Mutter an, die eine bekannte Künstlerin ist und sehr friedliebend. Sie sagt mir daraufhin entschuldigend: „Seine zwei Freunde haben dieses Spielzeug auch, und dann kann ich es ihm doch nicht verbieten. Sie bauen sich ihre Kampftruppen auf der Couch auf, schießen dann aber nicht aufeinander, sondern gemeinsam auf einen unsichtbaren Feind.

Man muß es sich als Eltern gründlich überlegen, ob man dieses Spielzeug verbieten soll, weil es sonst vorkommen kann, daß man *eine ungesunde Sehnsucht nach Kriegsspielzeug in den Jungen züchtet.* Eine Mutter erzählte, sie habe ihrem Jungen jedes Spielzeug dieser Art verboten; daraufhin habe er sein ganzes Taschengeld in Pistolen u.ä. investiert, obgleich sie ihn immer wieder auf das Grausame und Böse des Krieges aufmerksam gemacht habe. Ältere Jungen haben mir gestanden, daß sie sich die verbotenen Sachen heimlich kauften; einer versteckte sogar ein Luftgewehr im Keller seines Freundes. Diese Beispiele sind sicher keine Ausnahmen. Es scheint mir auch naiv, wenn man glaubt, daß man durch Verbieten dieser Kinderspiele *unsere Jungen zum Frieden erziehen* kann, während *brutale Filme im Kino und Fernsehen* laufen! Hier liegt sicher eine Mitursache dieses Spieltriebs, durch den auch Ängste und Aggressionen verarbeitet und abgebaut werden. Zu einer wesentlichen Umerziehung der Menschheit gehören tagtägliche Hinweise auf ein verständnisvolles Miteinanderleben der Menschen und auch *ein Vorleben seitens der Eltern* (z.B. rücksichtsvolles Autofahren, keine Ausländerfeindlichkeit etc.)!
Selbstverständlich muß das Schießen auf Menschen und Tiere strikt verboten werden mit dem energischen Satz: *„Auf Menschen und Tiere schießt man nicht!“* Auch mit Wasserpistolen soll man nicht ins Gesicht schießen. Folgen die Kinder aber diesem Verbot nicht, kann man ihnen die Pistole u.ä. wegnehmen, zerbrechen und in die Mülltonne werfen! Pistolen oder Gewehre u.ä., deren Pfeile keine Gummischeiben haben, müssen verboten sein, weil Kinder sich im Eifer ihres Räuber- und Indianerspielens leicht vergessen und dann auf den besten Freund schießen. Diese Gummischeiben dürfen auch nicht entfernt werden, was leider möglich ist und von den Jungen gern getan wird, weil es echter aussieht. Bei selbstgebastelten Pfeilen und Bogen ist Vorsicht geboten!

Ich komme in mein Kindertherapiezimmer, als Paul (12) gerade dabei ist, Berndi (10) eine Colabüchse vom Kopf zu schießen. Er schießt mit Gummipfeilen und meint, er ziele ja nicht auf Berndi, sondern auf die Büchse, und ist verärgert, als ich natürlich auch das verbiete mit der Begründung, er könne Berndi dabei doch treffen.

Knallpistolen sind ungefährlich, sollten aber auch nicht in Gesichtsnähe abgeschossen werden. Mütter lieben aber den Lärm gar nicht, weswegen Knallpistolen gern verboten werden. Anscheinend haben sie eine besondere Faszination für Jungen, *weil die Mütter beim Knallen zusammenzucken.* Das macht dem kleinen Räuber einen besonderen Spaß, weil er sich dann nämlich so stark fühlt, daß sogar die Mutter zusammenzuckt. Hat man diese Knallpistolen aber eine Zeitlang ohne weiteres erlaubt, verlieren sie ihren Reiz und liegen bald unbeachtet herum. Beim Autofahren allerdings darf nicht geknallt werden, da bleiben die Knallpistolen zu Hause! Es gibt aber auch Mütter, die grundsätzlich alles Männliche an ihren kleinen Jungen verbieten: sie dürfen nicht raufen, nicht laut sein u.ä., weil die Mütter das für zu „brutal" halten. So lehnte kürzlich eine Mutter aus diesem Grund einen Judokurs für ihren Jungen ab. Im Unterbewußtsein haben diese Mütter Angst vor Männern, *weswegen ihre eigenen kleinen Söhne halbe Mädchen sein müssen,* was natürlich für die Entfaltung eines gesunden Selbstbewußtseins schädlich ist.
Wenn kleine Jungen im Alter von ca. vier bis zehn Jahren gerne Räuber, Indianer und Cowboy spielen und dabei „peng-peng" knallen wollen, handelt es sich hier nach allgemeiner psychologischer Erfahrung um eine *natürliche Entwicklungsstufe eines Jungen,* die mit beginnender Pubertät von selbst abklingt, wenn man sie nicht krampfhaft gebremst hat. Wenn ein kleiner Junge laut knallend durch den Garten und auf die Straße rennt, wie es in der Faschingszeit Sitte ist, fühlt er sich dabei stark und männlich; schließlich haben sich seit Jahrtausenden Männer so verhalten, die nicht nur Soldaten, sondern vor allem Jäger waren. Das steckt in den meisten Jungen und will in kindlicher Form ausgelebt sein. Schießen auf eine Scheibe, sogenanntes *„Sportschießen"*, erfordert sogar *Selbstbeherrschung und Konzentration.* Man kann nicht einfach hektisch und aggressiv drauflosballern, denn dann trifft man nicht ins „Schwarze". Treffen zu können, ist ein besonderes Erfolgserlebnis; das erfahren die kleinen Jungen sehr bald, wie ich in der Spieltherapie immer wieder beobachten kann, wenn sie auf Limo- oder Colabüchsen schießen. Auch bei der Olympiade ist Sportschießen eine Disziplin.
Wenn aber ein Junge gar nichts anderes mehr spielen kann als wochenlang nur Räuber und Indianer und nur rumknallen muß, so sollte man ihm das nicht verbieten, sondern sich in erster Linie fragen, was den Jungen wohl ängstigt.

Roland (4,2) kommt zu mir wegen Stottern in Behandlung. Obwohl ich eine Sandkiste im Zimmer habe, ein Kasperltheater, Lego, Autos und Malsachen, kommt er in jeder Stunde immer wieder aufs Indianerspielen. Die Mutter gibt als Begründung dafür an, dieses Spielen sei zur Zeit im Kindergarten allgemein üblich und sie könne es daher nicht verbieten. Das leuchtet zunächst ein, aber als allmählich durch die Therapie und die Beratung der Mutter das Stottern abklingt, spielt er nicht mehr am liebsten Indianer, sondern auch andere Spiele. Er hat einen um vier Jahre älteren Bruder, der das vitale Kind sehr unterdrückte. Hat er aber heute noch irgendwelche Probleme, muß er schießen! Das war kürzlich der Fall, als der Vater plötzlich schwer erkrankte und die Mutter sehr in Sorge und nervös war und sein lebhaftes Temperament dauernd bremste.

Psychologen beobachten immer wieder folgendes: Haben Jungen innere Spannungen, mit denen sie nicht fertig werden können, schießen sie am liebsten die ganze Therapiestunde auf die leeren Büchsen, die dann knallend herunterfallen, was Spaß bringt, denn *Lärmmachen befreit ganz offensichtlich.* Sind aber ihre Spannungen behoben, gukken die meisten die Pistolen gar nicht mehr an. Deshalb sollten Eltern auch wegen der Möglichkeit der Entspannung das Knallen nicht verbieten.
In diesem Zusammenhang ist folgendes noch von Interesse: Bei den Fronleichnamsprozessionen in Oberbayern und Tirol marschieren noch heute die Schützenvereine mit. Diese Vereine dienten seit dem 12. Jahrhundert der Verteidigung von Bürgern und Bauern. Die Mitglieder treffen sich alle 14 Tage zum Sportschießen. Diese Schützen schießen bei der Fronleichnamsprozession an jedem Altar krachend Salut in die stille Bergwelt zur Ehre Gottes; damit wollen sie nach heidnischem Brauch auch *die Dämonen vertreiben.* Das alles steckt sicher auch in unseren Jungen, wenn sie knallend durch die Straßen laufen!
Beim Spielen mit den Barbiepuppen träumen unsere kleinen Mädchen sich in die Rolle der schönen jungen Frau hinein – beim Knallen mit den Pistolen träumen unsere kleinen Jungen sich in die Rolle starker Helden! *Lassen wir ihnen diese Träume,* denn sie machen ihnen Lebensmut für die Zukunft. Bei beidem sollen wir aber darauf achten, daß es nicht zu ungesunden Auswüchsen kommt, weniger durch Verbieten als durch andere interessante Angebote.

Bücher oder Comics?

Ein Problem ist das *Bücherlesen* unserer Kinder. Die meisten Kinder zwischen sieben und zwölf Jahren mögen keine Bücher lesen, sondern Hefte (Comics). Viele Eltern sind darüber enttäuscht und meinen, ihr

Kind sei uninteressiert und „dumm". Sie versuchen daher, durch Kaufen und Vorlesen guter Bücher ihr Kind zum Lesen anzuregen, und verbieten sogar gelegentlich die Hefte. Nach meiner Erfahrung lesen aber sehr wenige Kinder unter zwölf Jahren schon Bücher. Viele Eltern dagegen haben in ihrer eigenen Kindheit viel gelesen und sind deshalb enttäuscht.

Hat man aber einmal die Kinder beim Lesen dieser Comics beobachtet (Micky-Maus, Donald Duck, Asterix, Pumuckl, Bussi-Bär, Yps) und dabei gesehen, wie sie sich amüsieren, schmunzeln und auch konzentriert sind, ist man nicht mehr so negativ gegen diese Art des Lesens eingestellt, vor allem dann nicht mehr, wenn man weiß, daß auch begabte Kinder, die schon auf dem Gymnasium sind und mit Bücherlesen anfangen, doch noch gern zu den Heften greifen.

Sicherlich darf es sich nicht um irgendwelche Hefte handeln, die *Horror und Brutalität verherrlichen.* Das kann man aber von den Walt-Disney-Heften und Asterix nicht sagen, denn bei letzterem werden sogar die Helden der Weltgeschichte lächerlich gemacht.

Wie mir von Rolf (12) gesagt wurde, der ein guter Gymnasiast ist, aber keine Bücher liest, gibt es zwischen Micky-Maus-Heften und Donald-Duck-Büchern feine Unterschiede, von denen wir Erwachsenen nichts wissen. Bei Micky-Maus geht immer alles gut aus, während es bei den Donald-Duck-Büchern realistischer zugeht. Zur Freude am Lesen kann man kein Kind zwingen; man soll zwar versuchen, es durch gute und spannende Kinderbücher (Abenteuergeschichten) anzuregen, aber nicht durch Verbieten der Hefte. Auch werden *die Deutschnoten nicht besser,* wenn man das Heftelesen verbietet!

Anders aber liegt folgender Fall:

> Toni (9) liest immer morgens im Bett vor der Schule seine Hefte. Die Mutter kann ihn dann nicht aus dem Bett treiben. Am besten nimmt sie ihm die Hefte schon abends fort, was natürlich Geschrei gibt.

Kinder lesen sehr häufig gar nicht den Text in den sogenannten Sprechblasen, sondern amüsieren sich über die Bilder, die ihre Fantasie anregen. Dieses Bilderlesen entspricht einer frühen Entwicklungsstufe der Menschheit, als diese noch nicht lesen konnte. Ihr verdanken wir die frühe Kunst, besonders in unseren Kirchen. Auf dieser Stufe befinden sich unsere Kinder noch bis zur beginnenden Pubertät, auch wenn wir selbst als Erwachsene diesen Heften meistens gar nichts mehr abgewinnen können. *Kinder haben ein anderes Lebensgefühl;* ihnen sind die lustigen Figuren von Donald Duck, Onkel Dagobert, Goofy usw. vertraute Freunde. Es gibt sogar gebildete Erwachsene, die in Erinnerung an ihre eigene Kindheit „Micky-Maus-Hefte" mögen. Auch das Anhören von Cassetten ist einfacher als das Bücherlesen, denn die Fantasie wird auf einfache Art angeregt, während beim Lesen der kindliche Verstand schon mitarbeiten muß. Bücher sind ausführlicher und detaillierter, während Cassetten eine kürzere Fassung bringen, was spannender ist. Man kann daher sagen, daß die Cassette eine gute *Vorstufe zum Buch* ist, denn auch sie erfordert aufmerksames Zuhören und Konzentrieren. Sie ist auf alle Fälle besser für die geistige Entwicklung der Kinder als das Fernsehen, denn das Kind kann sie sich immer wieder anhören und wird nicht von den Bildern „überfahren" wie beim Fernsehen, was zu Oberflächlichkeit führt und die Konzentrationsfähigkeit verdirbt. Kinder brauchen Wiederholungen, um Denken zu lernen. Freude an guten Büchern zu wecken, muß dennoch ständiges Ziel sein, erfordert aber Geduld.

Rock- und Popmusik

Lebensfreude macht auch *Rock- und Popmusik.* Man kann aus der Vorliebe für bestimmte Schlager und Hits sogar etwas über den Charakter der Kinder und Jugendlichen erfahren, was ich immer wieder mit Erstaunen feststellen muß. *Jedes Kind hat hier seinen eigenen Geschmack,* und schon Acht- und Neunjährige holen sich mit Hilfe ihres Cassettenrecorders „ihre" Musik aus dem Radio. Sie wissen genau, wann die „Hits der Woche" kommen. Jüngere Geschwister summen die Musik nach, die von den älteren bevorzugt wird. *Viele verstehen den Text gar nicht, weil er entweder Englisch ist oder der deutsche Inhalt unverständlich, so daß sie nur die Melodie und den Rhythmus gernhaben. Das ist sicher der Grund, warum die Kinder gar nicht verstehen, wenn die Erwachsenen einen Hit wegen des Textes verbieten.*

Es ist aber ganz verschieden, ab welchem Alter Kinder solche Musik gernhaben. Das hängt auch von den Eltern ab, ob diese das Radio laufen lassen und sich auch LPs und Bänder kaufen oder ob streng nur klassische Musik gehört wird. Es ist ein Irrtum, wenn Eltern und Großeltern meinen, Kinder müßten klassische Musik bevorzugen, denn die Popmusik sei doch zu „primitiv, zu chaotisch und zu enthemmend und vor allem sinnlich und sexuell". Großvater sagt: „Was ist aus dem Volk der Dichter und Denker geworden, wenn die Jugend jetzt diese Musik hört!" Erwachsene mögen so empfinden, weil sie als Kinder in diesen Gefühlen gebremst und gehemmt wurden, die heutigen

Kinder aber empfinden diese Musik nur als lustig und vergnüglich. Es gibt auch Eltern, die meinen, selbst bei der Popmusik müsse man *den Geschmack der Kinder bilden* und sie sollten nicht jeden „Mist" hören. Die Eltern brauchen sich hier keine Sorgen zu machen, denn nichts vergeht so rasch wie die Vorliebe für einen Hit, der zwar tagtäglich bis zum Überdruß geträllert und abgehört wird, aber dann eines Tages ganz und gar vergessen wird.

Kürzlich spielte mein Patensohn (5,6) am Sonntagmorgen bei mir im Kinderzimmer ganz zufrieden. Als ich dann aber in der Küche im Radio eine „Bach-Kantate" einschaltete, rief er mir verärgert zu: *„Stell doch die langweilige Musik ab!"* Durch die vergeistigte Bachmusik kann sich ein Kind mit seinen naiven Gefühlen nicht angesprochen fühlen und langweilt sich deshalb. Rhythmische Kirchenlieder sind aus diesem Grund bei Kindern und Jugendlichen auch beliebter als die alten Kirchenlieder oder eine Mozartmesse. Dagegen sind Kinder, die Popmusik ablehnen und nur klassische Musik wollen, nach meiner Erfahrung unkindlich ernst und frühreif. Man hat bei ihnen deutlich den Eindruck, daß sie ihre eigenen kindlichen Gefühle für Musik verdrängen, um den Eltern zu gefallen, die Popmusik gräßlich finden. Diese Kinder verdrängen auch ihre sonstigen Gefühle, was zu Hemmungen führt.

Eltern und Großeltern sollten also diese Musik nicht verbieten, sondern sie sich vielleicht mit den Kindern auch einmal gemeinsam anhören, *sie verstehen dann die Jugend besser.* Allerdings soll diese Musik die Kinder nicht den ganzen Tag berieseln, aber beim Spielen, Basteln, Lesen und nicht zuletzt beim Aufräumen dürfen Kinder ihre Musik laufen lassen. Wird sie aber zu laut, was ja für den Erwachsenen unangenehm ist, so muß sie aus Rücksicht selbstverständlich leiser gestellt werden. Hier können Kopfhörer oder auch ein Walkman helfen, zumal wenn jedes der Geschwister etwas anderes hören will. *Der Walkman* kann auch bei längeren Autofahrten mit Kindern eine Hilfe sein, und die Eltern brauchen sich nicht von Hamburg bis Rom laufend z.B. Pumuckls Stimme anhören. „Mein Mann kann diese Stimme beim Autofahren nicht ertragen!" sagte mir eine Mutter, die ihren drei Kindern je einen Walkman umhängte; so kommt jeder dem Alter entsprechend zu seinem Recht. Ein Walkman ist für die Ohren nicht schädlich, wie mir eine Ohrenärztin versicherte, wenn er nicht übertrieben laut eingestellt wird.

Ganz anders aber liegt folgender Fall:

> Auf einer Wanderung am Obersalzberg bei strahlendem Sonnenschein treffe ich auf eine Familie, die mir auffällt, weil der ca. siebenjährige Sohn einen Walkman umhängen hat. Als ich die Mutter frage, was sich der Junge denn anhöre, sagt mir diese, es sei die Pop-Musik des älteren Bruders, denn er finde das Wandern „so langweilig"!

Bei Wanderungen in der Natur und ebenso beim Skilaufen sollte ein Walkman verboten sein, da das Kind sonst kein Gefühl für die Schönheit der Natur entwickeln kann und sich nur in die eigene Traumwelt zurückzieht. Schließlich gehört die Freude an der Natur zu einem gesunden Lebensgefühl. Das Kind muß sich dann eben zuerst ein wenig langweilen und rumquengeln, bis das Gefühl für die Schönheit der Natur in ihm aufwacht. Man kann den Walkman vielleicht so verbieten: „Versuch es zuerst einmal ohne Walkman, denn niemand hat beim Wandern so ein Ding um. Später, wenn du alleine wanderst, kannst du ihn ja umhängen!" – Die Eltern, mit denen ich am Obersalzberg sprach, waren gar nicht auf den Gedanken gekommen, dem Kind hier eine Führung zu geben.

Ein Instrument spielen

Viele Kinder möchten gern selbst *ein Instrument spielen* und üben auch freiwillig täglich ¼ bis ½ Stunde, was notwendig ist, um die Sache in den Griff zu bekommen. Sie haben Freude am Klang der Musik, und man muß sie daher nicht extra zum Üben antreiben. Das gilt aber nicht für jedes Kind! Manche Eltern wünschen sich aus Bildungs-Ehrgeiz *einen kleinen Mozart oder eine kleine Clara Schumann,* weswegen sie ihr Kind in den Musikunterricht treiben, obwohl es nicht die geringste Lust dazu hat. Die Eltern selbst spielen kein Instrument, so daß Anregung und Hilfe fehlen. Es gibt immer Ärger mit dem Üben und sogar Tränen, *weil die Kinder sich um ihre eigene Spielzeit betrogen fühlen.* Hat ein Kind nach einem halben Jahr Musikunterricht noch immer keine Lust zum Üben, sollte man mit dem Unterricht aufhören und das Kind nicht weiter zwingen. Schließlich kann das Kind in späteren Jahren immer noch von sich aus ein Instrument lernen.
Am besten aber für die musikalische Lernfähigkeit des Kindes ist die Anregung durch *eine musikalische Früherziehung* im Kindergarten mit Rhythmik, Singen und Händeklatschen. Eltern, die darauf Wert

legen, daß ihr Kind später einmal ein Instrument spielt, müssen für diese Früherziehung sorgen. Das Kind sollte auch schon vor dem Erlernen eines Instrumentes die Noten kennen. Weil aber in der ersten Grundschulklasse ohnehin schon so viel Neues auf das Kind einstürmt, fängt man am besten erst in der zweiten Klasse mit dem Erlernen eines Instrumentes an. Leider mache ich immer wieder die Erfahrung, daß Kinder wohl *Freude am Herumklimpern auf dem Instrument haben,* kommt aber das Üben und das Notenlesenlernen, geben sie auf.

> Walter (8) wünschte sich eine Heimorgel, weil ihm der Klang dieses Instrumentes so gut gefiel. Die Eltern kauften ihrem einzigen Kind das teure Instrument, obgleich sie selbst keine Ahnung von Musik hatten; aber Walter drückte nur darauf herum, genoß den Klang und wollte keinen Unterricht haben. Heute, nach sechs Jahren, steht das Instrument immer noch unbenutzt herum.

Haben Kinder den Wunsch, ein Instrument zu spielen, so kann man sich *für wenig Geld ein Instrument leihen,* um zu sehen, ob das Kind bei der Sache bleibt und ob sich die teure Anschaffung auch lohnt.

> Toni (8) spielt begeistert und auch gut Akkordeon nach Gehör. Er weigert sich aber, das Notenlesen zu lernen, weil ihn dies zu sehr an die Rechenstunden erinnert.

So denken viele Kinder! Es liegt dann am Geschick der Lehrerin und der Eltern, ein offensichtlich musikalisches Kind über diesen Widerstand hinwegzulocken, damit sich seine Begabung weiter entfalten kann. Unter Druck, Strafen und Zwang geht hier aber gar nichts. Auch nicht, wenn die Mutter immer daneben sitzt!

Kinderlärm

Da unsere Kinder in der Schule stundenlang stillsitzen müssen und auch in den Pausen nicht lange genug Bewegung haben, brauchen sie in der Freizeit die Möglichkeit, sich auszutoben. Kinder bevorzugen von sich aus *Bewegungsspiele*, bei denen man im Hof, auf der Straße und im Garten laut ist. Leider gibt es sehr viele ältere Menschen, die auf *Kinderlärm* allergisch sind und dabei vollkommen vergessen, daß sie selbst auch einmal laute Kinder waren! Man muß als älterer Mensch seine Lärmempfindlichkeit beherrschen können und Rücksicht auf die Spielfreude der Kinder nehmen. Wenn ältere Leute Kinder mit Schimpfworten autoritär wegscheuchen, lassen sie auch ihre Lebensunlust am Kind aus. Jüngere Kinder sollen ja gerade *in der Nähe der Wohnung spielen,* damit die Mutter eine Auge auf sie haben kann. Hausmeister können manchmal Tyrannen sein und die Kinder wie „Ungeziefer“ behandeln.

> Ich frage Christa (11), die in einem Etagenhaus wohnt, wie die Mitbewohner auf Kinderlärm reagieren, denn ich weiß, daß viele Kinder im Haus und in der Umgebung wohnen. Christa meint lachend: „Ach, die alten Leute sind alle sehr nett zu uns. Sie machen ihre Türen auf und geben uns Kuchen und Süßigkeiten. Dann ist man auch gern leise, wenn sie einmal Ruhe haben wollen!“

Die Mittagsruhe von 12 bis 15 Uhr sollte von den Kindern eingehalten werden und bei Krankheit der Nachbarn Rücksicht genommen werden. Darum kann man die Kinder freundlich bitten. Im Treppenhaus selbst brauchen Kinder allerdings nicht zu spielen, weil auch die Haustür dauernd lärmend zugeschlagen wird.
Die Lärmempfindlichkeit älterer Menschen spielt auch in den Wohnungen selbst häufig eine große Rolle. Die Kinder dürfen nicht laut sein, weil die Mieter, die unter der Familie wohnen, übernervös sind. Rollerfahren, Rollschuhlaufen, Kettcarfahren, Skateboardfahren, Fahrradfahren, Fußballspielen und Pistolenknallen im Gang machen zweifellos zuviel Lärm, und es handelt sich ja hier auch um *Fahrzeuge und Spiele für Straße, Hof, Spielplatz und Garten.* Wenn aber eine Wohnung mit Teppichboden ausgelegt ist oder die Kinder Hausschuhe tragen, muß der Erwachsene schon ausgesprochen kinderfeindlich sein, um das Geräusch der Kinderfüße als Lärm zu empfinden und sich zu beklagen.
Ich habe Kinder in Behandlung gehabt, die durch das dauernde Bremsen ihres Bewegungsdranges und die Ermahnungen, leise zu sein wegen der Nachbarn, gehemmte und ängstliche Kinder wurden. Man kann sich mit etwas gutem Willen als Erwachsener auch *an den Kinderlärm gewöhnen* und hört ihn dann gar nicht mehr. Eltern sollten sich im Interesse ihrer Kinder gegen das Schimpfen der Nachbarn und Mieter ein dickes Fell anschaffen.

Freunde sind notwendig!

Um spielen zu können, braucht man *Freunde;* Geschwister alleine genügen nicht! Bei Geschwistern stören Altersunterschiede, Rivalitäten, Eifersucht und häusliche Probleme oft die Harmonie des gemeinsamen Spielens. Bei Freunden, die meist auf derselben Entwicklungsstufe stehen, fallen diese Probleme weg; das Kind wird zu neuen Auseinandersetzungen mit sich selbst angeregt und lernt gleichzeitig *das Anderssein eines Menschen anzunehmen.* Aus diesen Gründen müssen Eltern die Freundschaften ihrer Kinder pflegen und dafür Sorge tragen, daß sie auch Freunde finden.

„Ich spiele lieber alleine, dann muß ich mich nach niemandem richten!“ sagt Matthias (10). Er ist Einzelkind und hatte sich gerade über seinen herrschsüchtigen Freund geärgert.

Franzi (4) und Minnie (7) sind Geschwister und haben sich sehr lieb. Beim Spielen ist Minnie aber viel fantasiereicher und vitaler und zudem älter; daher ist sie führend im Spielen. Franzi ist immer nur im Schlepptau der großen Schwester, wodurch seine eigenen Kräfte nicht genügend zur Entfaltung kommen. Im Kindergarten ist das schon besser, weil er hier unter Gleichaltrigen auch einmal tonangebend sein kann.

Günter (7) ist Einzelkind und wirklich „schwierig“, denn er ist sehr aggressiv, intelligent und frühreif. Im Kindergarten fand er aus diesen Gründen keinen Anschluß an die anderen Kinder. Jetzt beim Schuleintritt findet er einen Freund, der ihm an Intelligenz und Fantasie ebenbürtig ist, worauf der Junge wie verwandelt ist. Der Freund läßt sich seine Aggressivität und Herrschsucht nicht gefallen und geht einfach fort, was Günter dann veranlaßt nachzugeben. Das tut er bei den Eltern nicht! Er hat Angst, den Freund zu verlieren. Der Freund war vorher auch ein problematisches Kind, und auch die Mutter freut sich, daß er nun zufriedener geworden ist. Nach einiger Zeit findet Günter allmählich auch andere Freunde und klammert sich nicht mehr an den einzigen, durch den er aber Freundschaft gelernt hat.

Freunde können sehr beruhigend wirken, weil man sich von ihnen in seinem kindlichen Lebensgefühl bestätigt weiß. Deshalb brauchen gerade Einzelkinder Freunde, damit sie nicht durch den dauernden Umgang mit Erwachsenen unkindlich werden. Alles, was normalerweise kindlich ist, ist für sie dann „doof“. Sie werden von anderen Kindern wegen ihrer Unkindlichkeit, die sich auch in altkluger Wortwahl zeigt, bald als blöd abgelehnt. Es ist kein gutes Zeichen, *wenn ein Kind keine Freunde findet* und zu anderen Kindern vielleicht nur aggressiv werden kann – eine ungesunde Form der Kontaktaufnahme.

Helmut (10) wurde mit fünf Jahren adoptiert. Er hat eine sehr gute Beziehung zu seinen Adoptiveltern gefunden und kopiert sie haargenau, denn das gibt ihm Geborgenheit. Er ist Einzelkind und kann nicht mit anderen Kindern spielen, denn er ist unkindlich an Erwachsene angepaßt und ein „liebenswürdiger und braver" Junge, aber aggressiv zu anderen Kindern, weil diese ihn in seiner altklugen Art und auch wegen seiner eleganten Kleidung nicht akzeptieren. Im Gymnasium fällt er deswegen trotz guter Noten sogar den Lehrern als unangenehm auf.

Leider gibt es Eltern, die nicht einsehen, daß Freunde für die Entwicklung ihres Kindes unbedingt notwendig sind. Es ist ihnen sogar nur recht, *wenn keine fremden Kinder ins Haus oder in die Wohnung kommen* und Schmutz und Unordnung machen und vielleicht sogar „rumschnüffeln". Es ist ihnen auch zu mühsam, fremde Kinder einmal mit in den Tierpark, auf eine Wanderung oder ins Kino mitzunehmen, denn die Familie will unter sich bleiben!
Diese Eltern merken nicht, wie einsam ihr Kind ist, denn auch die besten Eltern können einem Kind gute Freunde nicht ersetzen, weswegen es falsch ist, wenn Eltern sagen: *„Das Kind hat doch uns, wir sind seine besten Freunde!"*, wobei der Vater dann womöglich mit auf dem Boden sitzt und versucht, kindlich zu spielen, vielleicht um seine eigene Kindheit nachzuholen. Am deutlichsten kommt diese Fehlhaltung zu Tage beim Spielen mit der elektrischen Eisenbahn, die der Vater im Hobbyraum aufgebaut hat. Er meint, das Kind habe großen Spaß mitzuspielen, weil er selbst seine kindliche Freude hier auslebt. Das Kind aber kann sich selbst nicht entfalten, *weil der Vater alles besser kann und weiß!*

Der schlechte Einfluß anderer Kinder?

Mütter, die in ihrer Ehe gescheitert sind, klammern sich gerne an ihr Kind unter irgendeinem fadenscheinigen Grund. „Der Umgang paßt mir nicht!" heißt es dann, und das Kind muß seine Freunde aufgeben. Man sollte sich als Eltern überhaupt nicht in die Freundschaften seiner Kinder einmischen. Kinder haben füreinander Antennen, die wir Erwachsenen nicht nachempfinden können. Sätze wie: „Sieh mal, das ist doch ein nettes Kind! Spiel doch mal mit dem!" fruchten selten. *Verbieten sollte man Freundschaften nur dann,* wenn man sicher weiß, daß das andere Kind einen schlechten Einfluß ausübt: etwa Anstiften zu Diebstählen, zum Demolieren von Autos und Briefkästen, zu brutalen Schlägereien, zu Drogenkonsum usw.
Es kommt auch vor, daß *soziale Unterschiede* den Eltern nicht recht sind (der Sohn des Hausmeisters, die Tochter der Putzfrau, Ausländerkinder ...). Jedes Kind soll sich aber auch hier ein eigenes Urteil bilden dürfen und selbst kritisch denken lernen.

Reni (8,11) liebt plötzlich Popmusik und singt den englischen Text im Klang richtig nach, obwohl sie kein Englisch kann. Sie tanzt auch rhythmisch zu der Musik und wackelt unkindlich mit den Hüften. Als ich die Mutter frage, woher sie das hat, meint diese abwertend: „Von der Tochter der Putzfrau!" Einen ähnlichen Hinweis höre ich auch, wenn Reni allgemeine Schimpfworte gebraucht, wobei die Mutter dann nur sagt: „Wir sind nicht bei Ilse!" (Das ist die Tochter der Putzfrau.)

Popmusik wird heute in den besten Familien gehört, und für Schimpfworte braucht man nicht zur Putzfrau zu gehen. Ein Mathematiklehrer im Gymnasium schreit die Kinder mit „Arschloch" an, wie Nicki (12) erzählte.
Wir können unsere *Kinder nicht in einem Glashaus groß werden lassen,* in dem wir sie gegen alle fremden Einflüsse abschirmen. Wir dürfen uns aber auf den guten und vertrauten Kontakt zu unseren Kindern verlassen, die uns letztlich doch alles erzählen, was Beunruhigendes in der fremden Familie vor sich geht! Dafür muß man allerdings auch offen sein.

Klaus (10) sah in der Familie seines Freundes, den die Eltern akzeptieren, Horrorfilme des älteren Bruders. In der Stunde bei mir erzählt er mit glänzenden Augen und gespanntem Gesicht die scheußlichen Szenen. Offensichtlich genießt er die Angst und Spannung in diesen Filmen. Die Eltern haben aber keine Ahnung, daß der Junge derartige Filme sieht. Klaus hat einen sehr schlechten Kontakt zu ihnen. Die Eltern erfahren erst durch mich, daß der Junge diese Filme sah. Auch die Eltern des Freundes hatten keine Ahnung, denn die Kinder hatten sich die Videos heimlich geholt.

Wegen des spannungsreichen Lusterlebnisses sehen aber viele Kinder das Verbot nicht ein, was ebenso für Krimis im Fernsehen gilt. Als ich Jens (9) erkläre, er selbst könne dann eines Tages ebenso brutal werden, meint er altklug, das habe ja noch Zeit! Wegen der Unreife der Kinder bleibt uns nichts anderes übrig, als solche Filme stur zu verbieten.

Sven (11) sah in der Familie seines Freundes, mit dem er seit frühester Kindheit spielt, Pornofilme, die die große Schwester sich mit ihren Freunden ansieht. Da der Junge aber einen guten Kontakt zur Mutter hat, erzählte er ihr von Sexszenen, die ihn beunruhigten. Die Mutter verbot ihm, weiter dorthin zu gehen, was der Junge auch einsah.

Aufklärung und „Doktorspiele“

Der gute Kontakt zu Mutter und Vater ist ein besserer Schutz als jedes Verbieten! Allerdings müssen Kinder ab zehn Jahren aufgeklärt sein, d.h. biologisch genau wissen, wie der Geschlechtsverkehr vor sich geht. Die meisten Eltern scheuen sich davor und halten ihr Kind noch für zu jung. Aber das liebevolle und warmherzige Aufklären seitens der Eltern ist der einzige Schutz gegen die schmutzigen Witze, die jetzt ab dem Alter von zehn Jahren von anderen Kindern in der Schule gemacht werden. Inzwischen wissen wir durch die Erfahrung der Psychotherapeuten, daß sogenannte *Doktorspiele*, bei denen Kinder sich gegenseitig an den Geschlechtsorganen untersuchen, kein Grund zur Panik sind. Viele Menschen haben sie als Kinder praktiziert, ohne den geringsten Schaden zu nehmen. Eltern sollten am besten gar nichts sagen, wenn sie die Kinder dabei erwischen, um ihnen nicht eine ungesunde Scheu und Angst vor den eigenen Geschlechtsorganen und sexuellen Gefühlen einzureden. Kinder ziehen sich meistens für diese Spielereien von den Erwachsenen zurück, sicherlich nicht wegen eines schlechten Gewissens, wie man früher dachte, sondern weil sie Erwachsene hierbei nicht brauchen! Es ist schon eine Form der Ablösung.

> Ulli (9) hat sich mit einem Mädchen von 8 Jahren in seinem Zimmer eingeschlossen. Die Mutter ahnt schon, was sich da wohl abspielen wird, denn er hat keine Schwester. Als die Mutter ihn hinterher fragt, was er denn dort im Zimmer mit dem Mädchen gemacht habe, sagt er sehr bestimmt: „Du brauchst nicht immer alles zu wissen!“ Er ist sonst ein sehr anhänglicher Junge.

> Frau R. hat mit ihrer Tochter Ines Probleme, denn das Kind wird von ihrer Freundin total beherrscht. Ganz nebenbei aber erwähnt Frau R., daß die beiden Mädchen sich jeden Tag im Zimmer einsperren, um sexuelle Spiele zu machen. „Da sage ich nichts, denn das kann man sie ja heute ruhig spielen lassen!“ meint die Mutter.

So einfach ist es nun auch wieder nicht! Es ist natürlich *ein Unterschied, ob Kinder gelegentlich einmal Doktorspiele machen,* häufig nur, um das andere Geschlecht *kennenzulernen*, oder ob sie sich wochenlang zu sexuellen Spielen zurückziehen. Kinder, denen nichts anderes einfällt, als laufend gegenseitig an den Geschlechtsorganen zu spielen, sind nicht etwa sexuell abartig veranlagt, sondern haben seelische Probleme und benutzen diese Spielereien als sogenannte „Ersatzbefriedigung“. Ines' Freundin hat eine sehr nervöse Mutter, die sich nicht auf das Kind einstellen kann und selbst sexuelle Probleme hat. Es ist daher anzunehmen, daß die Freundin Ines als Mutterersatz benutzte. Man muß sich also um diese Kinder besonders kümmern, aber *keinesfalls solche Spielereien direkt verbieten und bestrafen,* weil man mit einem Verbot das eigentliche seelische Problem gar nicht erreicht und die Kinder nur verunsichert und ins Verheimlichen treibt.

Selbstbefriedigung

Auch dafür gilt das oben Gesagte. Wir wissen inzwischen, daß zahllose Menschen auf der ganzen Welt als Kinder alleine lustvoll an ihren Geschlechtsorganen herumgespielt haben. Damals wurden sie von ihren Eltern beschimpft und bestraft, man machte ihnen Angst, sie könnten krank werden und sterben, *was zu sexuellen Hemmungen führte.* Wenn aber Kinder laufend an ihren Geschlechtsorganen herumfummeln müssen, nicht nur abends im Bett, sondern auch tagsüber bei Hausaufgaben, in den Schulstunden und vor dem Fernsehapparat, handelt es sich auch um *eine „Ersatzbefriedigung".* Dann muß man sich als Eltern fragen, was das Kind nervös und unsicher macht: das Fernsehen kann zu aufregend sein, die Schule das Kind laufend verunsichern, auch zuviel Alleinsein und Einsamkeit können schuld sein. An diesem Punkt muß man helfend eingreifen.
Es gibt kleinere Kinder, die naiv z.B. im Schwimmbad in aller Öffentlichkeit an ihrem Glied zerren oder in ihrer Spalte herumbohren (manchmal ist nur Sand drin, der weh tut). Da kann man einfach sagen: „Guck mal rum, das tut hier keiner. Das ist doch zu babyhaft!" Bei älteren Kindern wird man sagen: „Komm, laß das mal sein!" – ohne jeden kritischen Ton.
Zusammenfassend kann man sagen, daß man niemals direkt den Kindern das Spielen an den Genitalien im strengen Ton verbieten soll – etwa im Schwimmbad die kleine Hand energisch wegziehen oder sogar einen Klaps geben. *Bei übertriebenem Herumspielen* aber muß man sich als Eltern fragen: Warum muß sich das Kind so viel und ohne jede Hemmung auf diese Art und Weise Lustgefühle verschaffen? Zanken sich die Eltern häufig oder liegen andere spannungsreiche Probleme in der Luft, so kann das allein schon der Grund sein, warum sich z.B. ein kleines achtjähriges Mädchen laufend lustvoll an der Tischkante wetzen muß. Im allgemeinen aber sollte gelegentliches Herumspielen an den Geschlechtsorganen *ebenso behandelt werden wie Nasebohren!*

Ernste Probleme bei Kinderfreundschaften

Rudi (10,6) fängt bitterlich an zu weinen, als die Mutter ihm seinen offenen Hosenschlitz zuknöpfen will. Er erzählt dann, daß die anderen Jungen in der Schule ihn immer wieder auf die Geschlechtsorgane schlagen, was ihm sehr weh tun würde. Er kann sich aber nicht dagegen wehren. Die Mutter gibt zu, daß sie ihm bisher immer gesagt hatte, er dürfe nicht zuerst zuschlagen und sich auch nicht wehren. („Geh weg und laß!" – mit diesem Satz erzog sie ihre beiden Söhne.) Das hat bei dem sehr weichen Jungen dazu geführt, daß er keinerlei Aggressionen aus sich herauslassen kann; darum spielt er auch nicht gerne Fußball, weil ihm das zu „roh" ist. Im Judokurs hat er zwei Jahre lang nur rumgespielt und nicht ernsthaft mitgemacht. Die Jungen in der Klasse haben instinktiv herausgefunden, daß er weich ist, und ihn als Prügelknaben ausgesucht. Es ist kaum anzunehmen, daß Martin es ohne Hilfe schaffen wird, sich gegen die Rohlinge in der Klasse zu wehren, denn es sind zuviele. Hier müßte man sich Hilfe von der Lehrerin holen.

Gerd (9) wurde immer wieder von demselben Jungen verprügelt. Auch er konnte sich nicht wehren. Doch den Eltern gelang es, ihn davon zu überzeugen, daß er sich wehren muß und auch kann. Als er dann erstmals zurückschlug und der andere daraufhin von ihm abließ, fühlte er sich erleichtert und stark.

Ilse (10) kommt seit einigen Wochen immer mit schlechter Stimmung aus der Schule heim. Die Eltern können sich diese schlechte Laune nicht erklären. Eines Tages erzählt sie weinend, daß die Klassenkameraden sie auf dem Schulweg immer ärgern und necken würden und sie sich ihrer Haut nicht wehren könne. Es handelt sich um drei Kinder aus ihrer Klasse, wobei Livia die Rädelsführerin ist und Birgit und Rolf nur mitmachen. Da es keinen anderen Schulweg gibt, ist Ilse diesen drei Kindern ausgeliefert. Die Mutter und ich sprechen mit der Lehrerin, die sich Livia vornimmt, die auch sofort zugibt, daß sie großen Spaß daran haben, Ilse zu necken, und sich immer wieder Neues ausdenken würden. Da die Lehrerin eine geschickte Pädagogin ist, gelingt es ihr, Livia von der Gemeinheit ihres Verhaltens zu überzeugen, zumal sie ja drei gegen eine sind. Livia wurde von ihren älteren Geschwistern tyrannisiert und gab das an Ilse weiter!

Jürgen (6) geht in die erste Klasse. Schon im Kindergarten hatte er einen Freund, der ihn immer wieder ärgerte. Da Jürgen aber ein gutmütiger Kerl ist, ließ er sich das gefallen. Als sein Freund aber in letzter Zeit häufiger mit Gegenständen auf Jürgen losging und sich dieser immer noch nicht wehren konnte, warf die Mutter den brutalen Freund aus ihrem Haus mit der Begründung: „Wenn du immer so gemein bist, will ich dich hier nicht mehr haben!"

Martin (11) wird laufend von den Schulkameraden verprügelt, wobei er auch nicht ganz unschuldig ist, denn er neckt und reizt sie laufend. Gelegentlich rächt er sich auch, indem er Mädchen angreift. So nahm er kürzlich den Regenschirm eines Mädchens und warf ihn in den Müllcontainer. Als das einige Jungen sahen, packten sie ihn und warfen ihn auch in den Müllcontainer. Verdreckt und heulend kommt er zu Hause an. Als er dem Vater die Geschichte erzählt, bekommt er zusätzlich noch eine Ohrfeige mit der Begründung: „Weil du dir immer alles gefallen läßt!“

Es gibt also Eltern, die verschieden auf diese Probleme ihrer Kinder reagieren. Sicherlich ist der Vater von Martin eine betrübliche Ausnahme, aber viele sagen doch: „Da wirst du schon selbst schuld sein!“ An den übrigen Beispielen aber sieht man, *daß es Kinder gibt, die sich nicht wehren können.* Entweder sind sie von Natur aus weich und nachgiebig, oder man hat ihnen Aggressionen von klein auf verboten. Auf diese kleinen „Schwächlinge“ stürzen sich gern die Starken, um ihre eigene Macht zu spüren. *Diese weichen Kinder brauchen also unsere Hilfe.* Nach meiner Erfahrung nützt es selten etwas, wenn man sich mit den Eltern der anderen Kinder in Verbindung setzt, denn diese wollen meist nicht wahrhaben, daß ihr Kind sich so häßlich benimmt. Die beste Methode ist das Einschalten einer psychologisch begabten Lehrkraft, die dann sogar eine Versöhnung zwischen den Kindern zustandebringen kann, weil sie neutral ist. Häufig aber hat das angegriffene Kind auch Angst, daß es wegen „Petzen“ nun noch zusätzlich gehänselt wird. Es liegt nun am Geschick der Lehrkraft, durch Aussprache mit den Kindern den Eindruck des Petzens gar nicht aufkommen zu lassen. Am besten wird das vermieden, indem die aggressiven Kinder nicht bestraft werden, sondern nur auf das Gemeine und Schädliche ihres Verhaltens hingewiesen werden.
Eines aber muß deutlich gesagt werden: *Es ist immer verboten, einen Schwächeren zu verprügeln, zu ärgern und zu necken!* Anders zu bewerten ist dagegen das Raufen unter Freunden: das ist ein Spiel wie bei jungen Hunden und bringt beiden Spaß, weswegen man es auch nicht verbieten und bremsen soll.

Bob (2,8) greift alle Kinder auf dem Spielplatz grundlos an. Er schlägt sie ins Gesicht, läuft dann fort und freut sich, wenn die Kinder weinen. Die Mutter weiß sich keinen anderen Rat, als zur Psychologin zu gehen. 14 Jahre später spreche ich mit Bob über sein damaliges Verhalten. Er sagt mir folgendes dazu: „Damals trennten sich meine Eltern, was ich furchtbar fand. Ich war neidisch auf alle Kinder, die noch beide Eltern hatten. Ich hatte auf alle Kinder eine Wut!“

Man muß also nicht nur dem Kind helfen, das geärgert und geschlagen wird, sondern sich auch fragen, warum sich das andere Kind so herzlos und aggressiv verhält. Meistens machen die anderen nur mit, und *einer ist der Anführer*, oder mehrere frustrierte Kinder schließen sich zusammen. Die Lehrkraft kennt meist die Familienhintergründe, weswegen sie am besten helfen kann. Es gibt aber auch brutale Gemeinheiten unter Kindern, die man bestrafen muß.

Carsten (11) trifft auf der Straße vor meiner Haustür drei fremde Kinder und bietet ihnen sein Skateboard zum Kauf an. Die Kinder gehen auf den Handel ein und geben ihm DM 20,- im voraus. Er verspricht ihnen, das Skateboard im Laufe der nächsten halben Stunde zu einer in der Nähe gelegenen Gaststätte zu bringen, wo seine Mutter angeblich Bedienung ist, was gar nicht stimmt, denn sie ist Arzthelferin. Er bringt das Skateboard aber nicht, und die drei Kinder kommen zu mir, um sich Hilfe zu holen. Ich kann diese Gemeinheit zuerst gar nicht glauben. Als ich aber mit Carsten telefoniere, gibt er seine Gaunerei sofort zu. Seine Mutter fährt ihn zu mir, und er gibt den drei wartenden Kindern das Skateboard. Da er Ministrant ist, verlange ich von ihm, daß er diesen Betrug beichten muß, allerdings nicht bei seinem Kaplan, worum er mich extra bittet, sondern bei einem mir bekannten Pfarrer, den ich informieren konnte. „Ich komme mir vor wie ein Verbrecher!" sagt er kleinlaut, als er am nächsten Samstag von mir zum Beichten gefahren wird. Trotzdem hat Carsten später noch eine Reihe ähnlicher Gaunereien gemacht und kam ernsthaft mit dem Gesetz in Konflikt.

Jerry (11) stiftet seinen Freund im Supermarkt zum Stehlen an. Er selbst nimmt nichts, aber er verpfeift ihn dann an der Kasse. Vielleicht hat er sich vorher über den Freund geärgert, aber trotzdem bleibt das eine Gemeinheit!

Tiere als Freunde

Zu den Freunden der Kinder gehören auch Tiere. Sehr viele Eltern mögen „Viecher" nicht im Hause haben, weil sie unhygienisch sind und Schmutz verursachen. Manche Eltern haben auch grundsätzlich etwas gegen Hunde und Katzen: „Ich habe Angst vor Katzen!" Nun eignen sich ein Hund und auch eine Katze nicht für eine Etagenwohnung, aber für ein Meerschweinchen, einen Hamster, einen Zwerghasen oder eine Maus findet sich mit etwas gutem Willen noch ein Platz im Gang, und für einen Kanarienvogel, Wellensittich oder Fische im Kinderzimmer oder in der Küche. Kinder haben in einem Tier nämlich

nicht nur einen neuen Freund, eine besondere „Bezugsperson“, sondern lernen auch, für ein Lebewesen zu sorgen und Verantwortung zu tragen, und sie lernen etwas über die Natur.
Ein Tier als Partner kann dem Kind Lebensangst nehmen, denn das Kind kann mit dem Tier zärtlich sein, wann es will, und hat auch *Macht über das kleine Lebewesen;* es kann das Tier in seinen Händen halten. Zwischen Kind und Tier besteht oft ein engerer Kontakt als zwischen Kind und Erwachsenem: das Tier ist in seiner Psyche dem Kind näher, weswegen ja auch die Micky Maus und Donald Duck bei Kindern so beliebt sind. *Quält allerdings das Kind ein Tier,* vielleicht gar nicht aus böser Absicht, sondern aus Neugierde, so ist ein ernstes Wort angebracht.

> Heidi (10) ist Einzelkind. Sie kommt wegen Angst zu mir in Behandlung. Hauptsächlich erzählt sie mir stundenlang von ihrem Setter, mit dem sie spricht und spielt wie mit einem kleinen Bruder. Sie füttert ihn, pflegt ihn liebevoll und geht sogar jeden Samstag mit ihm zur Tierdressur und macht mir jede Übung des Hundes vor. Sie empfindet ihn als Schutz, wenn sie alleine spazieren geht, denn sie erzählt mir mit blühender Fantasie, wie der Hund jeden fremden Mann anfallen würde. Als nach einiger Zeit ihre Angst aufhört, erwähnt sie den Hund gar nicht mehr; er war ihr eine Stütze in der Zeit ihrer Angst.

Die Kinder bringen ihre Tiere auch zu mir in die Therapiestunde mit, denn sie sind ein wichtiger Partner; deswegen können sich auch viele alte Menschen in ihrer Einsamkeit mit einem Tier trösten. Vergangene Woche schleppte Judith (11) ihre zwei Zwerghamster im Käfig in S-Bahn und Bus eine Dreiviertelstunde zu mir, um sie mir vorzuführen!
Viele Mütter meinen: „Na, das sehe ich schon, wenn wir den Hasen haben, *muß ich den Käfig saubermachen.* Dazu habe ich keine Lust, denn ich habe schon genügend Hausarbeit!“ Diesen Satz habe ich im Laufe der Jahre von fast allen Müttern gehört, denen ich ein Tier für ihr Kind vorgeschlagen habe. Sicherlich ist diese Sorge berechtigt: *Man wird immer wieder Ärger mit den Kindern haben,* weil sie das Tier weder regelmäßig füttern, noch den Käfig einmal pro Woche saubermachen wollen. In jungen Jahren verwechseln die Kinder die lebendigen Tiere noch mit ihren Plüschtieren, die nur zum Schmusen da sind und keine eigenen Rechte haben. Aber ab ca. zehn Jahren kann man von den Kindern verlangen, daß sie allmählich unter der Aufsicht der Eltern diese Pflichten übernehmen. Man muß sie allerdings immer wieder darauf aufmerksam machen und darf nicht aus Ungeduld die Pflege selbst übernehmen, weil dann der erzieherische Wert des Tieres wegfällt.

Die zwölfjährige Tochter eines Kollegen bekommt vom Taschengeld etwas abgezogen, wenn sie ihre zwei Hasen vergißt. Diese sachliche Strafe halte ich für besser als Schimpfen. Man muß den Kindern allerdings vorher sagen, daß sie jetzt Pflichten haben, wenn sie ein lebendiges Tier bekommen und *daß sie für das Tier sorgen müssen* – wie die Mutter für sie. Das können sich die Kinder zwar vorher nicht vorstellen, aber man muß sie auf diese Pflichten immer wieder stur hinweisen. Bei Vernachlässigung das Tier gleich wegzugeben, ist keine gute Lösung!

Der Sport

Sport ist eine weitere Möglichkeit für unsere Kinder, Freude am Leben zu gewinnen. Außerdem ist er gesund, denn er kräftigt und härtet ab. Er dient auch der Entfaltung der Persönlichkeit und des Charakters, denn es werden Kameradschaft, Fairneß, Anstrengungsbereitschaft, Selbstdisziplin, Konzentration und Mut geübt, was schon ab fünf Jahren möglich ist, z.B. beim Radfahren, Schwimmen, Rollschuhlaufen, Turnen, Schlittschuhlaufen, Skilaufen, Judo ...
Es gibt aber Kinder, die antriebsschwach und träge sind und überhaupt keine Lust haben, sich auch noch beim Sport anzustrengen. Ihnen genügt das Zuschauen beim Fernsehen! Aber *es gibt für jedes Kind irgendeine Sportart,* die ihm liegt und Freude macht und nicht überanstrengt. „Lahmen“ Kindern muß man die verschiedensten Sportarten anbieten (zunächst zuschauen lassen). Mit dem Rat: „Du solltest es doch wenigstens fünfmal versuchen! Wenn es dir dann doch keinen Spaß macht, kannst du auch wieder aufhören!“ kann man antriebsschwachen Kindern helfen, ihre Anfangshemmungen zu überwinden.
Manche Kinder fangen alle möglichen Sportarten an und halten nicht durch. Man sollte sie *mit sanftem Druck immer wieder ermutigen,* weil sie sonst nur ihre Zeit vor der „Glotze“ vergammeln. Andere kommen von sich aus gar nicht auf den Gedanken, irgendeinen Sport zu treiben, und müssen von Kameraden erst dazu angeregt werden. Eltern sollten sich daher nach Möglichkeiten umhören, denn Sport ist ebenso wichtig für das Kind wie z.B. Musikunterricht oder Basteln, und zwar für Mädchen genauso wie für Jungen. Leider aber kommen viele unsportliche Eltern gar nicht auf diesen Gedanken, da man früher nicht so intensiv Sport trieb.
Sicherlich ist *Fußball* nicht jedermanns Sache, besonders nicht für Mädchen. Schwimmen lernt man heute schon im Kindergarten, worauf die Eltern Wert legen sollten. Wem aber das Wasser zu naß ist,

kann in den *Turnverein* gehen. Es gibt noch andere Sportarten für Kinder unter zwölf, Jahren, die diese nicht überanstrengen:
Tischtennis – Jazzgymnastik – Rudern – Surfen – Segeln – Tennis – Hockey – Reiten – Judo.
Für kleine Mädchen wird häufig Ballett bevorzugt. Die Eltern träumen schon von einer zukünftigen Ballerina. Dabei handelt es sich aber nicht um Sport, sondern um eine Kunst; darum ist auch eine spezielle Begabung mit viel Körpergefühl für Musik und Rhythmik notwendig. Beim Training muß man eine Stunde lang aufpassen können wie in der Schule. Judith (11) schüttelt sich, als sie mir von ihren Ballettübungen erzählt: „Immer dasselbe!" Sie hat mit dem Ballett aufgehört. *Väter könnten abends mit den Kindern Jogging machen,* und im Winter am Wochenende zum Eislaufen gehen.

Kai (7) geht gern in seinen Turnverein, denn er hat dort einen lustigen Lehrer, wodurch der Sport auch zum Spaß wird. Es soll ja keinesfalls eine „militärische Pflichtübung" sein wie in früheren Zeiten. Freude soll vor Leistung gehen!

Tamara (9) ist eine verträumte Schülerin, die in ihrer Reife ein Jahr hinter den anderen Kindern zurück ist und jetzt die Klasse wiederholt. Nur im Ballett machen ihr die Übungen Spaß. Sicherlich ist sie dafür begabt und erfährt hier eine Selbstbestätigung.

Angelika (10) ist eine mäßige Schülerin, schüchtern und voller Hemmungen und Ängste, aber erstaunlich gut im Skilaufen. Kürzlich bekam sie einen Preis beim Abfahrtslauf. Auch im Tennis ist sie ihrer Freundin überlegen, die eine sehr gute Schülerin ist. Ihre sportlichen Leistungen helfen ihr, Selbstvertrauen aufzubauen.

Rolf (11) hat mit dem Fußballspielen vor zwei Jahren aufgehört. Er hatte sich diesen Sport, den er vom Fernsehen her kannte, weniger mühsam vorgestellt. Das Konditionstraining vor jedem Spiel mochte er nicht, denn er kam außer Atem und bekam Herzklopfen. Nachdem er aber viel mit Klassenkameraden auf einer nahegelegenen Wiese tagtäglich Fußball gespielt hatte, entschloß er sich, wieder in den Verein zu gehen. Er hat nun einen netten Trainer, der die kleinen Kerle nicht zu sehr fordert. Er spielt jetzt noch zusätzlich Volleyball in der Schule.

David (5,11) ist wegen Angst bei mir in Behandlung, aber im Sport ist er mutig. Vergangene Woche sagte er bei mir seine Stunde ab, um im Kindergarten am erstmaligen Turnunterricht teilzunehmen, obgleich er sonst nicht gern in den Kindergarten geht. Gestern führte er mir seine neuen Rollschuhe vor, wobei er mehrmals hinfiel und am Knie blutete. Er weinte aber nicht und gab nicht auf. Sonst ist er ein richtiger Angsthase. Beim Sport kann er sich einmal stark erleben, was ihm gut tut.

Ernst (11) ist körperlich ungeschickt, weswegen er bisher keinen Sport getrieben hat. Spielt er mit seiner sechsjährigen Schwester Fußball, bekommt die Kleine mehr Bälle ins Tor als er. Aber neuerdings geht er ins Judo, denn er hofft, daß er sich dann besser wehren kann gegen die Starken in der Klasse.

Charlie (12) ist ein schlechter Schüler auf dem Gymnasium und bleibt jetzt sitzen, aber Segeln kann er schon seit sechs Jahren und macht auch bei Regatten mit. Er bekommt also durch den Sport das Gefühl, daß er etwas taugt.

Manchmal scheitert auch das Interesse am Sport an der Mutter, die das Kind jedes Mal hinbringen müßte. Schlaue Mütter haben da *einen gemeinsamen Autodienst* eingeführt, so daß jede Mutter nur einmal im Monat alle Kinder bringen muß. Der Sport unter Gleichaltrigen regt Kinder an und ist wegen einer gesunden Konkurrenz wichtig, denn man lernt, verlieren zu können und nicht immer der Beste sein zu müssen. Viele Eltern meinen auch: *„Mein Mann geht jede Woche mit den Kindern zum Schwimmen.* Das genügt doch!" Oder: „Wir fahren jedes Wochenende in die Berge zum Wandern, das muß doch genügen!" – „Wir laufen alle zusammen Ski, da braucht Bettina keinen Kurs extra alleine mit anderen Kindern!" – „Mein Mann geht immer mit Ruth zum Eislaufen!" Das genügt aber nicht, denn es ist erstaunlich, wie gelöst die Kinder durch den Sport mit Gleichaltrigen werden, wenn sie sich einmal fern von Familienbindungen und -problemen entfalten dürfen. Viele Kinder sind dann sogar weniger ängstlich, und *Bettnässer sind im Skilager der Schulklasse plötzlich trocken!*
Es gibt aber auch Eltern, denen bestimmte Sportarten zu roh oder auch zu gefährlich sind. So lehnte Frau B. jeden Sport für Hansi ab, in dem es „zu Körperkontakt kommt". „Ich mag nicht, wenn sie sich berühren!" (Sie meint Judo und Fußball.) „Er soll Tennis spielen wie der Vater." Mit dieser Art der Erziehung hemmt man aber bei einem Jungen die natürliche bubenhafte Aggressivität, und Frau B. darf sich nicht wundern, wenn der zwölfjährige Hansi lahm und ängstlich ist, denn sie erzog ihn auf diese hemmende Art schon seit frühester Kindheit.
Manchen Eltern ist auch *die Ausrüstung zu teuer,* aber einiges kann man auch im Second-hand-Shop kaufen. Für Mädchen wird Judo häufig abgelehnt. Dabei kann sich dann ein Mädchen viel besser wehren, wenn es wirklich einmal überfallen werden sollte.

Die obigen Einwände kommen aber nur von Eltern, die selbst keinen Sport treiben und daher nicht wissen, wieviel Spaß es macht, sich im Sport auszuleben und auch zu bestätigen.

Manche Kinder fangen begeistert an und geben dann nach einiger Zeit den Sport wieder auf, weil ihnen das Durchhaltevermögen fehlt. Haben sie eine Zeitlang keinen besonderen Spaß an der Sache, dann lassen sie das Ganze einfach fallen. Hier sollten die Eltern die Kinder sanft zum Durchhalten zwingen und nicht ohne triftigen Grund diese Launen durchgehen lassen. Es gibt nämlich viele Kinder, die jede mögliche Art von Sport anfangen und dann *wegen „Null Bock" wieder aufhören.* Diese Kinder müssen erfahren, daß man einige weniger interessante Sportnachmittage durchhalten muß, damit der Sport eines Tages wieder Spaß macht. Diese Grundhaltung ist für das spätere Leben wichtig.

Kinder- und Jugendgruppen

Wegen des Kontaktes mit Gleichaltrigen sind auch Kinder- und Jugendgruppen wichtig.

> Klaus (13) ist bei den Pfadfindern, seit er sechs Jahre alt ist, und ebenso seine Schwester. Spontan kann er mir den Unterschied zwischen einem Sportverein und den Pfadfindern erklären, denn er spielt auch Tischtennis und segelt: „Beim Sport denkt man nur an seine eigene gute Leistung und möchte der Beste sein, bei den Pfadfindern aber geht es um die Gemeinschaft und um die Natur." Jetzt ist er in den großen Ferien mit einer Gruppe per Fahrrad zum Zelten fortgefahren.

Diese Kinder- und Jugendgruppen müssen gut geführt sein, *sonst langweilen sich die Kinder zu Recht!* Hier könnte Elterninitiative gefragt sein; die Wichtigkeit der Gruppe wird aber meistens leider gar nicht eingesehen.
Außerschulische Aktivitäten müssen wichtig genommen werden, damit die Kinder sich als Persönlichkeit voll entfalten können; sie dürfen nicht als überflüssig verboten werden. „Mach erst einmal deine Hausarbeiten gründlich, dann kann man über Fußball (Pfadfinder ...) reden!" – „Sie hat zuviel Hausaufgaben, da bleibt keine Zeit für irgend etwas anderes mehr übrig!" So höre ich immer wieder von den Eltern. Allerdings gibt es auch Eltern, die ihre Kinder in zu viele Aktivitäten hineintreiben, so daß sie keine Zeit mehr für sich selbst haben; die Kinder sind sozusagen immerzu in Trab. *Aber Träumen, Trödeln und Rumgammeln gehören zur Entspannung* und daher auch zur Entfaltung der Persönlichkeit, weil es eine Art von Selbstbesinnung ist, die die Kinder in unserer hektischen Zeit dringend notwendig haben. Ein

Rumgammeln vor dem Fernsehapparat ist damit allerdings nicht gemeint; das ist keine Selbstbesinnung!

Probleme mit dem Fernsehen

Sicherlich kann man heutzutage *das Fernsehen nicht ganz und gar verbieten,* was viele Eltern gern möchten und einige auch tatsächlich tun. Das Fernsehen ist zum bequemsten allgemeinen Unterhaltungsmittel geworden und macht auch Kindern Spaß. 98% der Haushalte besitzen ein Fernsehgerät oder gleich mehrere. Wird das Fernsehen ganz und gar verboten und die Familie hat sogar der Kinder wegen keinen Fernsehapparat, besteht die Gefahr, daß sie *bei Freunden heimlich und wahllos fernsehen.* So kann sogar eine Sucht entstehen, schon allein deshalb, weil Heimlichkeiten immer faszinieren.
Im allgemeinen aber ist man sich doch darüber einig, daß zuviel und wahlloses Fernsehen für Kinder schädlich ist. Wenn man das Fernsehen auch nicht ganz und gar verbieten kann, kann man es aber *richtig dosieren* und gelegentlich konsequent verbieten. Richtlinien für die Art und Weise, wie man das im einzelnen Fall machen soll, gibt es noch nicht.
Als ich mich nach den Fernsehgepflogenheiten der verschiedenen Familien erkundigte, bekam ich sehr unterschiedliche Antworten.

> Familie A. hat keinen Fernsehapparat. Beide Eltern lehnen auch für sich das Fernsehen ab; sie lesen abends lieber Bücher oder Zeitungen. Aber die Kinder von sechs und elf Jahren dürfen zweimal in der Woche beim Onkel nebenan je eine Kindersendung ansehen. Damit ist ihr Fernsehappetit gestillt, was vor allem für den Elfjährigen gilt. Kinder können nämlich in ihrer Vorliebe für das Fernsehen nicht nur nach Alter, sondern auch nach ihrem Charakter sehr verschieden sein. Kommen die Kinder nach Hause, läßt sich die Mutter den Inhalt erzählen und spricht mit ihnen darüber. Da die kleine Schwester natürlich einiges nicht mehr so gut weiß oder falsch verstanden hat, kommt es gelegentlich zu Diskussionen unter den Geschwistern.

Wissenschaftliche Untersuchungen haben ergeben, daß Vorschulkinder nur fragmentarisch und fehlerhaft verstehen, da Merkfähigkeit und Aufmerksamkeitsdauer noch begrenzt sind. Zwischen fünf und sieben Jahren erhöht sich der Verständigungsgrad.

> In der Familie B. steht der Fernsehapparat im Arbeitszimmer des Vaters, und die drei Kinder (6/8/10) dürfen nur sehr selten sehen. Die

Mutter hat jetzt beobachtet, daß in den letzten Wochen der Zehnjährige zur Zeit der Kindersendungen regelmäßig zu seinem Freund verschwindet, was sie schweigend duldet.

Dieser Vater ist Akademiker. Gebildetere Kreise sollen laut Statistik weniger fernsehen als weniger gebildete.

In der Familie C. hat Sven (11) einen eigenen Fernsehapparat mit Videorecorder, in den er Sonntagmorgen seine Video-Cassetten (Pumuckl u.ä.) einlegt, die er dann mit seinem sechsjährigen Bruder ansieht. Obgleich er sich seinen eigenen Apparat nach Belieben einschalten könnte, hat er dazu selten Lust, denn er hat erlebt, daß es Sendungen gibt, die ihm beim Einschlafen Angst machen. So ergeht es vielen Kindern. Micky (5) fürchtete sich sogar vor der Biene Maja.

Die Mutter der Familie D. lacht mich aus, als ich ihr rate, die Sendungen zu kontrollieren. „Haben Sie eine Ahnung!" Ihr Großer (12) sieht, was er will, auch noch spät abends. Der Kleine (5) sieht gelegentlich auch mit. Beide Eltern sind sehr weiche Menschen, die sich nie die Mühe machten, die Sendungen zu kontrollieren, weil das Ärger bringt und Kraft kostet.

Dagegen kontrolliert in der Familie E. der Vater von Seppi (6) und Jörg (10) mit Hilfe eines Videorecorders alle Kindersendungen, bevor die Kinder diese sehen dürfen.

Dieser Vater ist Angestellter und hat kein Abitur, aber er ist verantwortungsbewußt. Nach meiner Erfahrung ist hier *das Verantwortungsbewußtsein wichtiger als jede Schulbildung!*
Auf die Altersangaben in Fernsehzeitschriften kann man sich allerdings nicht verlassen, weil die Kinder nach Alter und Charakter verschieden auf den Inhalt reagieren; das gilt auch für Kinofilme.

In der Familie F. von Fritzi (5), Miriam (9) und Barbara (14) gibt es seit neuestem einen Fernsehapparat, der im „guten Zimmer" steht. Die Kinder müssen fragen, ob sie sehen dürfen; das tut auch die große Schwester, die aufs Gymnasium geht. So hat die Mutter eine Kontrolle.

In der Familie G. sind die drei Jungen (6/11/14) gar nicht am Fernsehen interessiert; sie lesen gern, und der Kleine spielt viel mit seinen Freunden. Nur bei den Fußballweltmeisterschaften trafen sie sich mit dem Vater vor der Glotze, denn sie spielen selbst Fußball.

Bei diesen Beispielen handelt es sich um Familien, in denen *die Mutter nicht berufstätig* ist und somit Kontrolle ausüben kann. Das geschieht

aber nur dann, wenn die Mutter ein Verantwortungsgefühl für den Fernsehkonsum ihrer Kinder hat. Als Frau A. ihrer Nachbarin erzählt, daß sie kein Fernsehgerät hat, meint diese, die auch nicht berufstätig ist: „Was machen Sie dann mit ihren Kindern im Winter?" Es ist für viele Mütter sehr bequem, die Kinder nur mit Fernsehen zu beschäftigen und damit selbst *Ruhe vor ihnen zu haben.*
Bei berufstätigen Müttern sieht der Fernsehkonsum der Kinder dagegen meist anders aus:

> In der Familie H. sitzen die drei Kinder (9/12/13) den ganzen Nachmittag vor der Glotze; sie machen allerdings noch vorher ihre Hausaufgaben für die Hauptschule. Sie haben keinerlei andere Interessen, und für Sport sind sie zu träge. Die Mutter arbeitet nachmittags und kann daher nicht kontrollieren. Kommt der Vater von der Arbeit heim, setzt er sich dazu; schweigend starren alle auf die Mattscheibe, irgendein Gespräch gibt es nicht.

Dieses Fernsehverhalten soll typisch sein für sehr viele Familien, in denen beide Elternteile arbeiten. *Die Mattscheibe ist häufig der einzige Kontaktpunkt in der Familie.*

> Jeannette (10) hat auch eine berufstätige Mutter. Das Mädchen setzt sich sofort nach der Schule vor die Glotze und macht erst abends Hausarbeiten, wenn die Mutter nach Hause kommt, was Krach und Tränen gibt. Der Vater, der Nachtschicht hat und daher tagsüber zu Hause ist, gibt sich nicht die Mühe, dem Mädchen das Fernsehen zu verbieten, denn er selbst sieht stur alles an.

Viele Kinder sehen auch deshalb gern fern, *weil das die einzige Möglichkeit ist, mit dem Vater zusammenzusein,* der sich sonst nicht mit ihnen beschäftigt: keine Spiele, kein Sport, keine Gespräche, keine Wanderungen. Wie Untersuchungen ergaben, sind Väter dem Fernsehkonsum ihrer Kinder gegenüber gleichgültiger, während die Mütter hier gewissenhafter sind.

> Harry (17) erzählt mir, er habe ab sechs Jahren immer heimlich abends bis in die Nacht hinein ferngesehen, wenn die Mutter, die in Scheidung lebte, abends fort war und er alleine in der Wohnung blieb. Sie habe zwar den Stecker herausgezogen, aber schließlich sei er schlau genug gewesen, ihn wieder hineinstecken zu können. Besondere Freude hatte er an Szenen, in denen man sich gegenseitig umbrachte.

Ich konnte beobachten, daß Kinder, die aufgrund seelischer Spannungen in der Familie selbst aggressiv geworden sind, *brutale Szenen* bevorzugen – anscheinend zu ihrer Entspannung. Das Herausziehen des Steckers ist eine zu einfache Methode, ebenso das Herausdrehen der Sicherung. Da muß man sich schon die Mühe machen, *das Gerät z.B. nur mit Hilfe einer Verlängerungsschnur anzuschließen,* die man wegschließt, wenn man fortgeht. Wichtiger aber ist das Gespräch mit den Kindern; davon später!

Berufstätige Mütter sagen mir häufig, daß sie froh sind, wenn sie zu Hause ihre *Kinder vor der Glotze „gut aufgehoben"* wissen, dann „streunen sie nicht, treiben sich nicht in schlechter Gesellschaft herum und stehlen nicht in Kaufhäusern". Aus diesem Grund wollen sie sich nicht eingestehen, daß häufiges Fernsehen ihre Kinder geistig und auch körperlich lähmt, denn die Kinder bewegen sich nicht. Die Eltern müßten dafür sorgen, daß ihre Kinder mit Freundschaften, Gruppen, Sport, Lesen, Basteln und Musizieren ausgelastet sind.

Ähnliches sagen sogar Mütter von Kleinkindern, daß sie nämlich froh sind, wenn die Kleinen ruhig vor der Mattscheibe sitzen, dann können sie konzentriert ihrer Hausarbeit nachgehen, und *die kleinen Kinder „laufen ihnen nicht zwischen den Beinen rum"* und machen sie nervös. Aber gerade das Kleinkind braucht zu seiner geistigen und seelischen Entwicklung den lebendigen Kontakt zu einer Bezugsperson, besonders da es den logischen Inhalt der Sendungen überhaupt nicht verstehen kann, wenn es auch interessiert hinschaut und sogar lacht. Untersuchungen haben ergeben, daß sogar Kinder bis zu acht Jahren von den Sendungen wenig verstehen und eigene Vorstellungen hineinprojizieren, was natürlich besonders für Sendungen gilt, die nicht speziell für Kinder bestimmt sind. *Die Programme am Nachmittag sind nicht nur Kinderprogramme* – auch nicht am Sonntagnachmittag! Erst ab zwölf/dreizehn Jahren können die Kinder sich auf das Wesentliche konzentrieren, denn vorher unterscheidet sich ihr Denken noch stark von dem der Erwachsenen. Eltern, die den Fernsehkonsum ihrer Kinder gar nicht kontrollieren, sollten einmal Stichproben machen, was ihre Kinder unter elf Jahren eigentlich von einer gemeinsam gesehenen Sendung nach 20 Uhr wirklich verstanden haben.

> Kerstin (9) darf immer am Freitagabend den Krimi mit ansehen. Angekuschelt an den Vater sitzt sie auf der Couch. Als ich sie nach dem Inhalt frage, stellt sich heraus, daß sie gar nichts verstanden hat, denn der Krimi spielte im Zuhältermilieu. Ebenso wenig verstand sie den nächsten Film, in dem es um gewissenlose Bodenspekulation ging. Sie hatte nur einen Mord als Wichtigstes wahrgenommen. Da sie aber unter Angst und Einschlafstörungen litt, konnte man sie allmählich davon überzeugen, daß diese Filme nichts für sie waren, was dann auch die Eltern endlich begriffen.

Viele Väter und Mütter meinen, es sei ihr gutes Recht, sich selbst vor der Mattscheibe zu entspannen, weswegen dann ganz selbstverständlich die Kinder dabeisitzen. Diese bekommen dadurch Szenen mit, die nichts für Kinder sind und sie ängstigen. Kinder bis zu elf/zwölf Jahren gehören abends *ab 20 Uhr nicht mehr vor das Fernsehgerät!* Ausnahmen sind: Tiersendungen, Sportsendungen, Quiz und Shows an Wochenenden. Es gibt sogar gebildete Väter und Mütter, die gemeinsam mit ihren zwei- oder dreijährigen Kindern auf dem Schoß noch am späten Abend fernsehen, denn sie haben den ganzen Tag über das Kind nicht erlebt. Danny (2) schreit dann immer: „Aus, aus", weil er möchte, daß der Vater sich mit ihm beschäftigt – und nicht mit der Tagesschau.

Kinder bis zu fünf Jahren sollten möglichst gar nicht fernsehen, weil für sie das Geschehen viel zu schnell abläuft. Sie brauchen gerade in unserer hektischen Zeit die besinnliche Ruhe eines Bilderbuches, bei dem man vor dem Bild verweilen und auch zurückblättern kann, während man die vertraute Stimme der Mutter (Vater, Oma, Opa) hört, die man auch unterbrechen und fragen kann und die erklärt. Das können die Kinder auch nicht bei den sogenannten „Bildergeschichten" im Fernsehen, weil auch hier die Bilder zu rasch aufeinander folgen, zu viel auf einmal angeboten wird, was verwirrt, und die Großaufnahmen dem kleinen Kind den Überblick nehmen.

Kinder, die nichts anderes im Sinn haben, als den ganzen Nachmittag mit Fernsehen zu vergammeln, sind seelisch und geistig leer, vielleicht sogar gestört! Manche Kinder schalten jeden Nachmittag automatisch die Glotze an und denken gar nicht daran, den Nachmittag anders zu gestalten. Manche flüchten auch aus Familienkonflikten in das Fernseherlebnis. Man sollte als Eltern dafür sorgen, daß diese Kinder ihre Freizeit sinnvoll verbringen, denn *sie führen vor der Glotze ein unechtes Eigenleben,* da die eigene Fantasie nicht produktiv arbeiten kann, weswegen sich auch ihre Persönlichkeit nicht voll entfaltet. Hier liegt meines Erachtens auch die eigentliche Gefahr des Fernsehens! Dagegen ist *das stundenlange Anhören* von Musik für die Entfaltung der Persönlichkeit nicht so schädlich, weil hierbei eigene Gefühle empfunden werden und die eigene Fantasie lebendig wird. Wir wissen heute aus der psychotherapeutischen Praxis, daß *das Aussprechen der eigenen Gefühle,* Gedanken und Fantasien für die Entwicklung einer gesunden und starken Persönlichkeit wichtig ist. Das Aussprechen kann sogar heilen! Aus diesem Grunde sollten sich Eltern und Erzieher mit den Kindern über den Inhalt der Sendungen unterhalten. Hierbei kommt es aber keinesfalls darauf an, daß die Kinder den Inhalt fehlerfrei wiedergeben wie einen Schulstoff. Das ist bei dem komplizierten

Inhalt auch meistens gar nicht möglich, so daß bei vielen Kindern nur Szenenfetzen haften bleiben. Es kommt aber darauf an, daß das Kind mit seinen eigenen Gefühlen, Gedanken, Fantasien und Fragen zu Wort kommt! Anders ausgedrückt: *das Kind muß frei reden und erzählen dürfen,* und wir Erwachsenen sollen nur bei schädlichen oder das Kind ängstigenden Szenen erklärend eingreifen. Dazu aber ist es notwendig, daß wir den Inhalt kennen oder zumindest eine gewisse Vorstellung davon haben, was mit Hilfe einer Fernsehzeitung leicht möglich ist. Manche sogenannte Kindersendung ist erstaunlich unkindlich, zum Beispiel „Der rosarote Panther" und „Tom und Jerry". Auch ist die „Sendung mit der Maus" nichts für sogenannte „Fernsehanfänger" (unter sechs Jahren), denn sie bietet ein Überangebot und ist zu hastig. Dagegen ist „Janoschs Traumstunde" kindgemäßer, denn hier kann die Mutter mit Hilfe der dazugehörigen Kinderbücher mit dem Kind den Film noch einmal durchsprechen. Viele Kinder kennen schon die Bücher und begegnen dann ihnen vertrauten Figuren auf dem Bildschirm lebendig. Ähnliches gilt für die Micky-Maus-Serie „Neues aus Entenhausen" (ab 9 Jahren). Gehen die Eltern in dieser Art und Weise auf das Fernseherlebnis ihrer Kinder ein, kann dieses sogar *eine positive Wirkung auf die geistige und seelische Entwicklung der Kinder haben.*

Berufstätige Mütter können sich beim Kochen, Bügeln und Abspülen den Film erzählen lassen, gerade wenn sie keine Zeit hatten, ihn mit anzusehen; aber auch der Vater könnte sich beim Abendbrotessen oder Spazierengehen über den Inhalt berichten lassen. Es werden ohnehin *viel zu wenige Gespräche mit den Kindern* geführt, weil man keinen Stoff hat. Sehen die Kinder nur zweimal pro Woche fern, ist diese Aufgabe für die Eltern in ca. zehn Minuten zu bewältigen. Auf diese Art und Weise sitzen die Kinder *nicht mehr einsam vor der Glotze,* denn sie wissen, daß sie hinterher einen Ansprechpartner haben. Das Kind, das noch im engen Gefühlskontakt mit seiner Familie lebt, wird nämlich durch das neue Gefühl, das ihm das Bild auf der Mattscheibe aufzwingt, in eine ihm fremde Welt entführt. Spricht es aber hinterher mit den Eltern, fühlt es sich geborgen! Ich selbst habe mir in den Kindertherapiestunden immer wieder Fernsehfilme erzählen lassen, wodurch die Kinder deutlich an Selbstsicherheit gewannen und sogar bessere Deutschnoten bekamen, denn *beim Erzählen lernen sie sich auch auszudrücken,* sich zu erinnern und logisch zu denken. Ich habe aber auch immer wieder erfahren, daß die Kinder kaum mehr eine Ahnung vom Inhalt hatten, wenn sie eine Sendung nach der anderen verschlungen hatten.

Am besten sieht man am Anfang der Woche mit den Kindern gemeinsam die Fernsehzeitung nach geeigneten Sendungen durch, *wobei die Kinder mit ihren eigenen Wünschen zu Wort kommen müssen.* Möglichst sollte nur an zwei Tagen in der Woche ferngesehen werden, *keinesfalls aber jeden Tag,* damit die Kinder sich nicht daran gewöhnen, passiv ihre Freizeit mit Fernsehen zu vertrödeln. Die jüngeren Geschwister, die noch nicht schulpflichtig sind, sitzen meistens noch mit dabei. Es hat sich aber herausgestellt, daß diese gar nicht so intensiv hinschauen, denn es geht ihnen vor allem um das „Dabeisein".
Die Kleinen gucken nur hin, wenn z.B. die Mainzelmännchen auftauchen, was man ihnen auch ohne weiteres gönnen kann. Bei dem Film „Schneewittchen und Rosenrot" bekommt David (6) *Angst, weil der Wald so dunkel ist,* und greift nach der Hand der Mutter.

> Kitty (7) kann nicht einschlafen. Immer wieder kommt sie ins Wohnzimmer und jammert, daß sie im Dunkeln das gräßliche Gesicht der Hexe sehen müsse aus dem Fernsehfilm, den sie bei der Freundin sah. „Nie wieder sehe ich fern", sagt sie schluchzend. Am nächsten Tag wird die Mutter gegen 11 Uhr von der Lehrerin angerufen, sie solle das Kind aus der Schule abholen, weil es weinen würde und ganz weggetreten sei. Die Mutter vermutet, daß Kitty krank wird. Als das Kind aber zu Hause ist, weint sie nicht mehr und sagt vergnügt am Abend dem Vater: „Ich wollte nur bei der Mama sein!" Durch Zufall erfahre ich von einem 13jährigen, daß der Film „Entenzauber", der am Sonntagnachmittag im Fernsehen lief und Märchencharakter hatte, wie ein „Horror-Film" gewesen sei. „Der war gar nichts für Kinder, den hätten sie abends nach 22 Uhr bringen müssen!" Man muß also auch sogenannte „Märchenfilme" kontrollieren, ob sie wirklich etwas für Kinder sind.

Beispiel eines Gesprächs nach dem Fernsehen
(hier nach dem Film „Moritz und der Sandmann")

Mutter: Was hast du eigentlich heute im Fernsehen gesehen, als ich mit Vater spazieren war?
Kind (ca. 9 Jahre): Weiß ich nicht mehr, hab ich vergessen ...
Mutter: Na, denk mal nach. Irgend etwas wirst du doch noch wissen?
Kind: So 'ne Geschichte von einem Jungen, der nicht einschlafen kann.
Mutter: Aha, so wie bei dir?
Kind (denkt nach): Ne, ganz anders. Da war die Mutter verreist.
Mutter: Ach so. Und dann?

Kind: Der Vater hat dann so ein doofes Lied gesungen.
Mutter: Ach, kennen wir das?
Kind: Nee, der konnte das gar nicht ... Dann kam der Sandmann. Der sah aber gar nicht wie ein richtiger Sandmann aus.
Mutter: Wieso?
Kind: Der sah aus wie Herr Petersen.
Mutter: Herr Petersen? Der Hausmeister?
Kind: Ja, der hatte einen Handwerkskasten, da war Sand drin.
Mutter: Wozu denn das?
Kind: Zum Einschlafen. Es war doch der Sandmann.
Mutter: Ach richtig.
Kind: Der Junge schlief aber nicht ein. Der wollte gar nicht.
Mutter: Ach so, der wollte gar nicht. (Pause – Schweigen – Abwarten)
Kind: Der Vater auch nicht. Der kriegte auch Sand in die Augen.
Mutter: Du, das mußt du mir schon erklären. Ich habe es doch nicht gesehen.
Kind: Das ganze Bett vom Vater war voller Sand.
Mutter: Mochte der das denn?
Kind: Ne, der hat toll geschimpft ... (Mutter wartet ab – Kind denkt nach.) Ja! Und dann klingelte das Telefon, und die Mutter rief an, die konnte auch nicht einschlafen.
Mutter: Das ist ja toll.
Kind: Ja! Toll! (lacht)
Mutter: Und dann?
Kind: Dann ging der Junge zum Vater ins Bett und dann schliefen beide.

Der fragende Elternteil drängt hierbei das Kind nicht zum Erzählen und setzt sich auch nicht fragend vor das Kind hin.
Nun gibt es eben Kinder, die gern erzählen, und andere, die ungern den Mund aufmachen. Auch haben einige Lust, heute zu reden, aber am folgenden Tag nicht. *Keinesfalls darf sich das Kind ausgefragt fühlen oder abgefragt wie in der Schule.* Die Erwachsenen quatschen ohnehin viel zu viel auf die Kinder ein und erdrücken sie mit ihrem Gerede. Die Hauptsache ist, daß das Kind unser Interesse an seinem Fernseherlebnis spürt und dieses nicht einsam in ihm untergeht. Sicherlich hat das Kind mehr mitbekommen, als es in Worte fassen kann und möchte. Aber auch aus wenigen Fetzen seiner Erzählung können wir ein Gespräch zusammenbasteln.

Wie verbietet man das Fernsehen?

Wenn tatsächlich verboten werden muß, helfen nach meiner Erfahrung folgende Begründungen am besten, allerdings nur bei Kindern bis zwölf Jahren.

1. Dieser Film macht dir Angst, der ist viel zu aufregend. Du hast doch das letzte Mal nicht einschlafen können und schlecht geträumt.
2. Dieser Film macht die Menschen böse, und du wirst dann später auch so böse.
3. Zuviel Fernsehen macht dumm! Du kannst dir dann keine eigenen Bilder mehr ausdenken. Probier das mal beim Lesen aus, ob nicht deine eigenen Bilder viel besser sind. (Diese Erfahrung machen Kinder ab neun/zehn Jahren selbst mit ihren Lieblingsbüchern, wenn sie diese im Film oder Fernsehen sehen, z.B. „Die Unendliche Geschichte“ und „Ronja, die Räubertochter“. – Philipp (13): „Beim Lesen kannst du dir alles viel besser vorstellen.“)
4. Heute hast du schon genug gesehen. Zuviel Fernsehen macht schlechte Laune. Du warst doch das letzte Mal mieser Stimmung.
5. Wenn du zuviel fernsiehst, bist du morgen in der Schule wieder müde und kannst nicht aufpassen.
6. Heute ist das Wetter so schön. Heute wird gar nicht gesehen. Spiel lieber draußen oder fahr mit dem Rad. Wenn es morgen wieder regnet, kannst du mehr sehen.
7. Oder ganz einfach: Diese Woche hast du schon so viel gesehen, das genügt. Du hast zu wenig Spielzeit.
8. Ich lese euch lieber heute abend noch etwas vor, das ist interessanter.

Es dient nur der Verdummung unserer Kinder, wenn diese eine Sendung nach der anderen sehen; mehr als zwei Sendungen hintereinander von je einer halben Stunde sind auf jeden Fall schädlich. Keinesfalls darf man darauf hereinfallen, wenn es heißt: *„Alle in meiner Klasse dürfen den Krimi (den Western) sehen!“* Das stimmt meistens nicht, denn viele Klassenkameraden lügen oder geben an. In einem solchen Fall kann man sagen: „Das ist mir egal! Ich finde den Film nicht gut für dich. Der Film ist gemein und stimmt auch nicht.“ Das Kind muß durch das Verbot hindurch die Geborgenheit in der Sorge der Eltern spüren. Lieblose Eltern verbieten nämlich aus Gleichgültigkeit nicht, denn *es ist bequemer, alles zu erlauben,* weil es keine Durchsetzungskraft den Kindern gegenüber kostet.

Häufig wird auch behauptet, es sei ein sehr harmonisches Familienleben, *wenn abends die Kinder mit den Eltern zusammen vor der Glotze sitzen.* Das ist doch wohl ein Trugschluß, denn wenn alles nur schweigend zusammensitzt, kann von einem echten Kontakt keine Rede mehr sein, zumal die Kinder meistens kein Wort dazwischenreden dürfen, um die Eltern beim Genuß nicht zu stören, denn diese wollen „endlich mal ihre Ruhe haben". Viele Kinder würden viel lieber abends mit den Eltern Gesellschaftsspiele spielen, wie eine Befragung ergab, doch dazu haben die Eltern keine Lust.

Die jüngeren Geschwister müssen begreifen, daß die Großen noch mit fernsehen dürfen, während sie selbst um 20 Uhr ins Bett gehen müssen, denn schließlich gibt es Vor- und Nachteile des Altersunterschiedes auch auf anderen Gebieten, wobei häufig gerade die Kleinen bevorzugt werden: „Peter ist der Jüngste, darum bekommt er das letzte Stück Kuchen!" – „Christa ist die Kleinste, deshalb darf sie beim Autofahren auf meinem Schoß sitzen!" – „Rena geht erst in die zweite Klasse, deshalb muß ich ihr bei den Hausaufgaben helfen. Du bist schon zwölf Jahre und kannst es alleine" ... Das sind *Lebensgesetze, die auch für das Fernsehen gelten* und daher keine Benachteiligung der Kleinen sind.

Steuert man aber den Fernsehkonsum nicht rechtzeitig von früher Kindheit an, kann sich *eine „Fernsehsucht" entwickeln,* weil die eigenen Kräfte, die zur Überwindung von Langeweile führen, nicht genügend entwickelt werden und die eigene kreative Intelligenz gelähmt wird. Häufig wissen die Kinder am nächsten Tag gar nicht, was sie eigentlich gesehen haben, weil sie nur dösend davorsaßen und sich passiv berieseln ließen. Viele Erwachsene schlafen sogar beim Fernsehen ein. Das alles gilt natürlich auch für Kino- und Video-Filme, die man noch besser kontrollieren kann. Video-Spiele sollte man nicht stundenlang spielen lassen, weil sie durch ihre Unruhe die Kinder in diesem Alter nervös und aggressiv machen.

Wie aber verhält man sich, *wenn das Kind bei einer Freundin oder einem Freund alle Programme sehen kann,* obwohl es das zu Hause nicht darf?

> Isabell (7) kommt am Sonntagnachmittag vom Besuch bei der Freundin nicht nach Hause. Es stellt sich später heraus, daß sie bei herrlichem Wetter drei Stunden mit ihrer Freundin vor der Glotze saß und sowohl den Film „Ob blond, ob braun" mit Elvis Presley, als auch den Film „Ferien auf Immenhof" gesehen hat. Die Mutter schimpft sie, weil sie bei dem schönen Wetter nicht draußen im Garten war und sich so einen Unsinn angesehen hat. Nun ist aber leider dieses Nachbarskind, das unkontrolliert fernsehen darf, das einzige Kind zum Spielen in der näheren Umgebung. Die Mutter sorgt jetzt dafür, daß Isabell

nicht mehr zu dem Kind ins Haus geht, das Nachbarskind aber zu ihnen zum Spielen kommt. Als ich am nächsten Tag Isabell nach dem Inhalt frage, kann sie mir nur eine einzige Szene bruchstückhaft erzählen und hat keinen blassen Schimmer vom eigentlichen Inhalt, obgleich sie ein sehr intelligentes Kind ist. „Da waren Ponies ... ein Motel ... ein dicker Mann, der tat so gern essen ... da konnte er nicht reiten, so ein Baby. Da tat mir das Pony schon leid! Der ist ein paarmal runtergefallen, da hat seine Frau gesagt: „Jetzt essen wir erst einmal zweites Frühstück!" – Hierbei lacht sie besonders. Von dem Elvis-Presley-Film weiß sie nur noch: „Da war ein Mädchen in einem Museum!" Sie weiß aber nicht, was mit diesem Kind los war, und guckt mich auf mein Befragen hin mit leerem Ausdruck an. Die drei Stunden vor der Glotze waren also sinnlos vertan.

Timo (10) bittet mich, ich soll seine Mutter überreden, daß er sich die Serie „Ein Colt für alle Fälle" ansehen darf. Da ich annehme, daß es sich um einen Western handelt, verspreche ich ihm, daß ich mich bei seiner Mutter für ihn einsetzen will. Sicherheitshalber aber sehe ich mir am Abend den Film an und muß feststellen, daß diese Serie für ein Kind dieses Alters viel zu brutal ist. Wenn Timo nun auch kräftig widerspricht, da er sich schon Sendungen dieser Serie ansah, sage ich ihm klipp und klar, daß diese Filme nichts für sein Alter sind. Er findet meine Meinung zwar „blöd", wie er mir in der nächsten Stunde sagt, aber unserem guten Kontakt tut das keinen Abbruch!

Auch der lustige Pumuckl ist nicht ganz ohne Gefahren, denn mir haben schon Mütter gesagt, daß sie in Sorge sind, ihr Kind könne den Schabernack von Pumuckl nachmachen. *Deshalb müssen die Mütter wissen, was gespielt wurde,* um das Kind vom eventuellen Nachahmen abzuhalten: „So etwas kann eben nur der Pumuckl machen. Das kann man nicht nachahmen! Da tut man sich weh!"
Wir müssen aber auch beim Fernsehen versuchen, unsere Kinder zu verstehen, und dürfen *nicht einfach nach Lust und Laune verbieten!*

Alexandra (11,6) sieht eine Sendung und ihre Folgen schon seit einigen Wochen mit Erlaubnis der Eltern. Am heutigen Abend fällt die Zeit des Abendessens genau in die Sendezeit. Da nimmt sich Alexandra ihren Teller mit dem Abendbrot und geht ins Wohnzimmer, um sich die weitere Folge anzusehen. Die Mutter ist verärgert über diese Unart, aber Alexandra läßt sich nicht beirren – das muß man dann auch verstehen! Vielleicht hätte man die Abendessenszeit anders legen können.

Im allgemeinen sollte beim Essen freilich nicht ferngesehen werden, weil sonst kein gemeinsames Gespräch zustandekommen kann.

Ich rufe Kai (13) an, um seinen Hausaufsatz mit ihm zu besprechen. Es ist 18.50 Uhr. Er aber erklärt mir, daß er jetzt keine Zeit habe. Ärgerlich erwidere ich, daß er wohl Zeit haben könne, wenn ich mir extra jetzt Zeit für ihn nehmen würde, frage aber, warum er denn keine Zeit habe. Er antwortet mir, er sei gerade dabei, sich den Krimi im Fernsehen anzuschauen. Das muß ich natürlich verstehen. Ich sage nur: „Dann bring den Aufsatz zur nächsten Stunde mit!"

Anders aber liegt folgender Fall:

Bubi (4,7) ist Bettnässer und näßt gelegentlich auch tagsüber ein. Als ihm der Vater abends das Fernsehen verbietet, weil es für ihn Zeit ist, zu Bett zu gehen, stampft er mit dem Fuß auf und brüllt: „Wenn ich nicht fernsehen darf, mache ich in die Hose!" Auf eine derartige Erpressung darf man natürlich nicht hereinfallen, sondern man sollte nur achselzuckend sagen: „Wenn du ein Baby bleiben willst, dann – bitte!" – und den Fernseher ausschalten, denn mit einer so eindeutigen Erpressung leben wir Erwachsenen auch nicht miteinander! Das ist also kein autoritäres Unterdrücken.

Zu guter Letzt: liebevolles Abwägen zwischen Gewähren und Verbieten

Michi (6,8) ist wegen Appetitlosigkeit und Wutanfällen bei mir in Behandlung. Vor einigen Tagen erzählte mir seine Mutter folgendes: Schon seit längerer Zeit nervt er seine Familie mit hemmungsloser Unordnung. In seinem Zimmer liegen alle Spielsachen nur noch auf dem Fußboden, und er tritt auf ihnen herum; sogar auf seine neue Ritterburg, die er zu Weihnachten bekam. Als die Mutter ihn auffordert, endlich aufzuräumen, wird er frech und sagt: „Du hast es gut, du kannst faul auf der Couch liegen, wenn ich aufräumen muß!" Die Mutter aber war erst vor wenigen Tagen aus dem Krankenhaus gekommen. Da platzt dem Vater die Geduld. Als Michi morgens im Kindergarten ist, packt der Vater alle Spielsachen, die auf dem Fußboden liegen, in einen großen Sack und versteckt ihn im Keller. Als Michi mittags heimkommt und sein Zimmer leer findet, verschlägt es ihm die Sprache, und entgegen seiner sonstigen Gewohnheit bekommt er keinen Wutanfall, sondern sucht nur stillschweigend im Wohnzimmer nach seinen Spielsachen, die er aber nirgends findet. Nach einigen Tagen meint er dann in einem Ton der Anerkennung: „Das hätte ich euch gar nicht zugetraut!" Ganz offensichtlich imponierten ihm die Eltern, die ihn sonst immer nur verwöhnten, allerdings ohne auf seine kindlichen Privat-Interessen einzugehen.
Siehe S. 67/68.

Das liebevolle Abwägen zwischen Gewähren und Verbieten ist die Kunst des Erziehens! Diese Kunst aber kann sich nur auf dem Boden eines einfühlsamen Verstehens des Kindes entwickeln. Sie erst gibt den Kindern echten Halt, was in der Äußerung von Michi deutlich wird und was mir auch ältere Kinder immer wieder bestätigen.

Entscheidend ist letztlich eine gute Atmosphäre zwischen Eltern und Kindern, geprägt von Verständnis und liebevoll einfühlsamem Gespräch. Ein Kind, das sich in seiner Familie verstanden und wohl fühlt, wird auch ein Verbot akzeptieren, weil es spürt, daß es nicht aus einer Laune heraus ausgesprochen wurde, sondern daß wirkliche Elternsorge dahinter steckt.